儿童视角下小学数学教育的创新实践与思考

善学笃行篇

王海军　佟增玉◎主编

光明日报出版社

图书在版编目（CIP）数据

儿童视角下小学数学教育的创新实践与思考. 善学笃行篇 / 王海军，佟增玉主编. -- 北京：光明日报出版社，2018.6

ISBN 978 - 7 - 5194 - 4336 - 8

Ⅰ.①儿… Ⅱ.①王…②佟… Ⅲ.①小学数学课—教学设计 Ⅳ.①G623.502

中国版本图书馆 CIP 数据核字（2018）第 151792 号

儿童视角下小学数学教育的创新实践与思考——善学笃行篇
ERTONG SHIJIAOXIA XIAOXUE SHUXUE JIAOYU DE CHUANGXIN
SHIJIAN YU SIKAO——SHANXUE DUXING PIAN

主　　编：王海军　佟增玉

责任编辑：史　宁　　　　　　　　责任校对：赵鸣鸣
封面设计：中联学林　　　　　　　责任印制：曹　净

出版发行：光明日报出版社
地　　址：北京市西城区永安路 106 号，100050
电　　话：010 - 67078251（咨询），63131930（邮购）
传　　真：010 - 67078227，67078255
网　　址：http://book.gmw.cn
E - mail：shining@ gmw.cn
法律顾问：北京德恒律师事务所龚柳方律师

印　　刷：三河市华东印刷有限公司
装　　订：三河市华东印刷有限公司
本书如有破损、缺页、装订错误，请与本社联系调换

开　　本：170mm×240mm
字　　数：331 千字　　　　　　　印　张：19
版　　次：2018 年 8 月第 1 版　　　印　次：2018 年 8 月第 1 次印刷
书　　号：ISBN 978 - 7 - 5194 - 4336 - 8
定　　价：68.00 元

编委会

主　任：吴正宪　毛久刚

副主任：赵向东　尹金伶

主　编：王海军　佟增玉

副主编：尹金伶　钱　艳

编　委：(以姓氏笔画为序)

王海军　王化伦　尹金伶　钱　艳

宋怀海　刘晓敏　佟增玉　张　晴

郑雪征　周　畅　郭保生　程　影

谢　超　温光福

序　一

　　为创新密云区教师队伍培养机制,有序推进特色鲜明优质校建设,推动城乡义务教育一体化发展,全面提高教育教学质量,2014年9月29日,"密云区吴正宪儿童数学教育思想推广研究基地"正式成立。吴正宪老师是全国著名特级教师,她的儿童数学教育思想被广泛应用于教学实践。工作站的建立为密云教育事业发展开启了新征程。

　　时光荏苒,转瞬三年。"密云区小学数学教师工作站"全面研究、推广、践行吴正宪儿童数学教育思想,以教学实践研究为手段,统筹规划教师培训资源,指引学科骨干教师学习先进的教育思想、理论、方法,掌握学科教学的前沿动态,积累优秀的教学经验。吴正宪老师提出的"给学生好吃又有营养的数学""让课堂成为教师与学生生命共同成长的地方"等育人思想,滋养着全区495名小学数学教师,并促其投身到让课堂教学成为落实"立德树人""全面培育学生数学核心素养"的主阵地上;他们在一次次生动有效的研修活动中成长、历练,市、区、校三级骨干教师队伍呈现了阶梯式的发展。全区小学数学教师队伍开始由"输血"走向"造血"。他们会讲,能上大规模的示范引领课;他们会说,能够进行高端的业务引领,传播前沿的教育教学理念;他们会写,把自己的经验、思考、思想转化成区域学科财富加以传播。老师们立足儿童视角,重新审视和创新课堂教学,让学生生命价值得到最大幅度的尊重和唤醒;让学生在"知行合一"的育人课堂中,得到最大限度的发展与提升。在教学中,教师们主动、自觉地践行吴老师儿童数学教育思想。建构美、智、趣的课堂教学文化,建立亲、助、和的师生关系,实现学科教学到学科育人的华丽蜕变。学生们在自主、合作中探究,在民主、赏识中成长,在尝试、思辨中实现思维的不断拓展。乐学善思、主动探索、敢于质疑、创新实践,成为密云学生的共同的品质。

　　此次出版的《儿童视角下小学数学教育的创新实践与思考》丛书,分为《善学笃行篇》和《善学慎思篇》两本，记录和总结老师们三年来所取得的进步和收获的宝贵经验及教师们锐意进取、潜心研究的成果。

一篇篇教学设计与教学论文记录了老师们的学习、研究、思考、探索、实践、反思的历程，折射了老师们的成长和智慧；一则则读书体会和教育叙事，道出了老师们躬身践行吴正宪儿童数学教育思想的酸甜苦辣，融入了老师们的儿童观、教育观。细细品读，整书中字里行间，彰显出作者们"立足儿童数学思想，提升课堂教育质量"的共同价值理念和目标追求。

希望这本书的出版能够进一步激励工作站的教师们昂扬精神、不断进取；更希望全区小学数学教师认真研读书中收录的每一篇文章、作品，揣摩作者的教育智慧，分享作者的教育情怀，汲取作者的教育营养，点燃每一位教育人的教育激情！

最后，希望全区广大教师一以贯之敢于担当、善于创新，推动教育公平，提高教育质量，提升全区基础教育整体水平，进一步增强人民群众的教育获得感，为建设生态、富裕、创新、和谐、美丽新密云做出应有的贡献。

张文亮
中共北京市密云区教育工委书记

序 二

首都北京东北郊有一个美丽的地方。这里山青、水绿,这里天蓝、云美,这里更有着一群热爱这方水土、乐此不疲的教育人。多年来,这群人以"教书育人"为己任,脚踏实地、埋头苦干,为密云基础教育的发展尽心尽力、尽职尽责。

2014年9月29日,"密云区吴正宪儿童数学教育思想推广研究基地"正式成立,为密云的小学数学教师的专业发展探索一条新路径,为这群热爱教育的数学人搭建学习、研究、实践的平台。分站成立三年有余,在各级领导的关怀、帮助下,在密云区教委和教师研修学院的支持和指导下,开展了形式多样、丰富多彩且有实效的教师研修活动。《儿童视角下小学数学教育的创新实践与思考》一书,正是记录了这支数学教师团队成长的历程。

当《儿童视角下小学数学教育的创新实践与思考》——善学笃行篇呈现在我眼前的时候,我被密云工作站的团员们的研究实践的热情感动着。他们用坚守与真情传递爱,用温暖与包容践行爱,用师爱呵护每个孩子个性的舒展,用师爱孕育着每个孩子生命的绽放。密云工作站的团员们心中有教育梦想,有责任担当,他们是一支勇于进取、善于研究、乐于实践的探索人。

在《儿童视角下小学数学教育的创新实践与思考》——善学笃行篇中,记录了团员们的读书交流活动。团员们带着问题读书,在读书中寻找答案,引发新思考;团员们在需求中学习,在互助中觉悟,在实践中成长,团员们在与教育专家的对话中反思、提升、进步。密云工作站的读书研修活动,让我们深深地感受到教师因读书更加成熟完善,教育因读书而更加精彩与丰富。以书为伴,让我们思考的视角更加丰富多维,让我们的认识更加理性深刻。读书成为工作站每一位团员的自觉习惯。

在《儿童视角下小学数学教育的创新实践与思考》——善学笃行篇中,记录了团员们教学设计的交流活动。教学设计体现了密云数学团队在践行儿童数学教育思想的过程中所付出的情感与智慧。团员们以"促进儿童可持续发展"为理念，把"传递知识、启迪智慧、完善人格"三位一体的儿童数学教育观落实在每个环节中，努力为儿童创设"好吃又有营养"的数学课堂。团员们遵循数学教学规律和儿童的认知规律，站在儿童的立场和视角设计教学活动，并陪伴孩子经历发现、思考、探究的过程，一起感受面对困难的体验，一起品味成功的喜悦。师生共同体会着有趣味、有品位、有温度、有深度的数学学习过程。

　　静静回首，"密云区吴正宪儿童数学教育思想推广研究基地"已经走过了三年的路程，在这里我欣喜地看到，团员们不断地从专业自觉走向专业自信，逐步形成密云分站的教师研修特色。团员们秉承着总站"用纯净的心做专业的事"的宗旨，不断追求"高专业品格、高专业技能、高合作精神"。三年中，密云区的495名小学数学教师在工作中得到了历练与提升，逐步拥有了"研究的意识"和"思考的习惯"。在这样的过程中，团员们以课堂研修为载体深入思考，不断提升对教育本质的认识，积累了较为丰富的经验，并努力把经验转化成教学成果。我坚信，密云区小学数学教师们会继续在研修实践中自觉反思、勤于学习、不断尝试，必将成为北京基础教育的一支具有特色的数学教师团队。

吴正宪

北京教育科学研究院

2017 年 12 月

编者的话

2014 年 9 月 29 日,"密云区吴正宪儿童数学教育思想推广研究基地"正式成立。三年来,工作站以落实十八大"努力办好人民满意的教育"精神,落实密云教委提出的"三名工程"的工作精神为宗旨,充分利用"吴正宪小学数学教师工作站"的专家资源,搭建密云小学数学教师成长平台,积极探索教师专业成长的研修新机制,以数学学科队伍建设为突破,全面提升我区小学数学教师的执教能力。

工作站成立三年来,我们积极探索创新研修模式与方式,跨学科研修、跨省研修、跨区研修、跨学段研修、同课异构、阶梯课、双师同堂等不同的研修方式,不断提升研修品质,促进教师专业发展,注重学生核心素养的培育,关注学生的实际获得。每次研修活动的宗旨是:以经典课例做价值引领,通过研究课引领课程改革方向。

在工作站系列研修活动中,我们通过 1 + 6 + 15 + N(密云总站,六所基地校,15 名核心站员,495 位数学老师) 辐射带动机制,促进我区小学数学教师的专业发展。全区 41 所小学,495 位教师,无论是各类研修活动,还是教师常态课,老师的研究方向和研究重点都是:育人理念的转变、教与学的方式的变革、教学内容的深度设计,努力实现由学科教学到学科教育到学科育人的转变,变革教与学方式,抓住数学内容的本质,进行有价值的深度设计。

三年来的学习、实践、探索、研究,教师们也积累了自己的研修经验与成果。展现在我们面前的是《儿童视角下小学数学创新与实践与思考——善学笃行篇》记录了团员们教学设计的交流活动。有全国评优课特等奖、一等奖,北京市评优课特等奖、一等奖的教学设计,有北京市优秀教学设计一等奖的教学设计,这些教学设计是从 2005 年至今,北京市两年一届的数学现场评优,每年一届的北京市教学设计评优,均是北京市一等奖以上。这也从侧面体现出密云的老师们在践行"吴正宪老师的儿童数学教育思想"的过程中所付出的情感与智慧。

《儿童视角下小学数学教育的创新实践与思考——善学笃行篇》记录了团员

们的读书交流活动。团员们带着问题读书,在读书中寻找答案,引发新思考;团员们在需求中学习,在互助中觉悟,在实践中成长。团员们在与教育专家的对话中不断反思、提升、进步。

《儿童视角下小学数学教育的创新实践与思考——善学慎思篇》中,收集了密云区小学数学教师们在密云区吴正宪工作分站三年工作中的优秀论文成果27篇。老师们结合日常教育教学工作中的学习—实践—思考—再实践的过程。分别站在儿童视角下从"研究教材、读懂学生、优化课堂、课题研究"四个方面进行了深刻论述。在研究教材方面,注重多种版本教材的研读,分析不同版本教材中知识点的内在联系和处理策略,全面深刻解读教材,让一节节课变得丰实而生动。既重视京版教材的文本研读,又注重人教版、苏教版教材的研读。在读懂学生方面,既关注学生的逻辑知识起点,又重视基于学生的活动经验,相信学生是有潜能的、待开发的人,立足师生平等,站位内心尊重,真正地在课堂教学中把学生当成发展中的人来看待。在优化课堂方面,重视精心设计有效的教与学活动,精心设计核心数学问题,使在活动过程中学习,在学习中反思,在反思中提升,学生成了学习过程中真正的主人,一个个问题引领学生在思维的海洋中漫步。在课题研究方面,教师们抓住数学核心素养如何落地生根,抓住新时代的教育方向全面发展,立德树人,调研了大量数据,积累了丰富的科研经验,并且把一线宝贵的经验转化成了教学成果。

《儿童视角下小学数学教育的创新实践与思考——善学慎思篇》中,记录了老师们37篇鲜活的教育故事。一花一世界,一叶一菩提。老师们用一个个动情的、真实的课堂故事记录了他们的教学行为。在学习儿童数学教育思想先进的教育理念和教育艺术后,勇于实践,勤于思考,在课堂教学实践后记录下自己与儿童们的一个个记忆深刻的教学瞬间,这些瞬间里有遵循儿童的认知规律,站在儿童的立场和视角设计的教学活动,引发成功的喜悦;有满怀真情地与儿童互动,将真情实感倾注在课堂交流的感动;有自己的教学实践与名师教学实践对比引发的思考;有老师与儿童共同经历发现、思考、探究的体验……在这些故事里,老师们实践着,反思着,进步着,成长着。

一路走来,我们有辛酸、有泪水,但更多的是收获与幸福!我们会继续秉承着扎实、平实、求实的研究作风,引领教师追求"高专业品格、高专业技能、高合作精神"。感谢教委领导、研修学院领导对密云工作分站的重视与支持!我们会一如既往地坚持和坚守吴正宪儿童数学教育思想的学习与实践,让密云小学数学教育改革之花绽放得更加绚烂多姿!

目　录
CONTENTS

第一部分

01

|教学设计|

建构数学与生活的联系

——《百分数的意义》教学设计

执教者 密云区第一小学 郝合军

指导者 密云区教师研修学院 佟增玉

指导思想与理论依据

一、让学生在生活中发现数学,在课堂中研究数学,回到生活中应用数学,让数学学习成为学生发现、探索、应用的一个过程

课前布置学生搜集生活中的百分数,使学生在信息搜集整理过程中感悟到百分数应用的广泛性,为数学学习奠定情感需要;教师提供真实可靠的研究资源,创设矛盾冲突,学生在问题需要中理解百分数的意义后,又回到生活中进行实践应用,体现学数学用数学的观点。

二、符合学生思维和认知特征,让数学学习成为有效的学习

让学生在分数意义的基础上探索百分数的意义,知道百分数的生成过程,符合学生思维和认知特征,为学生有效的数学学习奠定思维的扶手架。

三、在数学学习中发展学生的情感

提供有意义的学习资源,在数学学习中激发学生爱祖国、爱家乡的情感,培养学生学习数学的兴趣,发展学生积极健康向上的情感。

教学背景分析

一、教学内容

《百分数的意义》是北京市义务教育教科书小学数学六年级上册第三单元《百分数》中的教学内容。这部分内容是在学生掌握了整数、小数、分数以及"求一个

3

数是另一个数的几分之几"的知识,并且能解决一些简单分数应用题的基础上进行教学的,它是后续学习百分数应用题的基础。百分数在实际生活中有着广泛的应用,也是小学数学中重要的基础知识之一。教材的编排特点是联系学生的生活实际,在感知和理解百分数意义的过程中,知道百分数的重要性和应用的广泛性。在总结百分数与分数的联系和区别的过程中,渗透事物的相互联系又相互区别的观点。

二、学生情况

由于百分数应用的广泛性,学生对百分数的认识并不是一无所知。但对百分数的意义还是模糊不清的,有的学生认为百分数就是分母是 100 的分数。因此,课前让学生收集生活中的百分数,在课内进行交流,以激发学生学习的兴趣。从生活实际引入,通过讨论、探索、概括形成百分数的概念。

三、教学方式

本节课的教学中,以"自主探究、合作交流"为主要学习方式,充分重视学生亲身经历并探索百分数意义的形成过程,通过讨论交流,与人合作,培养学生观察思考、比较分析、综合概括的能力;教师利用 ppt 制作的课件辅助教学,让学生真正理解了百分数的意义。

四、教学手段

教师是数学学习的组织者,引导者、合作者。通过让学生搜集生活中的百分数,使学生体验到百分数在生活中的广泛应用,从而产生探索、了解百分数知识的学习需要。将调查统计的真实数据作为学生学习研究的材料,让学生体验数学学习的真实性与必要性。

五、技术准备

多媒体课件。

教学目标

【知识技能】通过学习,使学生理解百分数的意义,会正确地读写百分数,能运用百分数的知识分析简单的实际问题。

【过程方法】经历并探索百分数意义形成过程,通过讨论交流,与人合作,培养学生观察思考、比较分析、综合概括的能力。

【情感态度】培养学生善于分析思考、勇于探索的精神;体会数学与生活的密切关系;同时结合相关信息对学生进行思想品德教育。

教学重点

理解并归纳百分数的意义。

教学难点

百分数与分数的区别。

教学流程

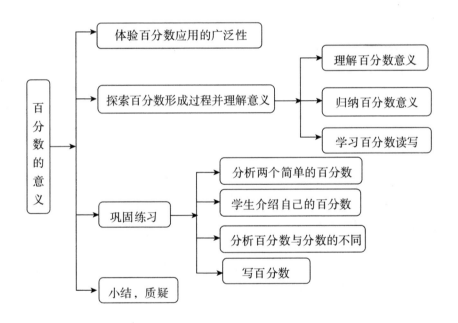

教学过程

一、初步体验百分数应用的广泛性,揭示课题

课前请同学们搜集生活中的百分数,你们都在哪儿发现了百分数? 有关百分数的知识你们知道哪些呢? 还想知道什么?

这节课我们就来研究有关百分数的知识。(板书课题:百分数)

[评:通过让学生搜集生活中的百分数,使学生体验到百分数在生活中的广泛

应用,从而产生探索、了解百分数知识的学习需要。]

二、结合调查统计,探索百分数形成过程并理解意义

前几天,我对密云一小四至六年级的学生进行了调查统计,想知道哪个年级的学生更喜欢数学,这是调查统计的数据:(课件出示表格)

密云一小四－六年级学生喜欢数学情况统计表 2005 年 4 月

年级	调查人数	喜欢数学的人数	喜欢数学的人数是调查人数的几分之几
四年级	50	47	
五年级	100	91	
六年级	200	176	

[评:将调查统计的真实数据作为学生学习研究的材料,让学生体验数学学习的真实性与必要性。]

1. 出示三个分数,理解意义,比较大小

(1)读出数据,求出每个年级"喜欢数学的人数是调查人数的几分之几"?

$$\left(\frac{47}{50},\frac{91}{100},\frac{176}{200}\right)$$

(1)分析分数含义:$\frac{47}{50}$表示的是谁和谁比? 表示了谁是谁的几分之几? 谁能说说它的意思? $\frac{91}{100}$和$\frac{176}{200}$呢? 三个分数都表示了什么意思?

师归纳:三个分数都表示了"喜欢数学的人数是调查人数的几分之几"。

[评:从分析分数的意义入手,为学生理解百分数的意义建立了思维的扶手架。]

2. 出示三个百分数,比较大小,理解意义

(1)比较三个分数的大小

观察这三个分数(闪动),要想很快地看出哪个年级"喜欢数学的人数占调查人数的份数多",你们觉得容易吗?

年级	调查人数	喜欢数学的人数	喜欢数学的人数是调查人数的	
			几分之几	百分之几
四年级	50	47	$\dfrac{47}{50}$ =	$\dfrac{94}{100}$
五年级	100	91	$\dfrac{91}{100}$ =	$\dfrac{91}{100}$
六年级	200	176	$\dfrac{176}{200}$ =	$\dfrac{88}{100}$

有没有办法让人一眼就能看出哪个年级"喜欢数学的人数占调查人数的份数多"？小组同学互相说说,请代表汇报。

(2)比较三个百分数大小(课件出示)

现在能看出哪个年级"喜欢数学的人数占调查人数的份数多"？一眼就看出来了,怎么看的?

[评:设置矛盾冲突,使学生意识到三个分数比较大小不太容易,从而探索出百分数,初步感悟百分数的好处,培养学生发现问题、解决问题的能力。]

(3)理解$\dfrac{94}{100}$、$\dfrac{91}{100}$、$\dfrac{88}{100}$的含义

$\dfrac{94}{100}$表示的是谁和谁比？表示了谁是谁的百分之几？谁能说说这个分数的意思? $\dfrac{91}{100}$和$\dfrac{88}{100}$呢?

三个数(闪动)都表示了谁和谁比？都表示了谁是谁的百分之几?

师归纳:三个数都表示的是喜欢数学的人数和调查的人数比,都表示了"喜欢数学的人数是调查人数的百分之几"。(课件出示"百分之几")

3.推导并理解另外三个百分数意义。

(1)出示三个百分数

知道了每个年级喜欢数学的人数是调查人数的百分之几,能不能知道每个年级不喜欢数学的人数是调查人数的百分之几？(板书:$\dfrac{6}{100}$)怎么知道的? 板书($\dfrac{9}{100}$、$\dfrac{12}{100}$)

(2)分析意义:谁能说说这三个数的意思？三个数都表示了什么意思?

师归纳:三个数都表示的是不喜欢数学的人数和调查的人数比,都表示了"不喜欢数学的人数是调查人数的百分之几"。

(3)比较大小,再次体验百分数优点

比较这三个分数,能不能看出哪个年级的同学更喜欢数学?不喜欢的人占的份数少,喜欢的人占的份数就多,数学多有意思!同一个问题,却可以从正、反两方面来说明。

[评:从"学生喜欢数学的人数是调查人数的百分之几"生发出"不喜欢数学的人数是调查人数的百分之几",一个学习资源被充分灵活应用,很是到位巧妙。]

4.归纳百分数意义

师小结:同学们看屏幕,$\frac{94}{100}$、$\frac{91}{100}$、$\frac{88}{100}$它们都表示了"喜欢数学的人数是调查人数的百分之几",$\frac{6}{100}$、$\frac{9}{100}$、$\frac{12}{100}$它们都表示了"不喜欢数学的人数是调查人数的百分之几",这些数都是百分数。现在请同学们说说:什么是百分数?

(板书:表示一个数是另一个数的百分之几的数叫百分数。)百分数也叫百分率或百分比。

[评:因为准备工作扎实到位,学生参与经历了百分数的生成过程,此时让学生归纳百分数的意义显得水到渠成。]

5. 学习读写法

我们理解了百分数表示的意义,怎样读写百分数呢?

百分数通常不写成分数形式,而用百分号"%"来表示,写百分号时,先写左上位置的小圆圈,再写斜线,最后写右下边的小圆圈。练习写一个。

写百分数时,先写分子,再写百分号。(师板书 94%)读作:百分之九十四。大家在题纸上练习写一写。(两名学生板书写)写的怎么样?读读这些百分数。

三、巩固练习

下面我们把研究的成果应用到实践中进一步理解百分数的意义:

1. 分析两个简单的百分数

(1)空气中,氧气的含量占 21%。21% 表示把_____平均分成 100 份,_____占其中的 21 份。

(2)空气中氧气的含量越高空气的质量越好,你们知道北京市空气质量最好,被称为"北京后花园"的县城是哪吗?密云,请看 2004 年 1 - 7 月,密云县城地区空气质量监测情况:

2004 年的 1 - 7 月,密云县城地区空气质量监测 213 天,其中一级天数为 27 天,占 12.7%;二级 118 天,占 55.4%。

分析出这两个百分数的含义。

2. 学生介绍自己的百分数

刚才分析了老师提供的几个百分数信息,谁能介绍自己搜集到的百分数?

小结:生活中,人们为什么那么喜欢使用百分数?

[评:从生活中来,再到生活中去,让学生再一次体验了数学与生活的密切关系。]

3. 分析百分数与分数的不同

下面我们看这道题,请同学们读读题目要求:说出下面各数表示的意义

(1)中国耕地面积是世界耕地面积的 7%,却养活了世界 $\frac{1}{5}$ 的人口。我国的耕地面积是世界的 7%,却养活了我们 13 亿中国人,这是一个了不起的奇迹!

(2)一根钢材重 $\frac{27}{100}$ 吨。

结合上面的分析你认为:百分数与分数有什么不同? 小组讨论一下。

小结:分数表示一个数是另一个数的几分之几,还可以表示具体的数量,可以带单位;百分数表示一个数是另一个数的百分之几,表示的是两个量之间的关系,不可以表示具体的数量,不能带单位。

通过比较,让我们对知识的理解更深入了。

4. 写百分数

谈话:下面我们练习写几个百分数:写得好看一些! 说写就写,说停就停下来!

百分之六　　　百分之四百　　　百分之三点五　　　百分之九十九

百分之零点八　　　百分之十点五　　　　　百分之一百零二

百分之二百零一点五　　　　百分之零点一　　　　百分之四十

(1)估计学生写了 4、5 个,叫停! 看看一共要写几个? 出示 10 个百分数的写法。

(2)谁来汇报你完成任务的情况? 能换一种方式考考大家吗? 最好用今天学过的知识来说。

[评:在读写百分数的过程中又一次理解应用百分数的意义,概念教学比较扎

实到位。]

四、小结,质疑

40 分钟很快就要到了,对于今天的学习,同学们还有什么问题? 收获或想法?

今天我们学习了有关百分数的知识,知道了百分数的意义和读写法,了解到百分数应用的广泛性,也体验到了百分数的优越性。课前老师也对我们班同学进行了喜欢数学方面的调查,课下,同学们可以用百分数的形式统计出来。有兴趣的同学可以进行更全面更深入的调查,也可以进行其他方面的调查统计。写出相关的调查报告,让我们看到来自同学们笔下的数学,来自同学们眼中的生活!

[评:让学生进行类似的调查统计,培养学生社会实践能力,是数学学习的一个重要方面。]

板书设计

$$
\boxed{
\begin{array}{c}
\text{百分数(百分率或百分比)} \\
\text{表示一个数是另一个数的百分之几的数叫百分数。} \\[2mm]
\dfrac{94}{100}=94\% \qquad \dfrac{91}{100}=91\% \qquad \dfrac{88}{100}=88\%
\end{array}
}
$$

教学反思

1. 数学学习,要重视基础知识,对基本概念的理解要扎实到位;扎实的基础知识是学生数学学习举一反三、灵活运用的基础。

2. 数学学习要符合学生认知和年龄特征,要让学生有章可循,有的放矢。

3. 数学学习要合理充分利用生活中的学习资源。要让学生认识到数学真实有用。

4. 数学学习应是师生情感沟通、升华的一个过程。

在教学中,前三方面还是努力可以做到的,第 4 点是需要教师不断沉淀积累、不断加强学习、不断提高的一个过程。

专家点评

数学课堂教学,我们希望看到的是,学生从有学识变得有学养,在有学养的基础上变得真正地有教养,不要把教养仅仅理解成家教。从学科的内容里面获得学养,这样的教育才能走得更远。

用心读懂学生、专业研究教材、智慧驾驭课堂是教师组织好一节优秀课的前提和保证。郝合军老师正是准确把握了这三点要求。因此,《百分数意义》课堂中,全体学生才呈现出良好思维的发展过程,真正做到了以人为本,立德树人。

首先,上好一节数学课要用心读懂学生,研究学生的认知起点和生活经验。要抓住数学的本质思想去组织教学。在关键处巧妙构思来突破重点难点,不但内容要充实,而且过程要细致。

老师课前布置学生搜集生活中的百分数,利用搜索一方面可以把新时代最新鲜的生活信息引入日常课堂教学中,拓展了学生的视野。使学生在信息搜集整理过程中感悟到百分数应用的广泛性,为数学学习奠定情感需要;另一方面,搜索对改善教学效果和提高教学质量起到了直接的推动作用。符合学生思维和认知特征,让数学学习成为有准备的学习。这一点对我触动很大,教师提供真实可靠的研究资源,创设矛盾冲突,学生在问题需要中理解百分数的意义,后又回到生活中进行实践应用,体现学数学用数学的观点。

其次,上好一节数学课要专业研究教材,准确把握教材的文本解读,透彻理解数学课程标准。

《百分数意义》是在学生学过整数、小数,特别是分数的概念和解决"求一个数是另一个数的几分之几"问题的基础上进行的教学。百分数的意义和读写法,是这部分内容的基础,学生只有理解了百分数的意义,才能正确地运用它解决实际问题。基于学生对百分数已有生活经验的基础上,郝老师基于本学校中的调查统计问题:想知道我校四、五、六哪个年级的学生更喜欢数学? 精心设计了三个表格。得出要比较哪年级喜欢数学的情况高一些? 仅仅知道各年级喜欢数学的人数还不够,还需要知道各个年级的总人数。最后来比较他们喜欢的人数占年级总人数的几分之几,因为要比较三个分数的大小必须通分,而它们的公分母又刚好是100,自然而然地让学生真正体验到了百分数的好处,明白了"生活中有了分数,为什么还要使用百分数"。尤其是"在统计中需比较部分与整体之间的关系时?"学生在经历了分数的不便后,体会到了使用百分数的优越性,感悟了分数和百分数之间的内在联系。让学生在分数意义的基础上探索百分数的意义,知道百分数的生成过程,符合学生思维和认知特征,为学生有效的数学学习奠定思维的扶手架。

再次,上好一节数学课要智慧驾驭课堂,关注课堂的育人价值和培育数学核心素养。

　　评价一堂好课的标准还要看师、生的精神面貌，关注课堂的育人价值。是精神抖擞，还是吊儿郎当？是全神贯注，还是心不在焉？是勤学好问，还是冷漠懒散？是字正腔圆，还是含糊其声？是群情激昂，还是七零八乱？……这从上课的起立动作中，从问好口号的呼喊中，从回答上台展演的争抢中，从积极发言的争辩中，都能看出来。好的精神面貌应该是和谐、活跃、民主、高效、务实的，由此营造的课堂气氛能让每个参与者都有见贤思齐的上进心、分秒必争的紧迫感和舍我其谁的表现欲，身处其中都感到振奋、激昂、欢快、充实。

　　新课程理念强调，要重视知识的形成过程，但不能只关注结果，更要关注学生的数学核心素养。这节课教学内容无论是素材的选取还是教学过程的设计都让学生体会和感受到了学习数学的必要性。没有直接告诉学生学习百分数有什么作用，百分数的意义是什么，而是通过小组学习，让学生感悟在生活中搜集到的百分数具体的例子，提供有意义的学习资源，在实际教学时充分压缩教师的"教"的时间，留足学生学的时间，更有利于学生的思维发展。所以课堂上产生问题冲突，让学生在教师创设的情境中积极的思辨，在思辨中不断生成智慧的火花，自身的思维水平将得到进一步提升。让学生在探索学习中悟出一些百分数的意思，从而总结出百分数的意义，最后再解决应用到实际生活中，一堂好课应有适当的训练与检测，让所有的学生都能得到成功的体验，以激发学生学习的内在动机，不断促进和强化不同层次的学生建立学习的自信心和自尊心，真正落实新课标"面向全体学生"的课程理念。

　　　　　　　　本节课教学设计荣获 2015 年北京市教学设计一等奖

追寻有痕迹的测量教学

——《角的度量》案例分析

执教者 密云区河南寨镇中心小学 孔晓兴
指导者 密云区教师研修学院 王海军

指导思想与理论依据

《数学课程标准(2011 年版)》中提出数学教学活动是建立在学生的认知发展水平和已有知识经验基础上的。教师要激发学生的学习兴趣,向学生提供从事数学活动的机会,帮助他们在自主探索和合作交流中掌握基本的数学知识与技能、数学思想与方法,总结基本的数学活动经验。学生是学习的主人,教师是学习的组织者、引导者与合作者。

"角的度量"是北京市课程改革实验教材小学数学第七册"空间与图形"中的内容,它是学生在度量知识方面的一个扩展,以前学生只学过对长度和质量的计量。"量角"是在学生认识角的大小的基础上进行的,是学生今后学习画角和三角形分类的基础,又是小学阶段几何初步知识的一个重要内容,而且,这部分知识对今后进一步学习有很重要的作用,它是发展学生空间观念的重要一课,更是进一步学习平面图形的基础。

教学背景分析

一、学情分析

学生在学习"量角"前已认识了直线、线段、射线的特征。理解了锐角、直角、钝角、平角、周角的概念,感悟到了各种角的关系。这些知识为学生学习量角、理解角的大小与边的关系作了铺垫。量角是度量知识的一部分,是后续学生学习角的画法的基础,而且角的度量知识在学生今后的学习、生活中有着广泛的应用。学生在本节课的学习中,难点是在量顶点朝上或朝下方向的角时,不知道该读内圈或外圈的度数,容易读错。针对难点问题,要在教学中利用课件演示、学生反馈,注意强化"0刻度线对在角的哪一边,就从哪一边读起"的方法。此外,学生量角时如果不认真操作容易产生较大的误差。要抓住生成性的教育资源,培养学生观察能力及做事科学、严谨的态度。处于目前这个年龄段的学生更喜欢在自己动手操作、尝试探究基础上学习与生活有联系的数学,因此在这节课的设计上考虑到学生的年龄特点和已有知识进行设计。

自己的思考:具体说,这节课教学时我首先抓住了新旧知识的连接点,从学生的生活经验和已有的知识背景出发,帮助学生获得新知学习的必要经验和预备知识,从而为新知学习提供认知固定点。力求启发学生从原有认知结构中找准新知的生长点,不仅仅考虑学生学习新知识所需要的基础,而且充分考虑学生对将要学习的新知识已了解多少,从而确定新知学习的起点;并且注意突出新旧知识的不同点,在比较中发现矛盾,引发认知冲突,使学生达到"愤悱"的状态,为学习新知创设情景,激发学习兴趣,保持学习动机,帮助学生建构当前所学知识的意义。

二、教学目标分析

《课程标准》特别提出数学教学是数学活动的教学,数学活动是学生经历数学化过程的活动,是学生自己构建知识的活动,这充分表明学生应该是数学学习的主人。教师教学中要紧密联系学生的实际,从学生的生活经验和已有知识体验出发,创设生动有趣的情境,让学生亲近数学;引导学生通过动手操作实践运用等活动,让学生体验数学,创造数学,学会学习。

自己的思考:关注学生的学习过程,应向他们提供充分的从事数学活动和交流的机会,帮助他们在自主探索的过程中真正理解和掌握基本的数学知识和技能、数学思想和方法。在这一过程中,凡是能让学生自己学会的,让学生去亲自体验,决不去教;凡是能让学生自己去做的,让学生亲自动手,决不替他做;凡是能让学生自己去说的,让学生自己动口,决不代他讲。为学生多创造一点思考的时间,多一些活动的空间,多一点表现自我的机会,多一点体验成功的愉快。本课设计力求体现新课标所倡导的理念:从学生已有的生活和知识经验出发,加强数学与生活的联系,提高学生学习数学的兴趣;力求改变教师的教学方式和学生的学习方式,培养学生自主学习、动手实践、合作与交流、解决问题的能力;充分运用现代信息技术设置问题情境、提供探索、发现、分析、辅导等辅助作用,从而提高课堂教学的有效性。基于以上思考确定本节课教学目标。

三、教学方式

体验式教学、探索式教学。

四、教学手段

观察、操作、讨论、争辩、交流、总结、欣赏。

五、技术准备

演示课件使用的电脑设备;学生展示使用的实物投影;为学生准备的学具(量角器);学生测量使用的题纸;教师的教具(大量角器);相应的理论支持(关注学习过程);需要的量角器自我介绍录音及生活中有角的现象的图片;自制的 flash 课件。

教学目标

【知识技能】联系实际生活情景,感受角的度数有大小之分,认识量角器的各部分名称,了解角的常用计量单位是"度",知道度的符号,初步掌握量角的一般步骤,能正确的用量角器度量角的度数。

【数学思考】学生通过自主探索和合作交流,总结归纳量角的一般步骤,发展动手操作能力;通过欣赏、感悟生活中的角的度数产生美的感觉。

【情感态度】激发学生学习兴趣,感受到操作的乐趣和成功,培养学生做事科学、严谨的态度。

教学重点

认识量角器,会正确的用量角器度量角的度数。

教学难点

会正确的用量角器度量角的度数。

教学过程

一、创设情境,激发兴趣

课件出示:

1. 师:同学们玩过滑梯吗? 这有两个滑梯,如果进行滑梯比赛你玩哪个?

2. 坡度的问题,在我们数学里研究的实际就是角度的问题,滑梯与地面形成了角。(课件演示:角闪烁)我们说两个滑梯坡度不同,实际就是角2 和角1 的大小不同。

3. 若有生说:滑梯与地面形成了角。(课件演示:角闪烁)实际就是角2 和角1 的大小不同。

4. 那角1 小有多小? 角2 大有多大呢?

[设计意图:从学生感兴趣的亲身经历的游戏入手,由具体的事物抽象出角。激趣引学,使学生产生学习动机。]

二、认识量角器

1. 量角器的产生过程

(1)师:谁有办法知道?

(2)第一次比:我们一起数,数一数∠2 含有几个这样的小角。——课件,一起数。——不是整个数。

(3)第1 次变小:——课件,把小角变小。

(4)第二次比:大家仔细观察,我们把这个小角对折。

(5)第2、3 次变小:那么咱们再怎么办呀? ——生答:再变小。

(6)引出量角器:

[设计意图:通过学生的讨论、想办法比较两个角的大小,从而产生度量的需要,自然而然引出用量角器的必要性。]

2. 认识量角器:课件

(1)介绍角的计量单位:

教师:人们把半圆平均分成了180 等份,(课件分180 等份。)每份所形成的角就是1 度的角,(课件:显示1 度)也就是半圆边上的一个小格,"度"就是常用的角的计量单位,用符号"°"表示。1 度记作"1°"。读作:1 度,一起读。

(2)量角器做自我介绍:播放课件

(3)同桌交流:

师:大家认识他了吗? 赶紧拿出量角器,指着说一说量角器各部分的名称,说完就坐好。(同桌互相交流,)

[设计意图:工具的准确使用建立在熟悉的基础上,因此,通过演示、实际观察、指一指的方法,加深学生对量角器的认识。]

3. 在量角器中找角,渗透量角的方法

(1)师:从右边的 0 刻度线到 10 度刻度线形成的角是多少度? 那么这个角的顶点在哪儿? 10 度角的这条边在量角器的哪? 另一条边在哪? (课件点击闪动)

(2)找角练习:

课件直接出示(90°——齐答)——这个角大家都很熟悉,这是什么角?

● 课件出示 140 度:问:这个角多少度? 它比直角大,它是什么角?

● 45°—师:从右边的 0 刻度线到这条刻度线呢? (45°—师:咱们一起读读——带生一格一格读);(课件 10 度 10 度的变红;)

● (课件出示左 45 度)问:鼠标滑动指着,这个角是多少度?

(如果学生在读左边的 45 度时候错了,就直接用两个角出现进行比较分析不同读法;若两个 45 都读对了,就单独比较两个角的不同读法。)

● 比较两个角:(课件将两个角放在同一个量角器里带着各自的红绿圈儿)问:这两个角都是 45 度,这个(右)角是从哪边的 0 读起的,为什么要从右边的 0 开始读起? 再指(左)这个角是从哪边的 0 读起的,为什么?

● 师:大家看,我们有时候要读内圈,有时候读外圈,那关键是看什么? ——关键看角的一条边与哪边的 0 刻度线重合了,就从哪边的 0 读起。

● 师:(看着 45 说)"大家思考一下,我们在量角器上找了这么多角,这些角的顶点都在量角器的_____?"(课件点击闪动)

过渡:我们刚才能准确地在量角器找到角了,如果给你一个角,能用量角器,量出它的度数来吗?

[设计意图:通过在量角器上找角,使学生充分感知量角器与角的关系。初步渗透量角器内外圈的读法、用法,分散度量时读数的难点。有了以上的铺垫,在量角时,学生会自觉将零刻度线和角的一边对齐,读数时也会顺着旋转方向找到对应刻度,从而避免刻意区分内外刻度而引起的困惑。不知不觉中掌握量角的方法,形成了技能。只有让学生参与到知识的形成过程,才能增强学生学习的积极性、主动性和创造性等主体性品质,无形中也教会了他们学习的方法。]

三、量角

1. 量一量题纸的角 2,——动手尝试,叙述方法——巡视个别

（1）师：请你估计一下、你、你（2—3人）看来大家估的度数不一样，我们要知道准确地度数就需要测量一下。

（2）生动手测量。——拿出题纸，上面有一个和屏幕上同样大小的∠2。量好后，写出度数。用坐姿告诉老师。

（3）汇报度数。

（4）学生展示。

量角器放错；

正确的结果；

再展示读错、误差及74和65的；

（错120）师：你是从哪边的0开始读起的？或请生估一估就知道错了。

［设计意图：学生活动的展示过程不是好同学单纯的演示过程，而应该是学生的学习情况充分的汇报过程，学生的思维充分外化的过程。目的是暴露学生的真实想法，让学生在相互的交流中互相学习，彼此之间取长补短，虚心接纳别人意见，达到共同提高。］

（5）课件展示，老师和学生共同叙述。——咱们看着大屏幕，一起说说怎样量角2的，先将量角器放在角的上面，用量角器的中心点与角的顶点完全重合，0刻度线与角的一条边完全重合，看另一条边所指的刻度，从0开始读起，用鼠标划出弧度。∠2 = 60°。

（6）闭上眼睛，师先闭再睁开，静静的回想一下刚才量∠2的过程。

（7）慢慢睁开眼睛，现在请用这样的方法体验一下再量一次角2，量好用你的眼神告诉老师。

（8）回应估：大家看我们量出是60度，确实像我们估的那样比90度小。

2. 同时量，题纸2 ∠3 = 130° ∠4 = 50°，理解内外刻度的用法

（1）师：请看大屏幕，这有两个角，请大家先估一估，每个角的度数，是比90度大，还是比90度小。稍等片刻，记住你估计的度数。这回就用我们量角2的方法量量角，同时量两个角，敢不敢量？——边说方法边测量，看谁量的既对又快。

（2）电脑汇报度数，130度，1生说——直接课件，两种预案；都谁量出是130度？师边说边举手：都对了，够厉害！——有不同答案吗？那同一个角，怎么会出现两个度数呢？你认为哪个正确？——引起学生争论，从读0的方向争，从估来判断。

（3）50度，师课件展示；询问不同答案：都谁量出是130度的，师：边说边举手。

（4）如果生都对了，就直接进行比较。

比较:观察∠3和∠4,师:这条边都指向了50、130,为什么一个是50,一个是130。让生尝试着总结:角4是用右边的0刻度线与角的一条边重合,就从右边的内圈0刻度线读起;角5是用左边的0刻度线与角的一条边重合,就从左边的外圈0刻度线读起;

小结:角的一条边与哪边的0刻度线重合,就从哪边的0刻度线开始读起;

师:现在大家量角还有问题吗?

3. 判断练习:出现一个只露出一条边的角,让同学们通过看量角器露出的边判断角的度数

[设计意图:通过小练习进一步提示学生量角与读角的度数的关键是看:用角的哪条边与量角器的0刻度线对齐就从那边的0开始读起。]

4. 小组讨论,总结方法并板书

这回会量角了吗? 真的会了,我们到底怎样来量一个角呢? ——先想一想,想好后,再和你身边的同学交流交流。

师:谁能试着说说?

指2名生说;

总之,要边板书边说:用量角器的中心点与角的顶点重合,量角器的0刻度线与角的一条边重合,再从零读到另一条边的刻度得到答案。(板书:点对点,线对边,从0读起得答案)追问:点指量角器的? 点指角的? 线、边指什么?

[设计意图:自主、合作学习是新课程倡导的学习方式。在学习过程中,努力为学生创设自主探索、合作交流的机会,使学生真正掌握量角的方法和步骤。通过学生自主交流、探索实践,培养学生估测、动手操作、归纳总结及交流的能力。]

四、练习

1. 基本练习:题纸150°

(1)1生在前边量,生问大家:都谁量出是150度?

(2)追问:150度角怎样测量? ——请生展示,并说方法(转纸或转工具)师:其他同学有没有不是转(角或量角器)的,也量出是150度的呢?

2. 角的边短怎样量

师:这回考考我们的眼力,谁来估测一下这个角多少度? ——你估、你估

师:看来,我们还真得请量角器来帮忙,谁能读它的度数?

生:70、75、70多度,

师:咱们已经使用了量角器,怎么不能肯定它的度数呢? 怎么办?

生:延长边——可以吗? (因为角的大小与两边的长短无关,而与两边叉开的

大小有关)

师:用你说的方法试一试。(课件)评价:你能够运用学过的知识灵活的解决问题,多有数学头脑。

[设计意图:进一步巩固量角的方法,会正确利用内外圈刻度量角,同时提醒学生度量要准确、灵活,培养学生科学、严谨的态度及在度量上的创新意识。]

3. 欣赏:同学们,你们发现了吗? 生活中有许多地方藏着角的度数

[设计意图:渗透数学知识在生活中的科学应用,培养学生用数学的视角去观察世界,体验感受数学为生活带来的美感。]

五、课堂总结

1. 一节课已接近尾声,你们还有什么问题吗?

预案1:生:有没有比1度还小的角?

预案2:生:大于180°的角怎样量?(课件)

2. 此时此刻,你最想说的一句话是什么?

师:同学们,这节课你学得高兴吗? 数学其实是一门很有趣的学科,只要你喜欢它,走近它,你就能从中得到许多乐趣! 下课,——谢谢,同学们!

板书设计

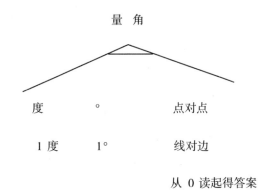

量　角

度　　　°　　　点对点

1 度　　1°　　　线对边

从 0 读起得答案

教学反思

本节课教学中,学生始终以积极的态度、主人翁的姿态投入到每一个环节的学习中。通过自主探究获得了知识,得到了发展。主要体现在以下几个方面:

1. 从已有的知识入手,创设数学研究的问题,用数学的魅力感染学生

《课程标准》中指出:"在掌握基础知识的同时,感受数学的意义"提出了"重视从学生的生活经验和已有的知识中学习数学和理解数学"使学生感受到数学就在我们身边,感受到数学的趣味、作用。

好奇心和自我表现欲望是学习的内部动机,小学生的好奇心和自我表现欲特别强烈。这节数学课的导入从学生熟悉的周围环境入手,激发了学生学习的兴趣,让学生感受到角就在我们生活中,培养了学生爱数学的意识,同时为下面的探索学习创设了很好的学习情景。学生通过教师提供的两个角主动提出数学问题,要想解决这些问题就需要知道角的大小,从而引出角的度量,设计巧妙、合理,激发了学生学习数学的兴趣。

2. 以探索为主线,使学生初步掌握量角的一般步骤,能正确的用量角器度量角的度数

探索性教学主要特点是"先学后教""先练后讲"。通过学生自己的学习钻研,努力探索,去主动获取知识,进而理解和掌握知识。这节课从整个教学过程看,我注重了对学生动手操作、观察能力的培养。从同学观察量角器切入,发现量角器上的知识点,进行了解分析,为后边角的度量打下了坚实的基础。让学生感觉到知识的连接性,从而培养学生勤于动脑、勤于探索、勤于发现的好习惯。

在学生充分认识量角器的基础上,先让学生自己试着动手度量角的大小,同学们都跃跃欲试,十分感兴趣。不过一会时间,就出现了我在课前所预料到的情况,有的同学会度量角的大小,有的同学出现了困难,有读数的困难,有误差的现象,有量法的困难等等。这时我并没有直接告诉给同学们应该怎样去度量角的大小,注意事项等等,而是给学生们展示正确的度量方法的机会,让学生们在相互的争辩和讨论中达成共识,在一起通过观察课件了解角的度量方法,最后再尝试着总结出基本方法。整个过程曲折而又难忘!

3. 用多种感官感受数学,培养数学情感,通过丰富多彩的练习形式提高教学效果

在课堂教学中,我力求做到使学生在本课中不仅仅是用耳朵听数学,而是要用眼睛观察数学现象,会用身边的数学现象理解数学知识,能用数学知识解释身边的数学现象,在探讨、交流、分析中获得数学概念,拉近了抽象的数学概念与生活实际的距离。

练习中我设计了自己动手度量的基本练习;还设计了通过欣赏生活中存在的科学利用角的度数的现象,使学生感受角度美。这些形式多样的练习不仅使学生逐步掌握了度量角的方法,进一步拓展了知识;还使学生克服学习数学的枯燥感。

有利于调动学生参与学习,参与活动的积极性,达到事半功倍的效果,也能更好地促进学生对新知识的理解与应用,从而构建自己的知识。

4. 发挥评价的激励作用,让学生享受成功的喜悦

课堂教学应以促进学生发展为中心,用发展的眼光看待每一位学生。这节课当学生量角时,耐心的等待,体现了教育的人性化。我还不失时机地评价鼓励学生。评价语言积极向上,关注学生情感态度和价值观的培养。

如:刚才老师已经领略了同学们的风采,你们真是好样儿的。学习就该这样,要敢想、敢说、敢问,还要会动手、动口和动脑!

像这样一些具有人文关怀的语言促进师生间心与心的互动,提供给学生宽松、自如的发展空间,让学生充分释放自己的潜能,真正感到学习的快乐。从中获得成功的体验,树立学好数学的信心。

专家点评

学习动机是直接推动学生学习的一种内在动力,是对学习的一种需要,学习动机的主要成分是学习自觉性与认识兴趣,学生一旦有了自觉性,他就会对学习迸发出极大的热情,表现出坚毅精神,产生积极行动。因此,教师必须十分重视学生学习动机的培养与激发。

孔晓兴老师正是准确的把握了这一要求,因此,在《角的度量》这节课的导入环节,通过学生的讨论、想办法比较两个角的大小,从而产生度量的需要,自然而然地引出用量角器的必要性,使得学生从心里产生需要而激发学习的动机。

本节课的设计打破了传统的教学思路,创设生活情景,由角的大小的比较引出可以用单位小角来度量角的大小,由单位小角的使用不便引出要把单位小角合并起来制成量角工具,由这种量角工具度量不准确引出要把单位小角分得更细一些;环环紧扣,最后出示量角器,在量角器上找自制量角工具的身影,至此,学生在探索和创造中知道了量角工具的制造原理,较好地把握了量角器的本质特征。

课堂不仅是知识传递的驿站,更是生命的殿堂,教师不仅是知识的传递者,也是智慧的启迪者,更是灵魂的塑造者,教育的艺术不在于传授而在与鼓舞和唤醒。

《角的度量》一课,学生在探索中不断生成问题,又不断地解决问题,多次感受了量角的方法,培养了学生的问题意识和创新能力。首先通过找一找量角器上的角,突破了什么时候读外圈刻度,什么时候读内圈刻度这一难点,同时明白了制造两圈刻度的用意。有了前面的铺垫,量角的方法学生们就能自己探讨了,并利用

互动反馈呈现量角的过程,同时变化多个方向,突破了难点。

本节课主要本着"关注学习过程"的原则,引导他们通过主动动手操作、观察比较,大胆表达,从中进行数学思维方法的渗透和有效的学习方法指导;不仅符合学生的认知规律,也更有利于学生展开探索与讨论,研究的意味浓了。

所以,在上课时孔教师大胆地让学生尝试测量,通过同学自由汇报、班级争论、教师点拨等活动,在复杂多样的情况中逐步引导他们在主动的探索中了解角的度量工具、计量单位以及掌握量角的使用方法,极大地培养了学生乐学、善学和会学。

孔老师精心设计了有梯度的习题,不仅能进一步加深了学生对本节课知识的内化,而且还能拓展思路,更能开阔学生知识的视野,因为学生是一个鲜活的生命个体,每个人的认识经验,认识水平等皆不相同,他们的思维发展也不同,新课改的理念之一是:要关注学生的个体发展,把更多的时间和空间还给学生,让学生在一个多向、开放、合作交流中学习新知,让学生在观察、猜测、交流、反思等活动中逐步体会数学知识的产生形成与发展过程,组织引导,放手让学生动手操作,让学生画一画、说一说、指一指、量一量,并让学生上台展示,尊重了学生的意见,张扬了学生的个性,给学生提供了一个展示自我的平台。进而使每个学生的思维及情感都得到了发展。本节课教师创设一系列的丰富的实践活动,教学方法灵活多样,充分体现了教书有法,教无定法、贵在得法这一教学思路和教学理念。

德国教育家第斯多说:"教学艺术的本质不在于传授的本领,而在于激励、唤醒、鼓舞。"著名的科学家爱因斯坦也说过:"发展独立思考和独立判断的一般能力,应当始终放在首位。"[1]因为学生思维的个体不同,因而学生得出的学习结果也不尽一样。

为此,孔老师悉心创设民主的课堂评价氛围,设计好课堂评价的开展,放心让学生自评、互评,通过评对错、评简便、评捷径、评独创,力创一派"答案'百花齐放',见解'百家争鸣'"的喜人情景。教学过程是师生互动的过程,在此过程中,融洽的师生关系尤为重要。因此在鼓励学生学习探索的过程中,要善于发现学生的"亮点",对他们实施激励性学习评价,使他们自觉克服学习中的各种困难,用顽强的意志、坚韧的毅力去解决一个又一个问题,从而体验到学习成功带来的欢乐。

例如在量第一个角时,老师用征求的口吻说:"你们愿意老师直接告诉你怎样量还是自己尝试着量一量?"

---

[1] 第斯多惠:《德国教师培养指南》,人民教育出版社2001年版,共249页。

当学生有错时,教师要诚恳地给他们指出方向,给他们力量,千万不能给压力,可以这样说:"没关系,再冷静想一想就有思路了。"

例如学生学习获得成功,对他竖一竖大拇指,学生取得了进步,送去甜蜜的微笑,投以真诚的目光,赠以热烈的掌声。学生经过努力暂时没有成功时,投以期待的目光,给以精神上的鼓励等等。

总之,本节课教师精心的设计巧妙的安排,教学脉络清晰,环环相扣,层层递进,真可谓是处处有学生的实践活动,处处有学生的动脑与思考,处处有学生们的合作与交流,课堂上有师生互动的火花,课堂上充满了生命的气息和情趣。

没有最好只求更好,每一节课都是不可重复的激情,让我们在预设中体会教师的匠心,在生成中点燃师生互动的火花吧,只要每位教师能够刻苦的钻研,我相信在你们辛勤浇灌下的花朵必将争奇斗艳。

本节课教学设计荣获 2010 年北京市教学设计一等奖

抓住核心概念进行教学

——《分数的意义》教学设计

执教者　密云区太师屯镇中心小学　张永

指导者　密云区教师研修学院　王海军

指导思想与理论依据

课标中指出："数学教学活动必须建立在学生的认知发展水平和已有的知识经验基础之上。"本节课对于学生的学情做了重点分析，单位"1"虽然学生以前没接触过这个名词，但是孩子对于一个物体平均分来表示分数已经很熟悉，问题的关键在如何由连续的量的基础上，让学生自然过渡到离散量的认识上，这种对于单位"1"的认识是在学生学习分数初步认识的基础之上建立起来的，而不是我们老师直接告诉学生的。

究其上面的原因需要我们老师值得探讨的，就是要找准学生已有的知识经验，为学生的难点把准脉。摸准学生已有的学习情况，可以为教学设计提供有价值的教育学依据。在这节课的教学中除了以往的教学《分数意义》相同的一些方法外，更加着重突出以下两点来针对学生容易出现的问题，丰富学生对于单位"1"的内涵。一是在学生原有的基础之上通过整体这个通俗易懂的词汇，建立起一个物体到几个物体，一个连续的量到一些离散的量的一个过渡；再就是再通过直观教具学具丰富单位"1"内涵的同时，渗透整体与部分的相对性，瞄准学生认识单位"1"的要害之处下手。

教学背景分析

一、教学内容

本课是北京版教材五年级下册《分数的意义》的教学内容。《分数的意义》这节课是一节概念教学课,这一教学内容具有高度的抽象性和概括性,在人类认识数的过程中有着重要的意义。本节研究的重点——使学生在建立单位"1"的基础上,从而理解分数的意义。在人类认识数的发展过程中,人们由于在生产和测量中发现自然数渐渐的不够用了,由此就产生了分数。分数的产生是人类认识数的一个飞跃。同时,在建立单位"1"的过程中,也是理解部分与整体的相对性,在变化中渗透辩证唯物主义的一个过程。

二、学生情况

这节课的内容是在学生学过"分数的初步认识"的基础上进行教学的,是学生系统学习分数知识的一个重要的起始概念。同时这节课也是为后面学习分数大小的比较、假分数与整数、带分数的互化、分数四则计算等打下基础的一课。因此本节课具有十分重要的地位和作用。

对于《分数意义》的认识学生的头脑中并不是一片空白。在四年级的学习中学生已经对分数有了初步的认识,并且能够把一个物体进行平均分,用分数来表示。对于分数的各个部分的名称也很熟悉。1 个物体或者说是 1 个连续的量对于学生来说看作单位"1"并不是一件难处理的问题,难就难在离散的量,几个物体学生能不能够看成单位"1",并且理解整体与部分的相对关系,在头脑中准确地建立起单位"1"这一个概念。

学生在头脑中建立单位"1"这一概念是一个复杂的过程。根据以上分析,在课堂教学中帮助学生借助直观的教具学具进行观察、研究、对比、总结、概括,发挥学生已有知识经验的有效作用,从而建立起单位"1"的概念,丰富其内涵,理解分数的意义。

三、教学方式

本节课在课题进入阶段主要是启发思考,进入新课后采取自主操作,汇报交流,双向沟通的教学方式。最后以多媒体教学进行集体练习,个别指导。

四、教学手段

物质化的教学手段在本节课主要有多媒体设备的使用,教师课件演示,播放视频广告片,还有教师演示用磁力版和学生操作用若干个棋子。非物质化手段准备有教师良好的精神面貌,清楚的语言表达,提前准备的评价语。

五、技术准备

多媒体用演示文稿一个,视频广告文件,教师用具正方形磁力板 4 块,学生用学具练习题纸,操作用棋子若干个。

教学目标

【知识技能】引导学生借助直观的操作和展示,理解整体与部分的相对性,加深对单位"1"的理解,从而深刻理解分数的意义;

【数学思考】经历丰富的现实情境,通过具体的数量感知分数的丰富内涵,培养学生的概括能力和辨析能力;

【问题解决】初步学会从数学的角度发现问题和提出问题,综合运用数学知识解决简单的实际问题,体验解决问题方法的多样性,发展创新意识。

【情感态度】选择合适的素材,组织有趣的活动,激发学生学习的兴趣,感受分数在生活中的应用,在变化中渗透辩证的数学思想方法。

教学重点

加深对单位"1"的理解,理解分数的意义。

教学难点

对单位"1"的理解,尤其是理解单位"1"的相对性。

教学过程

一、在广告中激活学生的原认知

1. 引入:播放生动的广告片(分蛋糕),最后图画落在1/2,1/4,1/8 图画上,学生根据广告片说出这些分数。(板书:1/4　1/8)。(教师小结:哦,我明白了,第 9 个小朋友得到的那一小块蛋糕由于相对的整体不同,所以它既可以用 1/2 来表示,也可以用 1/16 来表示。)

学生自己说说还可以分什么得到1/4?

（分析：利用广告片，复习旧知，通过情境中的 1 小块蛋糕既可以用 1/2，也可以用 1 个蛋糕的 1/16 来表示，初步渗透整体的相对性。同时，通过 1/4 这一分数进行知识的扩充。）

二、揭示课题，由连续的量向离散的量过渡

1. 师：从刚才的发言中我觉得咱班同学对于分数知识知道的还真不少，今天这节课我们继续研究分数。

2. 教师随手拿起一个小正方形，把这个正方形平均分成 4 份，阴影部分是这个正方形的几分之几？

学生表示 1/4

3. 刚才我们把这个正方形看成了一个整体，现在我们把这个正方形看成一部分，它是一个整体的 1/4，你能想象一下这个整体是什么样的吗？

老师举起纸板，问：谁愿意把你的想法摆在黑板上？

学生到黑板上去拼摆。

方法 1：田字拼摆。（师：这样可以吗，还有别的摆法吗？）

方法 2：长方形。可以吗？还能怎么摆？

师：你们想的真好，摆法真是挺多的，红色部分是不是这个整体的 1/4，关键看什么？

学生：关键要看是不是有 4 个正方形或者是 4 份？

师：什么样的 4 份？（这样的）

师：我发现你们不管怎样摆，都把这些正方形都紧紧挨在一起，要是分开一些，你们想想，不着急说，这 4 个正方形还能不能看成一个整体？

适时引导：这 4 个正方形也是不是这样的 4 份？

学生辩论。

学生认可后，教师把四个离散的正方形用集合圈圈在一起。

边画边说：一个正方形能看成一个整体，四个正方形也能看成一个整体。

（分析：一个正方形平均分成 4 份，每份可以用 1/4 来表示，如果把这个正方形看成一个部分，是一个新整体的 1/4，能想象这个新整体的样子吗？由一个到几个，老师的引导细致有效，不论怎样摆 4 个正方形，其中的一份都是 1/4，在讨论这 4 个正方形能不能看成一个整体的过程中，学生产生了激烈的辩论，这是学生原生态状态下的辩论，使学生接受新知过程中的自然磨合，只有这种自然的磨合，学生才能更好的对知识进行认可。）

三、在活动中理解分数的意义

(一)通过分棋子理解分数意义

1. 师生探讨分"一盒棋子",实现从一个物体组成的整体到一些物体组成的整体的过渡。

师:盒中有一些棋子,这些棋子可以看成一个整体吗?把这盒棋子平均分成4份,每份是多少?

师:你们怎么不用几个棋子来表示?(不知道有多少个)

师:其实盒中有几个棋子并不重要,重要的是不论盒子中有多少个棋子我们都能可以看成一个整体。

(分析:老师最后的这句话点得很精彩,不论盒子中有多少个棋子都可以看成一个整体。如果空说这句话学生不好理解。但是一个围棋盒已经把这个离散的棋子圈在了一起。这是把离散的量看成一个整体已经不那么难了,学生也通过有形的圈形成了内心中的圈。)

2. 分12枚棋子研究四分之几。

(1)研究( )/4

师:告诉你们盒中有12个棋子,把12枚棋子看成一个整体,平均分成4份,能得到哪些分数? 自己动手分一分。(叫一个组到展台前边)

分好后,用坐姿告诉老师。

学生利用学具尝试分棋子,然后进行演示,说说你是怎么分的?

学生说,老师问:你们同意这种分法吗?

*这样的1份是1/4,这份呢? 依次确认。每一份都是整体的1/4。

*这样的1份是1/4,这样的2份呢? 3份呢? 4份呢?

板书:你们的想法真清楚,我们把12个棋子看成1个整体,(贴)平均分成4份,就能得到1/4、2/4、3/4、4/4。这些分母是4的分数。

问:孩子们,还有问题吗?

*你看,1份有几个? 既然1份有3个,怎么是1/4,不是3/4吗?

评:你说的特别清楚,学习分数就得像他这样牢牢地抓住份来说话。

3个棋子是1份,是4份中的1份,所以就是整体的1/4,那3/4是这样的几份呀?

(分析:抓住一个整体的4等分,紧紧围绕一个整体、平均分成4等份、表示这样的一份或几份这些分数意义的基本要素来说话,目的就是要把分数意义中最核心最基本的东西一点不落的教给孩子,让他们知道怎样进行表述,同时也是为了后面进一步自己操作分棋子理解分数的意义做准备。)

（2）研究（　　）/（　　）

师：我们继续把这12枚棋子看成一个整体，还能平均分成多少份？得到哪些分数？想研究吗？哪组愿意到前边来？其他组自己在位子上进行研究。

学生2人为一个小组进行研究。

学生顺序进行汇报。（展台一组汇报一个，下边2组分两次先汇报2个，再汇报一个）。

引导汇报：你们是怎么分的，得到哪些分数？

学生根据平均分的情况进行汇报。

教师抓住整体，平均分成若干份、表示这样的一份获几份这些基本元素进行评价。

（分析：在学生自己活动的基础上，依然围绕分数意义几个基本要素进行分析，有助于学生充分理解分数的意义，形成概念，关注了知识的形成过程。）

（二）拓展整体

1. 过渡：12个棋子能看成一个整体，想一想，20枚棋子能看成一个整体吗，还能把多少个棋子看成一个整体？

生：6个、8个……（抓两个学生：把这个整体平均分成几份？能得到那些分数？）

师总结：（教师演示抓一把棋子）这些棋子还可以看成一个整体吗？到底多少个棋子可以看成一个整体？（生：多少个都可以）。

2. 我们可以把不同数量的棋子看成整体，那现在咱们班45个同学能看成一个整体吗？把这个整体平均分成5组，这样的1组怎么用分数来表示？

那你说一说，还能把什么看成一个整体？

（分析：由不同数量的棋子，到身边的同学，老师一步一步有效的进行引导，让单位"1"不断的进行扩充，单位"1"也在由量的变化，形成质的飞跃。）

（三）总结归纳分数的意义

1. 总结单位"1"

师：你们罗列了这么多的整体，既可以是1个物体，也可以是多个物体，一个整体的含义太丰富了，在数学上这个整体用单位"1"表示。

你们看，现在的这个"1"为什么要加上引号呀？

2. 归纳分数的意义

师：看黑板，让我们静静的回忆刚才我们得到分数的过程，师指板书。想一想,我们是怎样得到这些分数的?

想好后和同组同学说一说。

交流:我们是怎样得到这些分数的?

引导评价总结板书:你们抓问题真准,分这个整体,实际上就是分这个单位"1"。你们这个几份都能代表多少份? 就是若干份。

(分析:正是因为前边老师扎实有效的布置,层层深入递进式的问题设计,学生才能准确恰当的总结分数的意义。)

四、应用分数的意义,解决问题

过渡:我们学习了这么多的分数知识,数学的魅力就在于它永远都充满着挑战,你们敢于挑战下面的问题吗?

1. 相同分率,不同数量的分棋子问题。

要求:快速说出红色笑脸是整体的几分之几?

反思:笑脸的个数不同,怎么都能用 1/3 来表示呀。

过渡:听了你们的解释笑脸又来了。

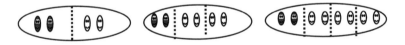

反思:同样是 2 个笑脸,这次表示的分数怎么不同呀?

学生回答后引导学生确认:第一个平均分 2 份,第二个 3 份,你们真会观察。

单位 1 确实也是不同。

落脚点:单位 1 不同,平均分的份数不同,表示的分数就不同。

(分析:问题简单,从最基本题入手,又有深入的思考)

2. 过渡:咱班同学解决问题的能力还真是挺强的,有两条绳子都露出了一部分,迅速判断哪条绳子长?

两条绳子,第一条露出了 5 米,是这条绳子的 1/4。

第二条露出了 6 米,是这条绳子的 1/4。

还有谁也是这么想的?

咱们一起来看一看,是这样的吗?

评价:从部分想到了整体,你们由 1 份想到了几份,准确地进行了判断。

过渡:知识只有在应用的过程中才能体现价值。这是在给灾区捐款活动中的一段对话。

3. 实际问题。

图片信息:录音

在给四川地震的捐款活动中,

男说:我捐了我压岁钱的 1/2。

女说:我也捐了自己压岁钱的 1/2。

小明:"噢,原来你们捐的钱数一样多呀!"

问:你怎么看小明说的这句话呢?

引:你用了举例的方法,你说的实际就是他们的单位 1 可能不同。还有同学想补充吗?

评价:你们考虑问题真全面,看来是真正理解了分数。

(分析:两个题都是着眼于简单的实际问题,哪条绳子长,学生从部分想整体,反向理解分数的意义;第 3 题都是 1/2,表示的分数的意义不同,这种分数的无量纲性从一个具体的情境中让学生充分的感受,学生理解起来容易了许多。)

4. 结合具体情境说说分数的意义。

(1)截至今年,北京市地铁已经完成了计划总长度的 2/5。

(2)在美国总统大选中,支持奥巴马的人数占投票总人数的 7/10。

读题,找到单位"1",说清楚分数所表示的意义。

选择一个分数,1/3 或 2/5,你能用生活中的事说说它表示的含义吗?

(分析:给一个分数赋予生活中的意义,分数从生活中来,又用生活中的实际意义还原于分数,学生才能真正理解分数的意义,这种训练不是空洞的,有着鲜活的生命力,是真正意义上数学价值的体现。)

5. 某公园有一块 180 平方米的绿化地,这块地的 1/2 种鲜花,其中月季花占种花面积的 1/3,种月季花多少平方米?

学生解答,说想法。教师结合课件演示。

(分析:在上面的这个练习过程中,一个看似分数应用题的问题,什么原因学生能够顺利的解决,我想这也是最大限度的挖掘了学生深层次的思维,让知识为人服务。同时老师利用生动的课件,学生也很快的根据部分与整体的相对关系,找到了更为简洁方便的方法。同时在这一过程中训练了学生观察思考、分析问题的能力。)

五、小结：你有什么收获、感受？

拓展：数学永远都充满着魅力，战国时期伟大哲学家庄子，在文章中就写过这样一句话：一尺之棰（chuí），日取其半，万世不竭。

告诉大家棰就是木棒的意思。

这句话不仅和我们今天学过的数学知识有关系，同时还蕴涵着深刻的哲学道理。把这句话留给你们，课后再细细思考，体会。

（分析：数学因为有了哲学，让数学更有深度，哲学因为有了数学，让哲学的内涵更为深厚；结尾之笔令人深思回味，渗透了整体与部分的相对性，充满着辩证唯物主义相对论的味道，同时极限逼近的数学思想也深入人心。）

教学反思

本节课特点突出：抓住了"分数意义"最基本的核心要素，扎实有效的进行训练，学生能够较为深入细致的理解分数的意义。理解分数意义在本节课重要的一点就是要突破单位"1"这一重点，丰富学生单位"1"的内涵，整节课重点突出课堂上学生表现出极大地探究热情，交流、讨论充分，对于单位"1"的理解，对于分数意义的理解不断加深，教学取得了良好的效果。主要体现在以下三个方面。

1. 目标定位准确，突出体现学科思想

《分数的意义》是一节传统的概念教学课，主要目标就是引导学生借助直观建立单位"1"的概念，理解分数的意义。本节课老师定位准确，一直都在围绕这一目标进行教学活动。在分棋子的环节中看似简单，但学生经历了概念形成这一过程。老师始终以一种参与者指导者的身份参与研究，帮助学生逐层递进，抓分数意义中最本质的核心要素，形成了一条研究、讨论、分析、概括、总结的概念知识学习的链条。

建立单位"1"的过程既是本节课的重点又是本节的难点，老师不回避学生的问题。在做好扩充单位"1"的同时，关注整体与部分的相对性，学生较为清楚的理解了单位"1"的内涵。

2. 逐层递进，突破难点

要把一棵大树挖倒，我们都知道要去挖树根，可是难道上来我们就奔着树根去吗？我们要层层剥掉泥土，一锹一锹的把浮土，还有下边的泥土挖走。面对问题我们要一层一层来。

学生的对于分数的知识早已经有了一定的理解。简单的告诉学生也很简单，学生随口就能给你说出很多个单位"1",那么学生是真正的理解了单位"1"的内涵了吗?我想这可不一定。

本节课老师充分的进行了学情了解,教学设计符合学生的实际情况。例如:让学生随便说出单位"1"容易,但是一旦问及学生,半个苹果能看成单位"1"吗?孩子就开始迟疑了。原因是什么?其实学生认识单位"1"的盲区在整体与部分的相对关系上。老师意识到了这一点,所有的设计都是瞄准的学生盲区。在广告片引入中,老师问这样的一个问题:那一小块蛋糕是一块蛋糕的1/2,还是一整块蛋糕的1/2?在帮学生建立离散的量也可以看成一个整体时,老师先引导学生把一个正方形看成一个整体,接着又把这个正方形看成一个整体的一部分,突出整体的相对性;最后的练习,还有老师布置的思考延伸,无不都有整体相对性的渗透。这样一系列的设计,学生对于单位"1"的认识会更加深入。

3. 关注学生已有知识经验,注重知识的形成过程,在互动、交流中引发学生思维的碰撞

在学生的学习过程中,关注知识的形成过程,为学生搭建合适的台阶,小步子引领学生往前走,更能激发学生的学习兴趣,更有助于学生对知识的掌握。

不论是连续的量,还是离散的量都可以看成单位"1",学生对于连续的量比较熟悉,离散的量看成单位"1"就有一些困难。老师设计的正方形环节,有效的解决了这一问题。由1个正方形想4个同样的正方形,这4个正方形不论怎样摆,不论什么样都能表示出1/4,那么这4个正方形能不能看成一个整体呢?学生展开了激烈的讨论。老师并没有直接做出判断,而是在学生充分辩论的基础上适当引导,从而使学生明白1个正方形可以看成一个整体,4个正方形也能看成一个整体。

建议可以完善的方面:

1. 设计的练习有些多,需要进一步提炼,精简一些环节。

2. 课堂中渗透了一些数学思想,但是不够突出。

3. 教学中对分数单位,和量率对应有了一定的渗透,但是这些也是分数意义中一些重要的内容,需要进一步和课堂教学有机的结合。

课题评析

1. 从人造单位"1"走向自然单位"1"

单位"1"概念的建立,是学生理解好分数意义是否深刻的关键所在。纵观整节课的教学,从上课伊始的引入,到上课的主体,及练习,老师都在帮助学生建立

"单位 1"这个核心概念上,可见张永老师还是在用心思考问题,我们可以再次回顾一下这节课的一些教学活动。

第一个环节:老师帮助学生回顾以往学习过的旧知识,借助平均分蛋糕、分正方形等相关活动,让学生明确平均分一个物体、一个图形、一个计量单位等就可以得到分数。

第二个环节:教师借助 12 枚围棋子,引导学生进行平均分,从而得到分数。借助 12 枚围棋子,教师不断的进行棋子数量的变化,明确"单位 1"的概念,并且开始引导学生不断的扩展单位"1"的外延。

面对这样一种教学设计,我们可以思考这样一个问题:"这节课单位"1"的概念是教师告诉学生的还是学生自己感悟到的"? 我这里有一个教学片段,我们可以一起模拟一下,以便我们进行思考。

老师演示往巧克力罐中先放入了 2 颗巧克力,然后再放入 3 颗,师提问:"同学们,能把你看到的用一个算式表示出来吗?"

生:2 + 3 = 5

师:2 + 3 = 5 除了这样一种结果,还可能有别的结果吗?

生:2 + 3 = "1"

师:嗯,2 + 3 怎么能得到"1"呢? 这个 1 和你们刚才得到的那个 5 有什么关系吗?

师:这里的 2 和你们所得到的"1"又有什么关系呢? 这里的 3 和"1"又有什么关系呢?

课堂模拟后,执教老师也有了如下的一段思考:

"一起参与了吴老师的课堂模拟,自己忽然间顿悟了许多。在《分数意义》这节课上,虽然我对于单位"1"重施笔墨,但是这种设计更多都是教师强加给学生的,不管你承认不承认这是单位"1",教师都已经告诉你了,4 个正方形、12 枚围棋子就是单位"1",这种单位"1"是教师人造的单位"1",学生只是在模仿老师所说的单位"1"进行举例,而忽略了单位"1"的本质,凸显数学本质中整体与部分的关系,单位"1"是一个整体。

在思考吴老师所举的例子的时候,借助实物,寻找 2 和"1"的关系,寻找 3 和"1"的关系,此时这个巧克力罐成了一个神奇的可大可小的魔盒。这个整体的出现是在学生寻找关系的过程中出现的,是部分和整体共同呈现的,凸显了分数是一种表示部分与整体关系的数。

从人造的单位"1"走向自然的"1",是教师的教走向学生的悟的过程,在《分数意义》的教学中,这种让学生"悟"单位1的过程,也更加有利于学生对于单位1概念的理解。"

2. 让分数张开嘴巴"讲故事"

一节好的数学课,一位好的数学教师应该是一位读懂教材,读懂学生,读懂课堂的老师。他除了要明确每一节课的核心目标外,还要理解学生的知识储备情况,学习的经验如何,这样才能让课堂在他的掌控中充满生机与活力。张永这节课不仅仅目标定位准确,同时,他也是一位读得懂学生的老师。他不仅仅会和学生交流,更重要的是他了解学生,会用数学本身的特有魅力吸引学生。

课堂中,为了让学生充分理解分数的意义,老师设计了这样的一个练习,你能用生活中的事说说1/3或2/5的意思吗?

以往的教学中,我们老师经常会在教学中为学生提供一段数学信息,信息中有一两个分数,然后说说这些分数的意思。而今天的老师,却反其道而行之,让学生来给分数赋予生活中的意义。此时,学生的学习材料看似只是两个分数,但是学生对于分数的深刻理解为这两个分数穿上了美丽的外衣。让1/3、2/5这两个分数变得灵动起来,孩子们在用自己的故事讲授着数学。分数的概念在学生的讲述中得到了充分的理解。不妨我们一起分享一下当时课堂上,学生讲的故事。

生1:我们7个小伙伴一起去玩捉迷藏,1个人找,6个人藏,找到了1/3。

师:7个人玩,这里边的1/3怎么回事,哪来的?

生2:老师,我明白,他们找到了2个人,就是找到了1/3。把6个人平均分成3份,两个人就是1/3。

生3:2个人是6个人的1/3,是7个人的2/7。

……

多么生动有趣的捉迷藏,学生在讲的过程中把分数诠释的充分、深刻。课堂上,捉迷藏,分西瓜,编小辫儿……,老师说:你们讲的事情不同,数量不同,怎么都能用上1/3或2/5呢?再一次的帮助学生建立完整的数学概念。

我常在想,学生喜欢什么样的数学?喜欢什么样的数学课堂?学生把自己的生活带进了理性的数学课堂。用自己的故事讲分数,自己的故事和数学进行对话,这不就是儿童喜欢的数学吗?用儿童的语言讲数学,讲儿童明白数学,张永老师的数学课让那一个个枯燥的分数说了话,并且还动听地讲了故事,这不就是营养又好吃的数学课堂吗?

3. 给分数找个妈妈

一位优秀的数学教师一定是一个会反思的数学教师,张永对于分数单位的质疑,我特别同意。什么是分数,分数是把单位"1"平均分成若干份,表示这样 1 份或几份的数。表示这样一份的数就是分数单位。在我们的教学中,往往通过一些类似的提问,或者填空来进行训练。从学生反馈来看确实效果也不错,但是,学生真的理解分数单位的内涵了吗?

分数的意义中用"表示这样的一份"词语凸显了分数单位,学生们在理解时往往感到茫然。许多学生也会有这样的疑问,为什么一定要在表述分数意义的描述过程中非要加上"表示这样的一份"这样关于分数单位意义的词语呢? 应该说分数单位的理解对于分数意义有着独特的价值,这种价值的体验也不是学生简单的提问和填空就能解决的,需要一个不断感悟的过程。

我们可以看这样的一道练习,教师出示一个长方形,告诉学生,"这是一个长方形,可我却偏偏告诉你这就是一个分数 $\frac{1}{5}$,你能帮我想想 1 是一个什么样的图形吗"?

这样的问题学生往回想应该是比较容易的,借助长方形的直观,学生能够很快的画出长方形。教师可以根据这样一个基础再次提问:"这个长方形这次表示的是 $\frac{2}{5}$,这次 1 是什么样了呢"?

帮分数找个"妈妈",学生会怎么想,展示学生的思维过程,必然是运用分数单位,理解分数单位的结果。由 $\frac{2}{5}$ 想到 $\frac{1}{5}$,由 $\frac{1}{5}$ 想到 1,是学生不断深入理解分数意义,不断深化分数单位的重大作用的结果。

让学生在猜想、验证中感受数学的魅力

——《三角形内角和》教学设计

执教者　密云区果园小学　邹俊梅

指导者　密云区教师研修学院　佟增玉　王海军

指导思想与理论依据

苏联教育实践家和教育理论家苏霍姆林斯基说："在人的心灵深处，都有一种根深蒂固的需要，那就是希望自己是一名探索者、发现者、研究者。在儿童的精神世界中，这种需求表现尤其强烈。"①确实是这样，数学课程标准也明确提出"动手实践、自主探索、合作交流"是新课程倡导的学习方式。

基于以上认识，我认为学生对探索过程，实际上是对知识的提炼和升华，是对新知识的再加工，再创造。学生的思维正是在探索知识的过程中，在感性认识上升到理性认识的过程中，在"迷惑不解"到"豁然开朗"的过程中获得发展的。这也是培养学生创新精神和实践能力的有效途径。所以本教学设计，力求体现以学生发展为本的教育理念，体现教师有效而又有深度的教学引领，建构有序、有层的课堂教学结构，让学生经历探索的全过程。让学生真正意义上去享受好吃而又有营养的数学，养成积极主动的思维习惯和思维品质，提升学生参与数学探究的热情，体验成功的愉悦。

---

① 《给教师的建议》，教育科学出版社1984年版，第58页。

教学背景分析

一、教学内容

《三角形的内角和》是北京市义务教育课程改革实验教材(数学)五年级上册第三单元《三角形的特征和面积》中的一个教学内容,隶属几何与图形的教学领域。这部分内容是在学生认识了角,会用量角器量角,初步认识三角形,三角形分类的基础上进行教学的。教材内容的数学核心内容是让学生理解和探索"三角形的内角和是180°"这个重要性质,数学核心思想是转化。通过此内容教学,有助于学生进一步认识三角形的特征,为进一步学习积累知识基础、思想方法和活动经验,即为后续再研究奠定基础。

二、学生情况

通过课前调研,我们得知了学生的基本情况:

1. 学生已有知识基础(问卷):学生已具备了角的度量、角的分类、三角形的认识、三角形的分类等知识;部分学生对"内角""内角和"不知道什么意思;知道三角板上每个角的度数,能算出"三角形内角和为180°",但是不是所有的三角形都等于180°,学生还不肯定。甚至有的学生还认为大三角形的内角和大,小三角形的内角和小;为什么三角形的内角和是180°学生不是很明白。

2. 学生已有生活经验和已具备的能力:学生对一些特殊三角形有过直观的认识,并知道它每个角的度数;具备了一定的动手操作能力和合作交流能力。

3. 学生学习该内容的困难:在验证过程中运用"已有知识解决新问题"学生起初想不到,如:验证三角形内角和为180°和学过的平角知识联系起来;在动手操作过程中,由于学生的年龄特点和个性特征,有的学生动作较慢,怎样折、撕后拼成平角有困难;在合作交流的过程中,有些学习困难的学生合作能力偏弱。

4. 学生学习的兴趣(访谈):对自己动手发现三角形内角和为180°,探索学习很感兴趣,积极性很高。

5. 方法习惯分析:学生经历过猜想—验证—结论—应用的探究过程,积累了一定的活动经验,但学生还不能够自觉沟通知识间联系,运用"转化"的数学思想方法解决问题。

三、教学方式

本节课采用自主探究、合作交流的教学方式。

四、教学手段

计算机辅助教学。

五、技术准备

多媒体课件、量角器、各类三角形纸片。

教学目标

[知识与能力]通过学生动手测量、撕拼、巧折、推算等有意义操作活动,理解并掌握三角形内角和是180°,运用所学知识解决简单的实际问题。

[过程方法]在学生有意义的操作中,培养学生的观察、发现、猜想、验证、概括、归纳等能力,积累数学活动经验。

[情感态度]在教学过程中,体会探索知识的乐趣、激发学生的学习兴趣、增强对数学的好奇心和探究欲。

教学重点

验证三角形的内角和是180°。

教学难点

应用验证和不完全归纳法推算出三角形的内角之和是180°。

教学过程

一、引入:创设情境,猜想,揭示课题

1. 介绍内角

教师课件出示一只学生用的三角板。

师:请看屏幕,这是我们数学课中经常使用的三角板,它的外形是三角形的,在它的内部有三个角,我们把它叫作三角形的内角。

板书:三角形的内角

2. 引出猜测

师:你们了解三角板吗? 每个角分别是多少度?

学生说度数,教师点击课件90° 30° 60°;

胖三角也来了,这个角多少度? 90° 45° 45°

师:老师把这两组数据记录在黑板上,请同学们仔细观察,它们有什么共同点?

教师板书:90° 30° 60°

　　　　 90° 45° 45°

预设:(1)两个三角板都有90°

(2)另外两个角的度数和都是90°

(3)每个三角形三个内角的和都是180°

师:真是这样吗? 我们一起算一算,第一组——第二组——

板书:30° + 60° + 90° = 180°;45° + 45° + 90° = 180°

师:这两个三角形的内角和都是180°(指着板书),那这些三角形呢? (点击课件)是不是所有三角形三个内角的度数和都是180°呢? (教师点击课件:大胆猜测部分)请同学们大胆猜测一下。

预设1:学生都认为和是180°

预设2:有的认为180°,有的有不同意见

师:有的同学认为三角形内角和是180°,有的同学不认同,到底是不是180°呢? (板书:和是180°?)这只是我们的猜想,(教师板书:猜想)还需要验证(板书:验证)

二、引导学生验证

师:我们每位同学的手中都有一个彩色三角形,你准备用什么方法验证这个三角形三个内角的和是180°呢?

预设1:用量角器量,让学生能具体介绍一下量的步骤方法

评价:看到量角器,你能想到量,而且介绍的很清楚,非常了不起,那现在就按照这位同学说的方法来验证,老师提一个小要求:把测量数据写在角上,再算一算。开始吧!

预设2:撕拼、巧折

师引导:这种方法可以,请你给大家具体介绍好吗? 还有别的方法吗?

备注:量、撕拼、巧折三种方法是并列关系。学生先谈到哪种方法,就可以顺着学生的思维采用哪种方法验证。

(一)用量的方法验证

全班学生的学具分为钝角三角形、直角三角形和锐角三角形三类

1. 学生进行操作（用量角器测量自己的三角形的三个内角的度数并计算）

教师巡视，搜集正确的结果和测量有误差的结果，为汇报做准备。

2. 汇报测量数据和结果。

师：量好了吗？谁来把你的数据说给大家听？

板书：$50° + 60° + 70° = 180°$；$90° + 40° + 50° = 180°$；$110° + 35° + 35° = 180°$

预设：1. 汇报时都是180°

小结：我们用量的方法量出了手中的三角形内角和是180°。还是这个三角形，如果没有测量工具，我们怎么验证三个内角度数和呢？

预设：2. 汇报时如果出现学生测量数据的内角和有的接近180°的情况（稍大于180°或稍小于180°的），暂时板书着，稍后处理。

小结：用测量的方法大多数同学得到了三角形内角和是180°，有的同学测量的结果接近180°，全班同学还没有完全达成一致。除了量的方法，我们还能用什么方法来验证这个三角形三个内角的和是不是180°。

（二）用撕拼的方法验证

同桌同学交流，同学汇报

如果学生还没想到方法则教师提示：

180°的角是什么角？（平角）要是把三个角凑在一起，看拼成的是不是平角就可以了。三个角三个方向，怎么样才能把三个角凑在一起呢？

生：把三个角撕下来，然后拼在一起。

师生合作撕老师的大三角形

评价：这位同学想到把三角形三个角撕下来，拼成180°的平角，这种方法多巧妙呀！你真会思考，把热烈的掌声送给他。

学生动手撕手中的粉色三角形，然后拼。

小结：（教师对着板书说）通过拼，我们把三个角拼成了平角，（教师用直尺比一下）验证了三角形内角和是180°。同学们大胆的撕、拼，看似一种破坏性的实验，但是从另一个角度验证了我们的猜想，看来在研究的过程中也需要我们勇敢的尝试。

（三）用折一折的方法验证

师：除了用撕拼的方法能把三个角凑在一起，还能用什么方法把三个角凑在一起？

学生说道折，教师追问：你是想通过折，是要把三个角怎样？

师：想不想亲自试一试，用你手中的另一个三角形折一折。

师：谁愿意到前面折老师的大三角？

师：谁折好了，举起来让大家看看。

师：折的方法特别有技巧，请同学们看屏幕，教师课件演示。

（课件演示折三角形的方法。）教师一定边演示边说。

小结：我们把三角形三个角折成了平角，你能得出什么结论？

我们通过折又一次验证了三角形内角和180°。

（四）推算的方法

刚才我们都在动手，现在我们动动脑，看看我们能不能用以前学过的知识解决今天的问题。

1. 直角三角形内角和180°

（1）用一个任意的长方形来推算

课件出示一个长方形

师：这是一个任意长方形，它的四个角是什么角？（直角）多少度？（90°）

长方形四个内角的和是多少度？

同学们开动脑筋，利用长方形怎样就能算出三角形内角和的度数呢？

课件演示：分成两个大小、形状一模一样的直角三角形。

你知道其中一个直角三角形的内角和吗？怎么算的？

用这种方法我们推算出直角三角形内角和多少度？（180°）

评价：你能借助长方形内角和360°，推算出一个直角三角形内角和180°，又一种新的验证方法诞生了，把热烈的掌声送给他。

（2）用两个完全一样的直角三角形来推算

刚才同学们借助长方形算出直角三角形内角和是180°。现在给你直角三角形，怎么推算？

教师提示：刚才我们把一个长方形分成了两个直角三角形，大家想一想，如果有两个完全一样的直角三角形怎么办？（课件复制两个完全一样的直角三角形后停一下）

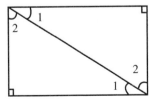

接着看，这是一个直角三角形，老师在复制出一个一模一样的，拼在一起。

角1和角2拼成了什么角？（直角）角1加角2多少度？（90°）

这两个角 1 的度数一样吗？既然相等,那么角 1 加角 2 多少度？（90°）

由此我们也能得出一个结论:直角三角形中,两个小锐角的度数和是多少度？（90°）

2. 推算钝角三角形内角和是 180°

刚才我们推算出直角三角形内角和是 180°,想想如果是一个钝角三角形我们怎样推算出它的三个内角和是多少度？

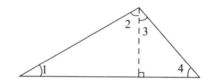

这是一个钝角三角形,画出一条高,高把这个钝角三角形分成两个直角三角形,在其中一个直角三角形中角 1 加角 2 多少度？角 3 加角 4 多少度？

四个角全加起来是多少度？角 1 是大钝角三角形的一个内角,角 4 也是,角 2 和角 3 合起来就是一个内角,由此就推算出这个大钝角三角形三个内角的度数和 180° 了。

我们还可以怎样算出这个钝角三角形内角度数和？（两个直角三角形是 360°,减去两个直角是 180°,得到钝角三角形内角度数和是 180°）

3. 让学生借助推算钝角三角形内角和是 180° 的方法来推算锐角三角内角和

谁来说说锐角三角形的三个内角度数和怎样算？锐角三角形也可以用同样方法验证。

（五）神奇三角形

同学们,我们用推算的方法进一步验证了直角三角形、钝角三角形和锐角三角形内角和是 180°。

同学们请看屏幕,这有一个神奇三角形,看它会 72 变,我们让电脑显示这个三角形的度数。（电脑点击得出度数）内角和多少度？拖动一个角的顶点,每个角的度数发生了变化,内角和是多少？（180°）

请同学拖动三角形的每个角,让学生进一步感受三角形的内角和跟三角形的大小形状没有关系。

三、概括总结

（一）方法概括

好了同学们,现在静静地回想,我们用了哪些方法验证了三角形的内角和是

180°？（同时贴板书:量、拼、折、算）这些方法都得到一个什么结论？

自信的读一读（课件）

现在可以把"？"擦去了吗？（教师将板书中的"？"去掉。）

若有不是等于180°的算式:刚才量的时候,出现了接近180°的情况,你觉得可能是什么原因？（测量误差）现在可以擦掉"？"了吗？

(二)数学文化介绍（课件演示）

你们知道是谁第一个发现三角形内角和是180°的吗？课件介绍数学文化

教师评价:帕斯卡发现三角形内角和是180°的时候12岁,你们年龄比他还小,今天你们在这么短的时间里也研究出三角形内角和的度数,你们真了不起,也为自己鼓鼓掌,相信你们也能有更大的成就。

(三)深化概念

看这是一个三角形,它的内角和多少度？现在老师把它分成两个小三角形,一个小三角形内角和多少度？再撕呢？

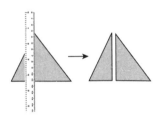

师小结:三角形无论是大是小,形状如何,它的内角和总是180°,大家经得住考验。

四、及时应用,解决问题

1. 一个三角形木板,两个内角的度数分别是69°和61°,求第三个角的度数。

谁来读一读题目？

板书出计算过程:180° − 69° − 61° = 50°

或180° − (69° + 61°) = 50°

追问:180°题目中没有这个已知条件呀？

师:在计算时要观察数字特点,能简算的自觉简算。

2. 在一个直角三角形中,一个锐角是25°,另一个锐角是多少度？

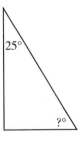

180° − 90° − 25°;

$180° - (90° + 25°)$；

$90° - 25° = 65°$

3. 猜一猜:有三个三角形都被长方形遮盖住了两个角,你知道被遮盖住的两个角都是什么角吗?

能用今天学习的知识说说为什么吗?

4. 终极挑战:一个三角形,只剪掉其中一个30°的角,(不破坏其他两个角)剩下图形的内角和是多少度?

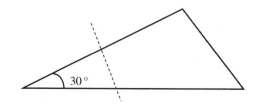

五、总结

这节课,我们通过三角板三个内角的和是180°,进而产生了其他三角形的内角和是不是180°的猜想,然后通过多种方法对这个猜想进行了验证。先猜想再验证的学习方法在数学学习中经常用到,只要同学们肯动手、动脑,就一定会成功、一定有收获。

快下课了,你有哪些收获和大家分享一下。

学生谈体会、收获。

板书设计

三角形内角和

| 猜想 | 验证 | 应用 |

量 拼 折 算

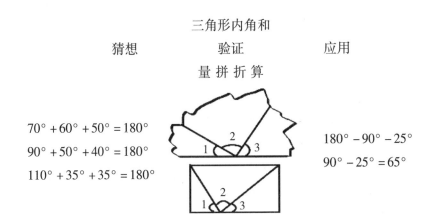

$70° + 60° + 50° = 180°$

$90° + 50° + 40° = 180°$

$110° + 35° + 35° = 180°$

$180° - 90° - 25°$

$90° - 25° = 65°$

教学反思

1. 遵循以学生发展为本的教育理念

透过这个案例,我们追寻这个答案。教师的课前前测和调研,告诉我们教学要着眼于整体;教师的课堂教学,告诉我们教学要着眼需求,着眼有效引领;教师的分层设计,告诉我们教学要让每个学生都能获得良好的数学教育。而我更要说让学生经历数学真探索的过程是重要的。从这个意义上说学生的探索活动是对问题识别、归类和假设、验证的过程,也是试误和顿悟的过程,是培养学生归纳、类化、演绎、直觉、想象的重要途径。

2. 追求有效的数学教学

引导学生在探索体验中感悟数学,经历真研究的过程是学好数学的保证。教师引领学生在探索中学习,在探索中感悟是学好数学的关键。教学中,充分让学生理解和感悟每种方法,都有合理成分和发展空间,在解疑质疑的模式下引导学生自己"再发现""再创造",让课堂"悟而有序,扶而有度,生成共享"。

3. 追求简约、有序和科学,成就数学之完美

简约是一种美,是数学永恒不变的主题。简约是一种理念,是一种思维。追求有序,在解决各种数学问题的过程中,学生的思维是沿着由低到高、由浅到深、由远到近的优化程序步步向前推进的,直至有效地完成任务、实现目标。加强数学思维的教学,一定要在培养学生的有序能力上下功夫。追求科学,让学生逐步

感悟数学结论的形成过程,由感性认识上升到理性认识,最终让学生认识三角形内角和是180°这一三角形的重要性质,完成了对知识的探索,这是数学真理和课堂生命所在。

4. 有效分层,实现教学最优化

我国古代教育家、思想家墨子提出育人要"深其深,浅其浅,益其益,尊其尊",即主张"因材施教,因人而异"。《数学课程标准》也指出:"不同的人在数学上得到不同的发展"。要求我们的数学教学必须关注每一个有差异的个体,适应每一个学生的不同发展需要,最大限度地开启每一个学生的智慧潜能。分层评价的教学研究也明确提出如何让优等生"吃得好"、中等生"吃得饱"、差等生"吃得了",这一直是每位老师总希望做到却往往还做不到的事! 为了追求这种教学效益的最优化,《三角形内角和》的教学设计体现了学习内容精心预设、课堂提问逐步深入、课堂练习分层设计的分层教学。分层递进,逐步落实分层教学的教育理念,让学生真正意义上去享受好吃而又有营养的数学。

本节课的亮点:

注重三角形内角和的推算。三角形内角和的验证,除了传统教学的测量、撕拼、巧折的方法,教师借助一个任意的长方形,把这个长方形画一条对角线,分成两个完全一样的直角三角形,长方形内角和是360°,推算出一个直角三角形内角和是180°。然后用两个完全一样的直角三角形拼成一个长方形,推算出直角三角形的两个锐角的和是90°。借助这两个结论,在钝角三角形内做一条高,把钝角三角形分成两个直角三角形,进一步推算出钝角三角形的内角和是180°。锐角三角形的推算完全一样。孩子在测量、撕拼、巧折得到是直观经验,在推算过程中学生收获的更是理性的推算与证明,获得的是解决问题的策略,让学生真正认可任何一个三角形内角和度数都是180°。

专家点评

新时代,新课堂,新思想,课堂教学正朝着以人为本、全面发展、立德树人的方向前行。邹俊梅老师执教的课堂教学《三角形内角和180°》很好的践行了"以生为本,合作探究,实验论证"的课堂过程,生动地诠释了新教育的基本理念,本课新知识的探究很好的把握三个特点。

1. 关注学生思考问题方式,从特殊到一般,给学生独立大胆思考的机会

本课是义务教育北京版五年级上册内容,教师以学定教,充分给予了学生大

胆猜想的空间和时间。教师出示由生活中常见的一套实物三角板,让学生观察回忆每个三角板的内角度数,一个三角板的内角是 30°、60°、90°;另一个三角板的内角是 45°、45°、90°;发现三角形都有 3 个内角,且三个内角度数和为 180°。据此,教师揭题,把目光聚焦到生活中的三角形的三个内角和,大胆猜测:三角形的三个内角和是否 180°? 思维方式从特殊回到一般,打开了学生积极探究的欲望和兴趣。

2. 学生经历猜想——验证的学习过程重视实践操作、合作交流、对话分享的课堂过程

对于学生有了不同的猜测,这种猜测在数学中叫作猜想,有了猜想就要验证。教师给每个组的学生提供了不同的三角形,量角器,明确地出示自学提示,为学生的合作探究充分准备物质条件。

探究一:学生在量一量中初步感悟三角形内角和 180°左右,反思测量过程,究其原因是动手测量时产生误差,需要进一步验证。

探究二:学生利用纸质三角形撕一撕,折一折中直观感知三角形的内角和是 180°。但仍然停留在具体直观的表层上,如何从数学角度推理验证确实是 180°呢?

探究三:利用两个完全一样的三角形拼一拼。两个完全一样的直角三角形可以拼成一个长方形,长方形四个内角是 $90 * 4 = 360°$,$360/2 = 180°$。

探究四:在学生感知“三角形的内角和是 180°”的基础上,又引入了“几何画板”软件进行验证,伴随着每拖动一次三角形的顶点,三个内角的度数发生改变,但是三角形的三个内角和始终不变,永远是 180°,经过多次验证,学生们对于“任意三角形的内角和是 180°”已是了然于心,理解深刻。教师引入了信息技术辅助教学,动态地再现了学生探究的过程,真实而又富有引导性。教师在今天这样一个信息高速发展的时代,教育也应当与时俱进,契合学生的兴趣点,让信息技术更好地发挥作用,它突破了传统教学中难以解决的问题,本节课切实让信息技术最大限度地服务了教育。

3. 基于核心素养的思考,教师为学生提供丰富的创新探究学习方式

教学关注问题解决:首先,如何在一个具体的问题情境中看出有这样或那样的问题;其次,通过知识、概念的学习形成过程培养学生的抽象思维,学会建模、学会直观想象、学会运算等一些数学素养;再次,让学生学完这个知识、概念以后,会用这个模型去观察考量这个世界,观察身边事物的变化;最后,通过实践解决问题的经历,培养学生数学的思维,这才是最核心的,并且要以当前所学的知识、概念

内容为例,去体会如何学习,以所学为例,去学会如何学习。

　　纵观整个课堂,教育是探索、是启蒙,是平等对话与自由交流,是丰富知识,是尊重和信任。这节课给人的感觉,应该师生都是学习者,都在超越自我教学相长,学生不但能看到教师思维的结果还能领略整个过程,而且能得到教师智慧的引领和闪光的启迪。老师传授的是"点金术"而不是简单地送金子,学生掌握的是能力而不仅仅是知识。好的课堂注重通过教师与学生间的情感交流形成民主和谐的教学气氛,让各个层次的学生都能获得创造或成功的心理体验,感受生活的乐趣和学习的美好,并借助这种美好憧憬去不懈追求,自觉回馈老师和社会。

　　　　　　本节课获 2011 年北京市第十届数学年会现场评优特等奖
　　　　　　本节课教学设计荣获 2012 年北京市教学设计一等奖

积累活动经验,促进实际获得

——《商不变的性质》教学设计

执教者 密云区教师研修学院 钱 艳

指导者 密云区教师研修学院 佟增玉

指导思想与理论依据

一、教学课程标准中明确指出:义务教育阶段的数学要突出体现基础性、普及性和发展性,实现人人学有价值的数学。学生的学习内容应当是现实的、有意义的、富有挑战性的,学生的数学学习活动应当是一个生动活泼的、主动的和富有个性的过程,是一个逐步积累数学活动经验的过程。

二、建构主义。认为教学要体现以人发展为本的教学思想,强调学生对知识的主动探索、主动发现和对所学知识意义的主动建构,获取知识的过程。提倡学习过程中的有序观察和大胆猜想、验证,突出体现学生从感性认识逐步到理性认识的过程。

三、创造好吃又有营养的数学课堂,让学生获得良好的数学教育。数学教学是数学活动的教学,是师生之间、学生之间交往互动与共同发展的过程。在这一过程中,把握学生已有知识经验,让每个学生真正实验研究,获得基本的数学知识与技能,获得必要的数学思想和方法以及数学互动经验,让孩子受益一生。

教学背景分析

一、教材分析

本节课是北京市义务教育课程改革实验教材小学数学第七册第三单元《除

法》中的内容。是在学生掌握了两位数乘、除多位数的基础上安排的,让学生掌握这部分知识,既为学生进行除法口算和学习简便运算作好准备,也有利于以后学习小数除法、分数和比的有关知识,是小学数学中十分重要的基础知识。

二、学生分析

学生对于两位数的乘、除法已经熟练掌握,有一定的自主探究的能力和语言概括能力。学生在教师的引导下,可以自己得出"商不变的性质",但是思考问题容易片面。具体表现在:

(1)有学生对商不变的性质的理解较片面。只认为同时乘或除整十数、整百数,商不变,如果同时乘或除其他的数,商如何变化说不清了。

(2)还有学生认为所有的数都可以,但不能认识到零要除外。

(3)学生对于独立举出除法算式进行验证猜想也是一个困难。

三、教学方式

学生动手实践、自主探索、合作交流和教师讲解演示相结合的方式。

四、教学手段

学具、课件、计算机、实物投影等。

五、技术准备

多媒体课件。

教学目标

【知识技能】通过引导学生有序观察、猜想验证,使学生掌握商不变的性质,能够运用商不变的性质,解释生活中简单的实际问题。

【过程与方法】在引导学生探索商不变的性质过程中,培养学生初步的观察能力、抽象概括能力,帮助学生积累获取知识的活动经验。

【情感态度】在引导学生探究商不变的性质过程中,培养学生勤于观察、善于思考、勇于探索的良好学习习惯。通过感受"变"与"不变",向学生初步渗透函数思想。

教学重点

经历获得知识的过程,掌握商不变的性质。

教学难点

初步发现并猜想、验证,概括出商不变的性质。

教学流程

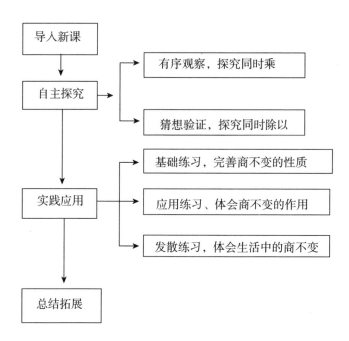

教学过程

一、导入新课

1. 同学们,有几个数朋友听说我们在上数学课,急着想和大家见面。看! 他们来了,请你大声地读出它们。

依次出示:2,4,8,16,32。

读完这些数,你有什么发现?

你知道他是按照什么顺序来观察这些数的吗?

师:有序观察是一个很好的学习习惯,它可以帮助我们更快地发现规律(贴学法)

2. 请你从这五个数字卡片里选择其中的三个数,组成一个除法算式?

师指名回答:师随生的回答把算式贴在黑板上

3. 同学们利用这 5 个数写出 8 个除法算式,观察一下这些算式的商,你能根据它们的商是否相同,把这些算式整理、分组吗?

学生说分组,师随生汇报,把算式分组摆好:4 组

【设计意图:让学生自己说出算式,把算式按着商相同进行分类整理,让学生体会从无序到有序的过程,为研究和学习准备必要的观察资料。】

过渡:我们根据商相同,把这些算式整理成了四组。(课件出示)请同学看屏幕,老师把第一组算式放在了这里。

二、自主探究

(一)有序观察,探究发现同时乘

1. 一起来读一读这组算式

$8 \div 4 = 2$

$16 \div 8 = 2$

$32 \div 16 = 2$

师:观察这三个算式,你发现什么没变? 什么变了?

质疑:被除数变了,除数也变了,商却不变。这里面一定隐藏着什么秘密哪?

今天我们就一起来研究研究——商不变的小秘密(板书:商不变)

2. 我们先来研究这组算式,为了说话方便,我们给这三个算式编上序号

大家请看观察提示:(课件出示)观察并思考:用第 2、第 3 式分别与第 1 式比,被除数和除数怎么变化,商不变。

学生先独立观察后,再集体交流:

师:很多同学都有发现了,我们一起来交流。先来看:第 2 式和第 1 式比:也就是从上往下观察,(课件出示箭头)

被除数和除数怎么变化? 商不变!

师倾听,指导,启发学生:被除数和除数同时乘 2,商不变。

师:再把第 3 式和第 1 式比:被除数和除数怎么变化? 商不变!

师倾听,指导学生:被除数和除数同时乘 4,商不变。

【设计意图:通过引导学生有序观察这三个算式,通过比较,初步感知,被除数和除数同时乘同一个数,商不变的规律,培养学生初步的观察能力、抽象概括能力。】

3. 师:通过有序观察、对比分析,在 $8 \div 4 = 2$ 中,被除数和除数同时乘 2,同时

乘4,商都是2。如果8和4同时乘2、4以外的一个其他的数,商会不会变呢?

出示:格式(8×□)÷(4×□)=2

师:你有什么办法验证一下? 举例是个好办法! 想一个数,让被除数和除数同时乘它试试?

通过举例验证,你发现被除数和除数怎么变化? 商不变!

学生初步总结:被除数和除数同时乘同一个数,商不变。(投影出示:被除数和除数同时乘同一个数,商不变。)

【设计意图:通过对8÷4=2这个算式的观察、比较基础上,又进一步举例、验证,丰富、扩充学生对被除数和除数同时乘同一个数的感知,使学生更深刻感受到商不变的规律。】

4. 过渡:通过对第一组算式的有序观察和比较分析,我们发现了藏在其中的商不变的秘密。这里还有两组算式,这两组算式里有没有这样的秘密呢? 我们一起来看看! 第二组算式,也从上往下观察,被除数和除数发生什么变化? 商不变! 再来看第三组,说一说你的发现!

5. 通过从上往下观察这三组算式,我们发现了它们都有商不变的秘密,这里还有一个算式,32÷2=16中有没有这样的秘密呢?

我们一起来看:也让被除数32和除数2同时乘同一个数,它的商会不会变呢?

谁说一个数? (师随学生汇报板书,补充算式)

小结:通过我们前面的研究,你找到商不变的秘密了吗? 你来说说被除数和除数怎么变化? 商不变!

总结:在除法中,被除数和除数同时乘同一个数,商不变。

【设计意图:从对一个算式同时乘不同的数,到不同的算式乘不同的数,丰富学生的感知材料,使学生对被除数和除数同时乘同一个数,商不变有深刻的体会。】

过渡:同学们,老师可真为你们感到高兴! 我们通过有序观察、对比分析,发现了藏在除法算式中商不变的秘密,你可真是会学习的孩子! 还愿意继续接受挑战吗?

(二)猜想、验证,探究发现同时除以

1. 刚才我们发现被除数和除数同时乘同一个数,商不变。由此,你想到了什么?

引导学生猜想同时除以、同时加、同时减。投影:出示猜想

【设计意图:引导学生由乘联想到除以、加、减,培养学生的联想能力。】

2. 问:怎么证明我们的猜想是正确的呢? 你有什么好方法?

生:(举例验证)

师:有了猜想,再举例验证是很有效、很实用的一种证明方法。(贴:猜想验证)

为了大家验证方便,老师准备了实验报告单,我们一起来看看。(课件出示:实验报告单)

猜想验证报告单

猜想:被除数和除数同时_____同一个数,商( )。
验证:8 ÷4 =2
   (8 ÷□) ÷ (4 ÷□) =□
 	
自由举例:
   □   ÷   □   =□
   (□÷□) ÷ (□÷□) =□

师生共同解读实验报告单

3. 学生分组探究填写验证报告单;老师巡视;选择学生作品收集

4. 集体汇报交流,展示学生的探究结果:

(预设1:出现加0或减0,

师:0是一个很特殊的数,加上0或是减上0,还是原数,也就是说被除数和除数没有发生变化,商肯定不变。但0只是加、减一个数的特殊情况,加、减其他的数商都要变,所以我们说一般情况下,被除数和除数同时加或减去一个数,商不变是不成立的。

预设2:学生自己举特例:2÷2=1

师:这个同学找到除法算式中最特殊的一类算式,就是被除数和除数相等,我们不可从某一类特殊算式中得出一种结论。)

5. 通过猜想验证,我们猜想的结论对吗?

被除数和除数同时除以同一个数,商不变。

师:我们一起再看黑板上的这三组算式:刚才我们是按从上往下顺序观察,发现:被除数和除数同时乘同一个数,商不变。现在我们从下往上观察,你有什么新发现?

师:我们不仅通过举例验证得到了结论,同时我们从下往上观察,也能验证我们的结论:被除数和除数同时除以同一个数,商不变。

再看其他两种情况,你得到了什么结论?

引导学生总结:被除数和除数同时加或者减同一个数,商变了。

(三)总结概括:商不变的规律

请看投影:这节课,我们先通过有序观察,我们发现了被除数和除数同时乘同一个数,商不变。又通过猜想验证,我们又得到了被除数和除数同时除以同一个数,商不变。你能试着把这两句话用一句话概括起来吗?

引导学生总结:被除数和除数同时乘或除以同一个数,商不变。

过渡:这就是数学中一条很重要的性质,叫作商不变的性质,(补充板书:商不变的性质)下面利用商不变的性质,我们一起去智勇大冲关,你准备好了吗?

三、实践应用

(一)第一关:我能行!

根据“300÷60=5”,分别在○里填上运算符号,在□里填上适当的数。说说你的理由。

(1)(300×2)÷(60×2)=□

(2)(300÷10)÷(60÷10)=□

(3)(300○□)÷(60÷3)=5

(4)(300×□)÷(60×□)=5

【设计意图:进一步加深学生对商不变性质的理解,同时引导学生补充完整商不变的性质。】

□里应该填几呢?老师填了300×a,这里后面的□里应该填什么?你知道这个a代表的是多少吗?除了这些自然数,a还能表示什么?

师:老师告诉你,这个a不仅可以代表我们学过的整数,还可以代表我们以后要学到的小数、分数。以后你们学会计算分数、小数乘除法后,可以自己验证一下。

师:这个a可以代表这么多的数,a的本事大不大?这么大本事的a,有一个数却不能代表你们知道这个数是几吗?为什么不能是0?

现在看看我们总结的商不变的性质,你觉得怎样补充一下我们刚才总结的规律就更严谨了?完善商不变的性质:被除数和除数同时乘或除以一个相同的数(0除外),商不变。(课件出示)

师:看,你们不仅会观察、会思考,还很会反思调整,这样我们就得到了完整的商不变的性质。你们还真行！顺利通过第一关,我们继续来挑战第二关:我最棒!

(二)第二关:我最棒!

出示:算一算,商是几?

$(54 \times 677) \div (9 \times 677) = \square$

看谁算得最快?

$(80 \div 25) \div (40 \div 25) = \square$

【设计意图:引导学生利用商不变的性质解决问题,使学生感受商不变性质的作用。体会数学学习的价值】

师:真了不起!!! 我们没学过这样的计算题! 说说你是怎么想的?

过渡:同学们能利用商不变的性质,把复杂的问题变简单,把不会的问题转化成会做的,你们还真棒!

(三)第三关:我最强!

我们自己总结出了商不变的性质,那么我们的生活中存在商不变的现象吗?老师收集了一些生活中信息,我们一起来看看。来看这些信息的同时,你要思考:什么变了,什么没变?

1. 出示:观察并思考,什么变了,什么没变?

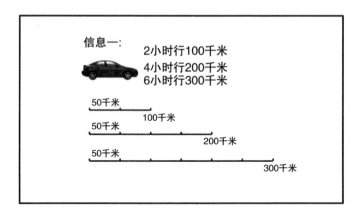

师:什么变了? 什么没变? 时间变了,路程变了,速度没变,是不是商不变的现象?

2. 出示:师:什么变了? 什么没变?

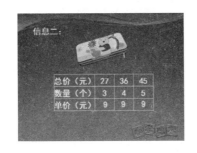

看来我们的生活中还真有商不变的现象。有兴趣的同学,下课后再到生活中去找一找。

【设计意图:使学生感受生活中商不变性质的存在,体会数学与生活的联系。】

四、总结拓展

利用商不变的性质,顺利通过三关,现在我们静下心来回忆我们这一节课,你有什么收获?

今天的数学课上,同学们通过有序观察,猜想验证,概括总结出了商不变的性质,还能实践应用商不变的性质来解决问题,你们可真像一个个小数学家。

这是德国著名的数学家开普勒,他曾说过:数学研究的是千变万化中不变的关系。今天我们一起研究了商不变的性质。那么在除法算式中,被除数不变,除数和商又会有什么样的变化规律呢?有兴趣的同学,课下可以利用今天的学习方法,去研究一下。如果你有发现,可以和你的小伙伴、家长、老师一起交流、分享!

商不变的性质

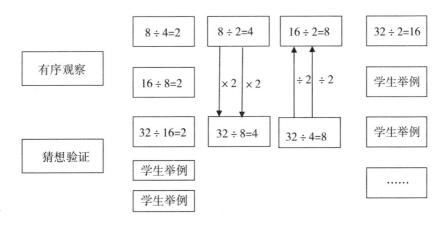

教学反思

本节课中,我本着教学活动是师生积极参与、交往互动、共同发展的理念,从学生实际出发,创设有利于学生观察、猜想、验证、思考、交流的教学环节,使学生在掌握商不变性质这一知识的同时,丰富了自己的数学活动经验,发展了观察、独立思考、抽象概括、语言表达等数学能力。重点体现:

1. 引导学生积累有序观察的活动经验

本节课中,我引导学生从观察给出的 5 个数开始,到有序观察除法算式,发现除法算式中被除数和除数的变化规律,引导学生在有序观察中发现商不变的性质,培养学生有序观察能力和总结、概括能力及语言表达能力。

2. 引导学生积累猜想验证的活动经验

在引导学生通过有序观察,总结概括出"被除数和除数同时乘同一个数,商不变"的基础上,鼓励学生大胆猜想"商还可能在什么情况下不变",在学生大胆猜想后,再教给学生进行验证的方法,为了便于学生的验证,给学生提供了猜想验证报告单,使学生在猜想的基础上有目的地进行验证,从而得出商不变的另一个结论:被除数和除数同时除以同一个数,商不变。在这个教学环节中,我重点引导学生在"做"的过程和"思考"的过程中积淀数学活动经验。

3. 精心设计练习,完善学生对商不变性质的理解和掌握

有效的练习是学生掌握所学知识的必经途径,本节课中,我精心设计了三个练习,第一个练习目的巩固商不变性质的掌握,完善在有序观察和猜想验证中总结的商不变性质。第二个练习是使学生体会商不变性质的应用,使学生感受所学知识的价值。第三个练习体会商不变性质在现实生活中的存在,使学生感受数学与生活的联系。

专家点评

数学的教学有三个层次:第一个层次是教给学生一些知识;第二个层次是学生会用学到的知识观察世界,去认识世界;第三个层次是学生在获得知识的基础上,能够在未知领域建构新的知识,并以此造福人类。为了最高的这个层次,我们要重新考虑我们现在的数学教学。

德国著名的数学家开普勒说过:数学研究的是千变万化中不变的关系。本节

课中,钱艳老师从学生生活实际和认知实际出发,创设有利于学生观察、猜想、验证、思考、交流的教学环节,使学生在探索、发现、掌握商不变性质这一知识的同时,丰富了自己的数学学习活动经验,发展了学生观察事物、独立思考、抽象概括、语言表达等数学素养,再现了面对未知世界构建新知的方法,实现了最高层次的学习。课堂中师生积极参与、交往互动、共同发展。

1. 充分调动学生的已有知识和经验,发挥学生的学习主体作用,教师是课堂学习的组织者、参与者、合作者

首先,教师从最简单的事:引导学生从观察给出的2、4、8、16、32、这五个数开始,依次出示,读完这些数,你有什么发现? 一下子把学习的主动权交给了学生,教师顺学而导,不急不躁,指导学生有一双数学的眼光发现问题。评价鼓励学生,有序观察是一个很好的学习习惯,它可以帮助我们更快地发现规律。

其次,请你从这五个数字卡片里选择其中的三个数,组成一个除法算式。

师指名回答:师随生的回答把算式贴在黑板上。学习资源来源于学生,第二次全体学生成为主人,学习的积极性不断升温。

再次,同学们利用这 5 个数写出八个除法算式:$8 \div 4 = 2$;$16 \div 8 = 2$;$32 \div 16 = 2$;$8 \div 2 = 4$;$16 \div 4 = 4$;$32 \div 8 = 4$ 等等。观察一下这些算式的商,你能根据它们的商是否相同,把这些算式整理、分组吗? 让学生自己说出算式,把算式按着商是否相同进行分类整理,让学生体会从无序到有序的过程,为研究和学习准备必要的观察资料,学生第三次感觉到自己探索发现的价值,交流、分享、探究的学习方式成为他们的渴望。

2. 给全体学生极大的空间与时间,经历规律的发现、概括过程,使学生积累有序观察的学习活动经验

通过引导学生有序观察 $8 \div 4 = 2$;$16 \div 8 = 2$;$32 \div 16 = 2$ 这三个算式,从上到下观察,通过与第一个算式比较,初步感知,被除数和除数同时乘同一个数,商不变的规律,培养学生初步的观察能力、抽象概括能力。使学生发现在除法算式中被除数和除数的变化规律,训练了学生的语言表达能力。

通过对 $8 \div 4 = 2$ 这个算式从上到下的观察、比较基础上,又进一步请学生举例、验证、丰富、扩充学生对被除数和除数同时乘或除以同一个数的感知,使学生更深刻感受到商不变的规律。

3. 学生是有潜能的人,他们能研究、会研究,在研究的过程中积累猜想、验证的探究、发现规律的活动经验

引导学生通过有序观察,总结概括出"被除数和除数同时乘同一个数,商不

变"的基础上,鼓励学生大胆猜想"商还可能在什么情况下不变?",在学生大胆猜想"除以同一个数、加上同一个数、减去同一个数"后,再教给学生进行验证的方法,为了便于学生的验证,给学生提供了猜想验证报告单,使学生在猜想的基础上有目的地进行验证,从而得出商不变的另一个结论:被除数和除数同时除以同一个数,商不变。在这个教学环节中,重点引导学生在"做"的过程和"思考"的过程中积淀数学活动经验。

4. 精心设计练习,回归生活,完善学生对商不变性质的理解和掌握

引导学生利用商不变的性质解决问题,使学生感受生活中商不变性质的存在,体会数学与生活的联系,使学生感受商不变性质的价值。体会数学学习的价值。有效的练习是学生掌握所学知识的必经途径,本节课中,老师精心设计了三个练习,第一个练习目的巩固商不变性质的掌握,完善在有序观察和猜想验证中总结的商不变性质。第二个练习是使学生体会商不变性质的应用,使学生感受所学知识的价值。第三个练习体会商不变性质在现实生活中的存在,使学生感受数学与生活的联系。

本节课课堂教学荣获北京市第十一届数学课堂教学观摩会一等奖

认知冲突下的自主探究

——《平行四边形的面积》教学设计

执教者　密云区第六小学　王化伦
指导者　密云区教师研修学院　王海军

指导思想与理论依据

《数学课程标准》强调,数学教学活动,特别是课堂教学应激发学生兴趣,调动学生积极性,引发学生的数学思考,鼓励学生的创造性思维。如何才能调动学生学习的积极性,促进学生数学思维的发展? 我以为,认知冲突是数学思维培养的必然之选,应让学生的思维在认知冲突中不断发展。在课堂上,教师可以不断制造"冲突",并引导学生不断解决"冲突",在此过程中,学生的认知结构经历"平衡→失衡→再平衡……"不断往复的过程,以调动学生学习的积极性,促进其数学思维不断发展。因此,本节课的教学我就结合学生原有认知为他们制造了认知冲突。

同时在新版课标中我们不难发现,数学思想方法的培养和建立是数学学习的一个核心问题。因此,在教学中,我不仅重视知识形成过程,还十分重视发掘在数学知识的发生、形成和发展过程中所蕴藏的重要思想方法。

另外,在课标中明确提出,自主探究和合作交流都是重要的学习方式。学生在活动过程中能够加深对知识的理解,更重要的是有助于学生综合能力的形成。

教学背景分析

一、教学内容

《平行四边形面积》教学是在学生已经掌握并能灵活运用长方形面积计算和平行四边形特征的基础上进行教学的,它将为后面学习梯形、三角形、圆的面积及立体图形的表面积奠定基础,因此起到承上启下的作用。

二、学生情况

学生对平行四边形的特征有了一定的了解,但对平行四边形如何转化为长方形还没有经验,转化的意识也十分薄弱。因此,要让学生把转化变为一种需要,教师必须通过问题引领,为学生提供解决问题的直观材料和工具帮助学生探究,从而实现探究目标。

三、教学方式

本节课的教学中,以"自主探究、合作交流"为主要学习方式,充分重视学生原有认知,在学生出现认知冲突的前提下开展教学活动,让学生带着问题思考,带着问题探究、带着问题交流。

四、教学手段

教学中,充分发挥信息技术的作用,引导学生通过小组合作、充分探究,研讨交流等一系列活动,初步渗透数学的思想方法,提升学生能力。

五、技术准备

多媒体课件、平行四边形的学具纸片、剪刀。

教学目标

【知识技能】学生通过剪、拼、摆等活动,探究出平行四边形面积的计算公式。

【数学思考】通过操作、观察、比较等活动,发展学生初步的空间观念;初步渗透转化的思想。

【问题解决】在探究、交流过程中,培养学生的观察能力、动手操作能力和语言表达能力。

【情感态度】培养学生积极参与、主动探索及乐于分享、敢于质疑的精神。

教学重点

学生通过剪、拼、摆等活动,探究出平行四边形面积的计算公式。

教学难点

采用转化的方法探究平行四边形面积公式的过程。

教学流程

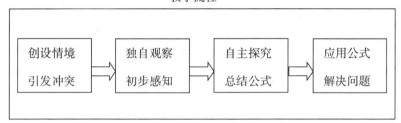

教学流程

教学过程

一、联系旧知、引发认知冲突

1. 出示长方形课件(长 30 厘米、宽 20 厘米)

这是一个长 30 厘米,宽 20 厘米的长方形,它的面积怎样计算?(30 × 20 = 600)这位同学很有想法。

2. 将长方形变形

我们轻轻地压一压这个长方形,现在它变成了什么形状?

猜一猜,这个平行四边形的面积可能是多少?(指名答,你是怎样计算的?)(副板书:30 × 20)

继续压一压,你认为它的面积是多少?(齐答)

再压一压。(齐答)

现在呢?(齐答)

A:(可能出现两种情况:1. 每个图形的面积都是用 30 × 20,因此面积都是 600

平方厘米;2. 有的同学可能会说面积在逐渐变小。)

教师:谁认为这四个平行四边形的面积都是 600 平方厘米? 谁不是这样认为的?

现在同学们出现了两种不同的观点,看来这个问题还真的需要我们深入地研究。这节课我们就来学习平行四边形的面积。(板书课题:平行四边形的面积)

B:(如果所有同学都认可四个平行四边形的面积都是 600 平方厘米)

教师:大家一定猜想平行四边形的面积是用它的两条邻边长度相乘,真的是这样吗? 这个问题还需要我们深入地研究,这节课我们就来研究研究平行四边形的面积的问题。(板书课题:平行四边形的面积)

C:(如果所有同学都认为面积变化了)

教师:看来相邻两边的长度相乘得到的不是平行四边形的面积,那么平行四边形的面积该怎样计算呢? 这节课我们就来研究研究这个问题。(板书课题:平行四边形的面积)

二、初步探索平行四边形面积计算方法

课件出示:底 6 厘米、高 4 厘米、邻边 5 厘米的平行四边形

同学们请看,这是一个底边长 6 厘米,这条底边上的高为 4 厘米,一条邻边为 5 厘米的平行四边形。

想一想,你觉得这个平行四边形的面积有可能怎样计算呢?

这里有三个算式,课件出示:$5 \times 4 = 20$(平方厘米),$6 \times 4 = 24$(平方厘米),$6 \times 5 = 30$(平方厘米)。第几个是你心目中的方法呢? 请用手势告诉大家你的选择。

看来同学们各有各的想法,究竟哪种方法是正确的呢? 下面我们就一起来验证一下。

教师利用面积是 1 平方厘米的面积单位量:

第一次摆放 5×4 个面积单位,问:数到这里,我们可以肯定哪个算式是不对的? 为什么? (现在的面积就是 20 平方厘米了,还有一部分没有摆,因此平行四边形的面积肯定比 20 多)

第二次摆放 7×4 个面积单位,问:数到这里,我们可以肯定哪个算式是不对的? 为什么? (现在的面积是 28 平方厘米了,已经超过了平行四边形的面积,所以平行四边形的面积肯定比 30 小。)

看来相邻两边的长度相乘不是平行四边形的面积。

第二种方法是否正确呢? 我们继续来验证。

第三次,现在把多余的部分去掉,我们发现一些面积单位不是完整的小方格

了,怎么办呢?

教师:这位同学想到用平移的方法,将两个半格拼成一个整格,我们就按照他的方法试一试。(课件演示)

数一数,现在每排有几个? 有几排?

看来用6×4就可以得到这个平行四边形的面积。

观察一下,6是什么? 4呢? (教师:4是6厘米这条边上的高)

你觉得平行四边形的面积可以怎样计算呢?

引出思考:用底乘它相对应的高怎么就是平行四边形的面积呢? 想不想利用我们手中的学具继续来研究呀!

三、动手实践 多维尝试探究

1. 我们手中都有一张平行四边形纸片,思考一下,你打算怎么办呢?

有的同学想到了剪一剪,你准备从哪剪?

下面,就请同学们利用这位同学的方法剪一剪、拼一拼,看看会出现怎样的奇迹。

2. 学生操作,教师巡视

现在大家的桌面上都出现了一个漂亮的长方形,它怎么就能说明平行四边形的面积就可以用底乘高来计算了呢?

3. 交流汇报

(1)请一组的两位同学来介绍自己的剪拼方法和推导过程。

师:看来只要沿着平行四边形内的一条高剪开,都可以拼成一个长方形。

对于这二位老师的表现大家有什么评价!

(2)请同学剪拼教师的教具——大平行四边形。

二位老师的教学成果怎么样呢,下面让我们一起进入导师考核环节。我这里还有一个大的平行四边形,请一位同学到前面来操作一次(一生到黑板前进行操作,可以请前两位小老师点名)

说的真好! 看来又一位老师诞生了!

教师随时辅助、补充。(比如,面积变不变)

(3)教师课件演示,再次回顾平行四边形的面积推导的方法。

刚才三位老师表现的都非常出色,下面,让我们看看都有哪些同学也达到了这三位老师的水平。

学生抢答:把平行四边形转化成长方形,面积变没变? 长方形的长相当于平行四边形的(　　),长方形的宽相当于平行四边形的(　　)。长方形的面积等于长乘宽,所以平行四边形的面积等于底乘高。

(4)平行四边形面积怎样计算?

教师板书:平行四边形的面积就等于底乘高。

平行四边形的面积计算公式还可以用字母表示,用 S 表示平行四边形的面积,用 a 表示平行四边形的底,用 h 表示平行四边形的高,那么平行四边形的面积可表示成:$S = a \times h$(板书)。

(5)小结:同学们,让我们静下心来回顾一下刚才我们经历的学习过程,我们在研究平行四边形面积这个问题时,这位同学为我们提供了剪、拼的方法,将平行四边形转化成了长方形,之后,通过观察,我们发现了两个图形之间的联系,最后,推导出了平行四边形面积的计算公式。(回顾过程当中,及时板书:转化图形——建立联系——推导公式)这种学习方法在我们今后的学习中还要经常应用到。

四、深化理解

思考:(教师手拿教具,可拉动的平行四边形边框)

刚才,我们通过剪、拼的方法将平行四边形转化成了一个和它面积相等的长方形,当这个长方形变成了平行四边形后,(教师操作教具)面积变没变?

我们来验证一下,(课件展示平行四边形的面积比长方形的面积小。)

想一想:平行四边形的面积为什么小了呢?(课件演示邻边与高比较长短,如果继续变化呢?)

操作教具:长方形状态时,面积怎样计算? 当我们把它变成平行四边形以后,现在高是几? 面积应该怎样计算?(用 30×15),再压一压呢?(用 30×10),再压一压呢?(用 30×5)

在这个变化过程中,你有什么发现吗?

底边不变,高逐渐变小,面积就会逐渐变小,其根本的原因究竟是什么呢? 这里面还隐藏着一个小秘密呢! 想知道吗? 我们继续来研究。

(课件演示"摆方格",领会高决定了方格摆放的排数。)

要想探寻其中的奥妙,我们还要从长方形入手,这个长方形的长是 6 厘米,宽是 5 厘米,我们用这样的小方格摆一摆,静静地观察,你发现了什么?(课件演示)

谁能说明其中的原因?(看来长方形的长是几,每排就摆放几个 1 平方厘米方格的个数,而宽是几,就可以摆放几排,所以长方形的面积用长乘宽就可以了。)

我们把这个长方形压一压,成为一个高是 4 厘米的平行四边形。每排可以摆几个? 能摆几排? 试一试(课件演示)

所以,这个平行四边形的面积应该是 6×4。

如果高变成 3 厘米呢? 2 厘米呢? 可见,高有什么重要的作用呢? (在平行四边形中是高决定了摆放的排数。)因此面积是用底乘高来计算。那相邻两边 6×5 求的是什么呢? 同学们对这个问题理解的更加深入了。

下面我们就来应用我们学到的知识来解决几个小问题。

五、应用练习

1. 求下面每个平行四边形的面积(单位:m)

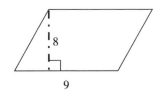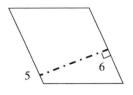

2. 求下面平行四边形面积(单位:m)

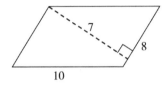

练习本上列式计算,汇报。(汇报时,将 8×7,10×7 板书出来)

谁是 8×7 这种方法,你是怎么想的? 对 10×7 的同学说:你觉得呢?

评价:通过大家的发言,这位同学对这个问题一定有了更深刻的认识,这充分体现了我们的学习是一个逐渐完善自己的过程,掌声送给他。

你知道和 10 对应的高是几米吗?

小结:知道平行四边形的面积和底,用面积除以底求出了高,用面积除以高可以得到底。

3. 四个数据分别是 15、12、10、8,这个平行四边形的面积是(　)

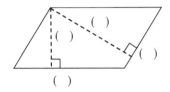

69

4. 这个平行四边形的面积是多少?

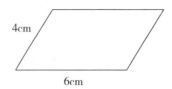

(1)20 平方厘米　　　(2)24 平方厘米　　　(3)30 平方厘米

(4)无法确定

已知平行四边形一条底上的高是 5 厘米,引导判断,5 厘米到底是哪条底上的高。

六、课堂总结

回顾这节课的内容,想一想,通过这节课的学习,你印象最深刻的是什么?

我觉得在这节课上,大家收获了这个知识固然重要,但更为重要的是同学们掌握了这样一种学习方法,而且大家在课堂上表现出来的积极表达、乐于分享、敢于质疑的精神也给老师留下了深刻的印象!

板书设计

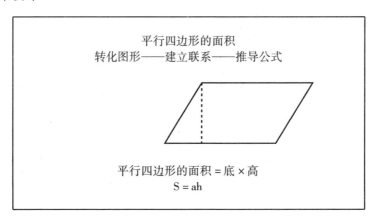

平行四边形的面积
转化图形——建立联系——推导公式

平行四边形的面积 = 底 × 高
$S = ah$

教学反思

1. 尊重学生实际,制造认知冲突

在这节课中,我从学生已经熟知的长方形入手,将长方形轻轻地压一压,变成平行四边形,引发学生猜测平行四边形的面积可能是多少?学生的潜意识中认为邻边相乘就是平行四边形的面积,这种观点实际上正是学生的原有认知,而这种错误的认知并不是学生的错,而是学生的一种负迁移,这一错误越早暴露,越有利于学生今后的学习。但是随着图形的不断变化,一部分学生会感觉到面积在逐渐变小,从而引发两种观点的认知冲突,从而激发了学生继续探究的欲望。

2. 充分发挥方格的价值,突出数学思想方法

一是渗透区间的思想,在验证平行四边形的面积是多少时,通过摆方格,设置了平行四边形的面积应该比 20 大,比 30 小,从而淘汰了第一种和第三种方法。

二是孕伏转化的思想,在验证第二种方法时,出现了半个格的情况,学生很自然的想到了将半格平移,凑成整格,在这里渗透了一种转化的思想,为学生进行剪、拼平行四边形的操作奠定了条件。

三是追求本质,建立联系,当学生已经推导出平行四边形的面积公式后,我们又利用摆方格的方法让学生体会到平行四边形的面积用底乘高来计算的本质,即底决定了每排方格的个数,而高决定了方格摆放的排数,这和长方形面积计算公式的本质是一样的,都是在求面积单位的个数,在这里突出了面积单位化的思想。

专家点评

我们的小学数学课堂教学应该是基于儿童的、基于数学的,即"儿童数学教育"这一前提来开展的。《平行四边形的面积》这篇教学设计比较充分地体现了这一理念。

1. 充分尊重学生的原有认知,在认知冲突中开展教学

学生在学习新知识之前,头脑中并非一片空白,而是具有不同的原有认知结构,学生总是试图以这种原有的认知结构来同化对新知识的理解。在这节课中,教师从学生已经熟知的长方形入手,将长方形轻轻地压一压,变成平行四边形,引发学生猜测平行四边形的面积可能是多少? 学生的潜意识中认为邻边相乘就是平行四边形的面积,而产生这种认识是有原因的,因为学生之前学习的长方形的面积、正方形的面积都是用相邻两边的长度相乘来计算的。可见,这种观点实际上正是学生原有认知的一种负迁移。但是随着图形不断地发生变化,一部分学生会感觉到面积在逐渐变小,这样就引发两种观点的认知冲突,进而激发了学生继续探究的欲望。

2. 在不断探究中追寻平行四边形面积计算公式的本质

以往的《平行四边形的面积》的教学,我们大多是引导学生通过动手剪拼,将平行四边形转化成长方形,然后寻找平行四边形和长方形之间的联系,进而推导

出平行四边形的面积计算公式,探究活动基本到此也就结束了。而这篇教学设计与以往教学设计则存在着一个最大的区别,就是教师能够激发学生的更深层次的思考,让学生不但能够"知其然,更知其所以然",去探究公式背后的数学的本质。教师通过多媒体课件等形式,引导学生观察、思考、交流等活动,感悟到平行四边形的面积用底乘高来计算的本质,即底边的长度决定了每排方格的个数,而高的长度则决定了方格摆放的排数,这和长方形面积计算公式的本质是一样的,都是在求面积单位的个数。在这里突出"一维"的长度与"二维"的面积之间的区别和联系,也渗透了面积单位化的思想。

3. 为学生提供交流的平台,让课堂成为学生展示、成长的舞台

在课前谈话中,教师引用孔子的一句话"三人行,必有我师",引用这句话,起到了两个重要作用:一是激发了学生的斗志,二是向学生传递这样一种观点,我们每个人都能成为"一名优秀的老师"。在课堂教学中,学生通过观察、思考、动手操作等一系列的数学活动,发现了很多有价值的东西。在这种情况下,教师采用"聘请小老师""导师考核"的形式,让同学走上讲台,将他们的所思、所得介绍给大家。在演讲过程中,既深化了学生们对知识的理解,又锻炼了孩子们的语言表达能力,提高了他们的自信心,同时在交流过程中,增进了孩子之间的友谊,可谓一举多得,而这些形式也充分体现了教师心中有儿童的教育观点。

本节课教学设计荣获 2015 年北京市现场评优一等奖

读懂教教材,抓住核心

——《长方形和正方形的周长》教学设计

执教者 密云区季庄小学 谢 超
指导者 密云区教师研修学院 王海军 钱艳

指导思想与理论依据

数学课程标准中明确指出:"要注重学生对基础知识、基本技能的理解和掌握。在课堂教学过程中,教师应关注知识的数学本质,帮助学生理清相关知识之间的区别与联系。引导学生感受数学的整体性,体会对于某些数学知识可以从不同的角度加以分析、从不同的层次进行理解。"基于以上的理解和认识,我将本节课课题的核心词"周长"提炼出来,在课堂教学伊始,从计算直线型图形周长的通法导入,让学生进一步感知"周长"核心概念。随后,再借助长方形和正方形的特征,展开后面的教学,体现了从一般到特殊的过程。

教学背景分析

一、教学内容

《长方形和正方形的周长》是北京出版社义务教育教科书三年级上册的内容。这部分内容是在学生学习了长方形和正方形的特征以及认识"周长"概念的基础上进行教学的。

二、学生情况

1. 学生早在一年级时,就已经完成了对长方形和正方形的初步认识。在学习本节课内容前,学生又对长方形和正方形的特征进行了深入的学习,同时,也已经完成了对"周长"概念的认知。

2. 通过前面的学习,学生已经能够借助"将所有边长累加"这一方法,计算简单的三角形、任意四边形等图形的周长。

3. 学生学习该内容的困难:在计算长方形的周长时,利用其对边相等的特征,探究"长方形的周长 = 长 × 2 + 宽 × 2"和"长方形的周长 =(长 + 宽)× 2"两种特殊方法;在解决长方形和正方形"合"的问题时,能够准确理解其"周长",并进行正确计算。

三、教学方式

本节课的教学中,主要采用学生借助已有对长方形和正方形特征的感知、以及对周长概念的理解,自主探究长方形和正方形的周长。在合作交流、汇报的过程中,呈现不同的计算周长的方法。再通过比较、总结、提升,从而获取新知。

四、教学手段

本节课,在运用多媒体信息技术的同时,更加关注自制教具的研发,辅助教学,让知识重难点更加直观化,帮助学生理解与提升。

五、技术准备

多媒体课件、图形教具、题纸。

教学目标

【知识技能】在学习周长概念的基础上,通过边长依次累加计算图形周长的方法,进一步理解周长的意义;同时,感受依次累加计算图形周长这种一般方法。

【数学思考】依据长方形和正方形的特征,让学生经历、探索、理解、掌握长方形和正方形周长的计算方法。

【问题解决】能够利用计算长方形和正方形周长的方法,解决简单的实际问题;同时,借助长方形和正方形"合"的问题,进一步加深对周长的理解。

【情感态度】使学生感受到一般方法与特殊方法间的联系,感悟到事物之间是相互联系、相互转化的。

教学重点

在边长依次累加方法的基础上,结合长、正方形的特征,理解、掌握计算长、正方形周长的特殊方法。

教学难点

理解长方形和正方形拼成组合图形周长的计算方法。

教学过程

一、引入:出示 3 个图形,回顾周长

1. 出示 3 个图形

教师依次出示三个图形教具:正方形、长方形和任意四边形。

并将图形教具贴在黑板上。

2. 回顾周长

师:之前我们学习了周长。一个封闭图形一周的长度,就是它的周长。

师:谁来指一指这个任意四边形一周的边线。

学生用手指任意四边形一周的边线。(关注:从一点出发再到这点结束。)

【设计意图】本课前,学生已经完成了对周长概念的学习,通过指一指这个任意四边形一周的边线,达到复习、巩固的目的。

二、新授

(一)理解长、正方形特征,揭示数据

1. 任意四边形数据

师:同学们,要计算这个任意四边形的周长,你们需要知道几条边的长度?

学生阐述自己的观点。

教师揭示四条边长度依次是30 厘米,20 厘米,10 厘米,15 厘米;并板书。

2. 长方形数据

师:先不着急计算。要计算这个长方形的周长,你们需要知道几条边的长度?

预设1:需要知道4 条边的长度。(有道理,它也是四边形。有不同意见吗?)

预设2:需要知道2 条边的长度。(也有4 条边,怎么说知道2 条就行了?)

学生阐述理由:因为长方形对边相等。

师:那就听你们的,告诉大家它的长30厘米,宽20厘米;并板书。

3. 正方形数据

师:那它呢?

学生借助正方形的特征,阐述:只需要知道1条边的长度就行了。

师:告诉大家正方形的边长20厘米。并板书。

【设计意图】结合3个典型四边形的数据需求,让学生进一步感受任意四边形、长方形和正方形的特征,为后续计算周长埋下伏笔。

(二)探究3个四边形的周长

师:现在能求它们的周长吗?

出示学习提示:

1. 请你先任选一个图形,计算周长;能想到几种方法,就写几种,写在学习单图形下面的空白处;

2. 做得快的同学,可以完成2个图形或3个图形;

3. 完成后,可以和同桌说说你的想法。

(学生先独立完成,然后同桌间交流;教师巡视;请同学板书计算过程。)

【设计意图】学生借助已有数学信息和自身对图形特征的感知、应用,自主探究,完成自己喜欢图形的周长计算,为集体展示、交流做好准备。

(三)展示交流

1. 基础方法:4条边累加

(1)任意四边形

师:大家看到了,上来3位小老师。咱就按顺序,依次介绍。

学生结合算式汇报自己的想法:$30+20+10+15=75$(cm);教师利用教棍配合学生指出对应的边。

(2)长方形

学生介绍算式:$30+20+30+20=100$(厘米);同时用教棍指出对应的边。

(3)正方形

学生介绍算式:$20+20+20+20=80$(厘米);同时用教棍指出对应的边。

(4)相同点

师:同学们,这3个图形不一样,数据也不同,但他们3位计算周长的方法,有什么相同点吗?

预设:它们都是把4条边依次累加。

（5）累加本质

师连续追问：同学们，解决四边形的周长，我们把4条边依次累加。那任意五边形的周长怎么求？六边形呢？你还想到了什么？

预设：几边形就是几条边累加。

【设计意图】通过3个图形计算周长累加方法的展示，感悟"周长"概念的本质，即几边形就是几条边累加，进一步深化核心概念。

2. 长方形的周长

师：这个长方形，除了"4条边依次累加"，我还发现2个不同的方法。

（1）交流第二种方法：$30 \times 2 + 20 \times 2 = 100$

学生板写算式，并介绍自己的方法。

预设：30×2是上下两条长；20×2是左右两条宽。

结合学生的汇报，让学生用教棍指出对应的边。

同时，教师将对应的长和宽依次从长方形教具上揭下，并贴在黑板上。

师小结：再回过头来看看这个方法，还是在4条边累加的基础上，只不过先算，大家跟老师一起手势比一下，先算2条长，再算2条宽，最后再相加。

师：再来一遍。先算2条长，再算2条宽，最后再相加。

（2）交流第三种方法：$(30 + 20) \times 2 = 100$

师：最后这位同学的方法和这2个都不一样！谁来猜猜他的方法？

教师结合学生的汇报板书算式。

师：这回咱们先不说，咱们考考大家，你问问都谁看懂我的方法了？你请一个你认为最能读懂你这方法的同学说说。

由汇报的小老师请一位同学做介绍，并进行生生互动。

最后，师追问：你能再说说括号里，$30 + 20 = 50$求的是什么？再给大家指指。

教师再从教具上揭下1条长和1条宽，$30 + 20$，看成1组。

师追问：现在几条边？还差？在哪呢？再把它揭下来。

师小结:再回过头来看看这个方法,还是在 4 条边累加的基础上,大家跟老师一起手势比一下,先算 1 组长加宽,有这样的两组,所以再乘 2,也是长方形的周长。

(3)回头看

①比较不同、相同

师:三位同学都计算出了长方形的周长,整体回顾一下,这 3 种方法分别是怎么求的?

学生观察、回顾,并进行汇报。

预设:第一种方法是长方形的周长 = 长 + 宽 + 长 + 宽

第二种方法是长方形的周长 = 长 ×2 + 宽 ×2

第三种方法是长方形的周长 =(长 + 宽)×2

师:这 3 种方法,实际上都是在求长方形 4 条边的总长。

②谈喜欢

师:3 种方法,你更喜欢哪一种? 说说你的理由。

学生谈自己的观点,并引导学生进一步理解长方形的周长 =(长 + 宽)×2 这一方法。

(4)整体回顾:感知特殊方法源于长方形特征

师抛出疑问:在计算周长时,任意四边形用的是依次累加这 1 种方法,而长方形,除了依次累加的方法,你们是怎么想到这 2 种特殊方法的?

预设:因为任意四边形四条边都不相等,长方形对边是相等的。

师总结:两种特殊方法都源于长方形的特征。

【设计意图】从"周长"概念本质,回归到长方形的特殊性上——即长方形的特征。结合特征,和自制教具感知、理解两种特殊的计算方法。而两种方法均源于长方形的特征。

3. 正方形周长

(1)交流:20 ×4 =80

师:最后,再来看正方形。谢老师也发现一个不同的方法。

学生介绍自己的方法。

师小结:在边长累加的基础上,利用了乘法的知识,4 个 20 连加,也可以写成 20 ×4。

(2)总结方法

师:以后,再遇到求正方形周长的问题,你打算怎么算?

预设:正方形的周长 = 边长 ×4

【设计意图】再一次透过特征,感受正方形周长 = 边长 ×4 这一方法的简便性,体现特征应用的重要性。

4. 课堂总结

师:同学们,在这节课上,我们先是发现了所有边长依次累加的方法,可以帮我们解决很多多边形的周长问题;然后,又借助长方形和正方形的特征,发现了计算它们周长的特殊方法。

师:这就是我们今天要学习的主要内容:长方形和正方形的周长。

师板书课题:长方形和正方形的周长

三、课堂练习

(一)基本练习:求相框木条的总长

课件出示:一位学生的照片

师:请看大屏幕。还是课前咱们班张珈源同学的照片,现在要做一个这样的相框,需要多长的木条?

师追问:求木条的总长,也就是求相框的什么?

预设:求木条的总长,也就是求相框的周长。学生进行口答。

【设计意图】真正让孩子感受到数学可以解决身边的真实问题,同时,激发学生的学习兴趣。

(二)综合练习

1. 合,抛出问题

师:同学们,看看课题"长方形和正方形的周长",出声读读。

师介绍:中国的汉字文化博大精深,还有一个字,也念"合",人,一,口。

师:长方形的周长是? 正方形呢?

师抛出问题:如果把它们这样合在一起,形成了一个新的长方形,它的周长又是多少呢?

2. 集体交流

预设1:180 厘米。

预设2:140 厘米。

请两位同学都到前面。追问你的结果是? (180)你的结果是? (140)

师板书:180,140

师:咱一个个说。

预设1:100 + 80 = 180

师小结:合在一起,一加,有道理。

预设2:中间重合那不算长方形的周长。

组织学生集体交流。

(2)教具演示说明

师:刚刚我们解决的问题是求这个新图形的周长。这样,请你给大家指指它一周的边线。

师:中间这用指吗?既然不用,也把它揭下来得了。(师揭下2个20)

师:在180的基础上,去掉了?

生:2个20。

师:去掉2个20。是140吗?

师板书:$180 - 20 - 20 = 140$

师:咱们再看看这个新长方形,它现在的长是?(50厘米)宽是?(20厘米)。

师:长是50,宽是20。你们想用哪个方法,解决这个长方形的周长?

预设:$(50 + 20) \times 2 = 140$(厘米)

师:通过这种方法验证,周长还是140厘米。

师:正是2位的精彩展示,让大家对图形的周长理解得更加透彻了。谢谢你们,把掌声送给他们。

【设计意图】数学是思维的体操,在本节课练习部分的最后,呈现长方形与正方形"合"的问题。在学生的认知冲突中,借助教具,再一次感知"周长"这一核心概念,同时,提高学生的思维水平。

四、课堂留白

师:同学们,这个"合"字,看似简单,实际也不简单。刚刚我们是这样合的。(教具演示:放右)

师:想一想,除了这样的合,还有哪些不同的合呢?比如这样。(教具演示:放下)除此之外,还有其他的吗?

师:它们的周长又会是多少呢?有没有变化呢?留作大家课下思考。好,下课。

【设计意图】下课的铃声是一节课堂的结束,但不是学生思考的终点。随着问题的变化、升华,激发学生在课下继续思考、研究,实现学习的延续。

板书：

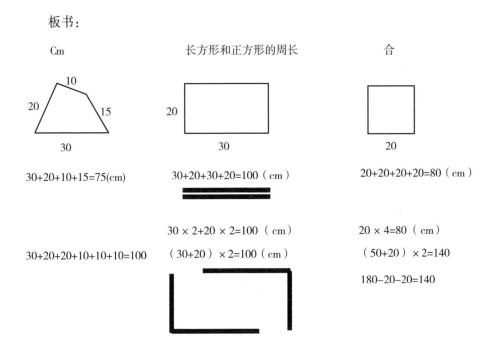

教学反思

1. 从"周长"概念的本质出发，关注"把所有边长有序累加"这一通法。在学生自主解决任意四边形、长方形和正方形周长的过程中，首先关注"把所有边长有序累加"这一方法。学生在对比中感知这一方法的本质"有几条边，就把几条边的长度有序相加"，能够解决所有直线型图形的周长问题。

2. 借助长方形和正方形的特征，从计算周长的通法向特殊方法过渡。学生自主学习后，在汇报完通法时，再请学生依次汇报"长方形的周长 = 长 ×2 + 宽 ×2""长方形的周长 =（长 + 宽）×2"和"正方形的周长 = 边长 ×4"这几种方法。让学生感受几种特殊方法正是源于它们的特征。

3. 利用自制教具帮助学生理解"长方形的周长 = 长 ×2 + 宽 ×2"和"长方形的周长 =（长 + 宽）×2"两种特殊方法。通过教具演示，从长方形教具上依次揭下对应的长和宽，让学生更好地体会到两种方法的具体思路，尤其是把一条长和一条宽看作一组，长方形的周长包含这样的两组，使得方法呈现更加直观。

4. 长方形和正方形"合"的问题，能够进一步提升学生的思维水平，同时，加深对"周长"概念的理解。当同学们面对这一组合图形的周长问题时，大部分学生会想当然地认为"把长方形的周长和正方形的周长相加就可以了"。而有些同学会发现组合图形的周长不包含两条重合的边。当两种想法发生冲突时,教师则勇敢的退,让学生大胆地走上讲台,在彼此的交锋中发现问题的本质,找到解决问题的正确方法,加深对核心概念的理解。

本节课的亮点:

1. 在长方形和正方形的周长教学过程中,从通法到特殊方法,是一种思考,也是一种勇敢的尝试。

2. 利用自制教具,采取更加直观化的教学形式,帮助学生理解计算长方形周长的特殊方法。

3. 通过计算组合图形的周长,提升学生思维水平的同时,强化核心概念的理解。

专家点评

在数学课堂教学过程中,知识是基础,方法是中介,思想是本源。有了思想,知识与方法才能上升为智慧。只要牢牢抓住数学的本质,并与新课程理念有效结合,就能发挥数学教育的最大价值。没有对数学本质的理解,也就不会有应用的创新,为此,必须深入分析教材,挖掘知识的本质。

谢超老师执教的《长方形和正方形的周长》,牢牢抓住"周长"这一核心概念的本质,由此引出计算多边形周长的一般方法;再借助特殊图形的不同特征,探究其计算周长的特殊方法,帮助学生理清了相关知识间的联系与区别,体现了从一般到特殊的全过程。

1. 精心设计学习素材,为学生体验一般到特殊的过程搭建桥梁

《长方形和正方形的周长》是北京出版社义务教育教科书三年级上册的内容,这部分内容是在学生学习了长方形和正方形的特征,以及认识"周长"概念的基础上进行教学的。为了能够让学生在学习周长概念的基础上,进一步理解周长的意义,感受依次累加计算图形周长的一般方法,教师在学习素材的选取上,除了长方形和正方形,还特意引进任意四边形,为学生的后续学习做好了铺垫。

三个图形出示后,教师随即问道:"要计算它们的周长,你们需要知道几条边的长度?"这一问题的背后,其实是进一步对图形特征的巩固。

2. 将时间空间还给学生,为其架起自主学习、展示交流的舞台

结合学生的需求,教师揭示三个图形的相关数据,学生自主探究,任选两个图

形计算其周长。

自主探究、小组交流结束后,教师请学生走上讲台,当起小老师,拿起教棍,向大家讲解自己的方法。

同时,在汇报过程中,层次也非常清晰。

首先,请三位同学分别介绍三个图形"四条边依次累加"这一计算周长的方法,同时,进一步感悟"计算多边形周长,有几条边就把几条边依次相加这一通法。"

然后,又请两位同学重点介绍计算长方形周长的两种特殊方法:长方形的周长 = 长 2 + 宽 2,长方形的周长 = (长 + 宽)×2。在介绍方法的同时,借助教师自制的教具,一层又一层地揭下图形相应的边,进行佐证,既直观、形象,又激发了学生的兴趣,彰显了教师的智慧。

最后,请同学介绍计算正方形周长的方法,并进行概括、提升。

通过自主探究、合作交流的教学方式,教师真正做到了将学习的主动权还给学生,凸显了学生的主体地位,并且收到了良好的效果。

3. 巧妙设计习题,为学生思维发展提供助力

教师在课堂教学过程中,要注重引导学生抓住知识的本质,促进学生深度思考,从而激活学生的思维,进一步提高教学效果。

在课堂练习环节,教师进行了精心的设计,巧妙地将黑板上的长方形和正方形一"合",让学生计算组合后新图形的面积。就是这样一个小小的动作,却激起了学生思维火花的碰撞。

有的同学第一时间认为将两个周长直接相加,有的同学则出现了迟疑,还有的同学发出了不同的声音。教师不急不躁,拉出两个阵营,进行生生对话、以及生生辩论。

在不断的对话与辩论过程中,再次回归"周长"这一核心概念,去伪存真,得到认知的升华、思维的提升。

在课堂最后,教师抛出一个开放性问题,留作课后思考,"长方形和正方形还可以怎样合? 新的组合图形的周长又会是多少?"学生们又陷入了沉思,而这安静的背后,却是一个个灵动的思维在继续无休止的跳跃着。

经历过程 烙下印痕

——《周长的认识》教学设计

执教者 密云区南菜园小学 郑雪征
指导者 密云区季庄小学 温光福

指导思想与理论依据

1. 数学课程标准中指出：教师在数学教学中，要结合具体的教学内容，让学生经历数学概念的形成过程。特别是抽象数学概念的教学，更要关注概念的实际背景与形成过程，帮助学生克服机械记忆概念的学习方式。

2. 创造好吃又有营养的数学课堂，让学生获得良好的数学教育。数学教学是数学活动的教学，是师生之间、学生之间交往互动与共同发展的过程。在这一过程中，把握学生已有知识经验，让每个学生真正参与到获取新知的过程中，通过探索交流，获得基本的数学知识与技能，获得必要的数学思想和方法以及数学活动经验，让孩子受益一生。

教学背景分析

一、教学内容

《周长的认识》它隶属于"空间与图形"的知识领域。在设计这一教学内容时，我参考了几个版本的教材，我发现人教版、北师大版、苏教版的教材都是将周长的认识作为一个独立的教学内容呈现的，这无疑彰显了教材对周长概念建立的关注。值得注意的是我所使用的京版教材是将周长的认识以一个例题的方式涵盖在长正方形周长的教学内容之中，并没有作为独立的一个教学内容编排。教材主要是想通过描一描、指一指、说一说这三个教学活动，帮助学生建立周长的概念。我觉得教材所展现的教学活动,无疑是给我们教师起了一个抛砖引玉的作用,它本身就为我们教师预设了留白,让我们有充分发挥创造性使用教材的空间。教材所呈现出来的知识之间的前后联系。

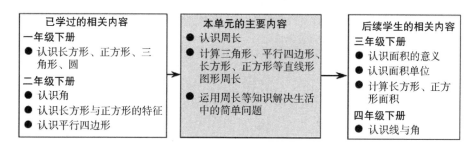

已学过的相关内容	本单元的主要内容	后续学生的相关内容
一年级下册 ● 认识长方形、正方形、三角形、圆 二年级下册 ● 认识角 ● 认识长方形与正方形的特征 ● 认识平行四边形	● 认识周长 ● 计算三角形、平行四边形、长方形、正方形等直线形图形周长 ● 运用周长等知识解决生活中的简单问题	三年级下册 ● 认识面积的意义 ● 认识面积单位 ● 计算长方形、正方形面积 四年级下册 ● 认识线与角

二、学生情况

通过访谈我发现学生对于"周长"的概念并不是一无所知,只是他们的认识比较肤浅。

(1)学生很熟悉"一圈"

可以说在生活中学生积累了大量的对周长的感性认识。比如:他们知道绕操场跑一圈就是 200 米;他们懂得定校服时量的腰围就是自己腰一圈的长度等等。"一圈"这个形象的内涵已经根深蒂固地扎根于学生心中。而且通过前面的学习,学生对于线段长短也是了如指掌,这些都是对学习周长有利的一面。

(2)学生关注"表面"胜过关注"边线"

与此同时我也发现在学生眼中,他们对于物体表面或是平面图形的观察,他们更多的是关注整体、关注表面,如果没有刻意的去引导或是新鲜、刺激的东西吸引他们,他们是不会关注边线的。静心思考这也是正常的,因为在我们的生活中物体表面或是平面图形,面上漂亮的图案、好看的颜色太多与边缘的线条相比实在是很抢眼,容易吸引学生的眼球。而今天我们要教学的周长一课就是要让学生关注物体表面或平面图形的边线,这也就成为我们今天教学的一个难点。

三、教学方式

本节课采用自主探究、合作交流的教学方式。

四、教学手段

计算机辅助教学。

五、技术准备

多媒体课件　硬币　照片　彩笔等实物。

六、教学流程

1. 创设情境,引出问题。

2. 创设不同的数学活动,帮助学生建立周长概念。

3. 设计有效的练习,深化概念认知。

4. 课堂延伸,拓展提高。

教学目标

【知识技能】结合具体的情境、事物或图形,使学生认识周长、理解周长。

【过程方法】通过不同的数学活动,让学生经历周长概念的形成过程,培养学生的观察、操作等能力及应用意识,进一步发展学生的空间观念。

【情感态度】让学生体会数学与实际生活的密切联系,激发学习数学的兴趣,体验数学知识的应用价值,并获得积极的数学情感体验。

教学重点

建立周长的概念。

教学难点

建立周长的概念,发展学生的空间观念。

教学过程

一、通过不同的数学活动,逐步感知周长的本质

(一)通过看一看的活动,初步感受生活中的"一周"

同学们,你们喜不喜欢看动画?(喜欢)那好今天老师就和你们一起看动画学数学。

播放 4 个动画:

1. 小火车沿着轨道跑了一周。

说说你看到了什么?

生:小火车跑了一周。

师：能说说小火车从哪开始到哪结束就是跑了一周呀？

生：从小红旗那个地方开始跑，还回到小红旗的那个地方就是一周。

师评：观察的多仔细呀，说得多准确呀！

2. 小朋友绕着人工湖跑了一周。

说说你看到了什么？

3. 霓虹灯沿着心形的牌匾闪亮了一周。

你看到了什么？

4. 老爷爷沿着菜地围了一圈的栅栏。

这次你又看到了什么？

师：像刚才看到的小火车和小朋友跑的路线、闪烁的霓虹灯、围好的栅栏，它们有什么共同的地方？（都是一圈）

师：同学们都有这样的生活经验，像这样一圈（从某个点开始，沿着物体的边沿，再回到起点才是一圈，也就是一周）。（板书：一周）

（二）通过描一描的活动，进一步认识图形的"一周"

1. 同学们，现在请你从收集到的实物中挑几个，在一张纸上用彩笔描出它的一周的边线？（如：硬币、照片、五角星、树叶等）比一比看谁描得又好又快。

2. 学生操作，找一学生到展台操作；教师巡视解，了解学情。

3. 汇报交流：（找几个学生的到展台展示）

生 1：我沿着一元硬币的边沿描了一周。

生评：描的好，清楚不乱

师评：线条流畅，没有重复

生 2：我沿着照片的边沿描了一周。

问：说说你这个边沿上一个点是怎么回事？

生 2 答：我这个点就好像是小火车那个小红旗，从这开始的，还得到这结束。

师：谁再来说说他的这一个点有什么好处？

生：有这一个点就能告诉我们描到这就别描了，再描就重复的了

师：多好的一个点呀，有了它就明确的告诉我们从这里开始，还要到这里结束才是一周。

师展示：这个同学是从这里开始描的（学生观看）这个同学是从这里描的，这个同学是从这里描的，这些都描得是不是照片一周？

师：不管从哪里开始描，最后都回到起点，就是一周。

交流的点：

师展示:你看这张描得怎样?(线条不好,有重复的地方)这张呢?(最后没有封口)

4. 课件演示

师:谁能说说描的时候要注意什么吗?

生1:要按住了,不能动紧贴边线

生2:还不能重复

师:其实按住不能动就是要紧贴边线,不能重复就是要从起点开始最后还要回到起点。

这时老师着重引导学生明确:不管从哪里开始描,最后都要回到起点。从而渗透"周长是封闭图形一周的长度"的含义。

(三)通过试一试的活动,感知封闭图形的周长

课件出示:下面几个图形

提问:可以描出这些图形的一周吗?

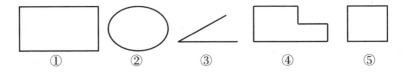

①　　　　②　　　　③　　　　④　　　　⑤

可以描出的有:①②④⑤

不可以的有:③因为没有封口,从一点出发回不到这个起点。

有的同学认为:角这个图形也可以描出,他认为只要往返回去就行了。有了不同的意见,展开了辩论。

生1:我觉得我是从一个点出发也回到这个点,就是角的一周。

生2:你是又回到那个点了,可是你有重复的地方,应该没有重复才行。

生3:我还觉得他说的那个要是行的话,就不是一周,是两周……

师:像这样没有封口,就说这个图形不封闭。刚才描过的图形和①②④⑤都是封闭的图形,封闭的图形才能描出它的一周。

(四)通过辨一辨的活动,感知图形一周长度的不同

1. 感知可以通过化曲为直求周长

下面我们再看一段有意思的动画。(小虫爬树叶)

你知道树叶的周长在哪吗?(可以用实物指一指)也可以说:(蚂蚁爬过的路线就树叶的周长)

那么怎样知道树叶的一周的长度呢?

生1:把树叶沿边线拓印在纸上,再用尺子一点点的量。

生2:用毛线把沿树叶的边沿围一圈,再把毛线打开量毛线的长度。

师:了不起的孩子,你知道吗? 你说的这个方法是我们数学中很重要的一个数学思想化曲为直,利用它我们解决了很多的问题。

课件演示(如何量树叶)

2. 感知周长的大小与边的多少没关系(动态展示)

考考你的眼力,估一估哪一个图形一周的长度更长一些?

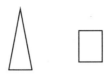

师:看来呀图形一周的长度与它边的多少没有关系。

(五)通过交流,揭示周长的概念

1. 用自己的话说说什么是周长?(封闭图形一周的长度简单地说就是它的周长。)

师:刚才我们通过看动画,描图形或物体的边线等一系列活动认识的周长,现在谁说说什么是周长?

生1:就是一圈的长度就是周长。

师评:说对了主要的内容了,能说说什么样的图形吗?

生2:封闭图形一周的长度就是周长。

师:这样就更准确了,谁再说说。

2. 找一找、说一说:找身边的周长,深化对周长的理解。

师:数学书封面有周长吗? 在哪? 不光是数学书,我们身边的许多物品的面都有周长,你能找一找吗?

规范学生的认识:数学书封面四条边的总长就是它的周长;黑板四条边的总长就是它的周长,等等。

(六)通过算一算的活动,内化对周长的理解

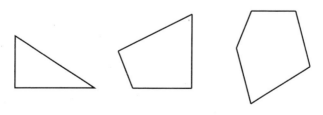

1. 要想知道这些图形的周长,应该怎么办?

2. 给出数据计算。

汇报:

生1:三角形的周长我用 3＋4＋5＝12(厘米)

生2:我用的是 4＋5＋3＝12(厘米)

生3:我是用 5＋4＋3＝12(厘米)

生4:我用 3＋5＋4＝12(厘米)

师:你们看这么多的列式方法,有什么共同的地方呀? 不同的地方在哪呢?

生:都是把三条边的长度加起来,只是顺序不同罢了。

四边形:

生:2＋4＋3＋5＝14(厘米)或 2＋5＋3＋4＝14

师:这回数比较多了,说说你在把这些边的长度相加的时候有什么窍门,怎么就做到不重不漏?

生:按一定的顺序。

五边形:2＋4＋3＋5＋3＝17(厘米)

师:强调不管怎么算,都是直接相加;相加的有序性;周长是边长的总和。

二、通过不同的练习设计,深化对周长概念的认知

1. 找一找:下面哪些图形能找出它们的周长,哪些不能,为什么?

生1:①、③、④、⑤、⑥、⑦能找到周长,他们能从一点出发还回到原来的点,剩下的不能找到。

生2:我也同意他说的,我的理由是封闭的图形就能找到周长,不封闭的图形就没有。

2. 选择

(1)下面一组图形中,(　　)只需要测量一条边的长度就可以知道它的周长。

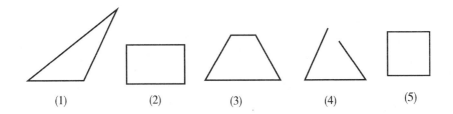

(1)　　　　(2)　　　　(3)　　　　(4)　　　　(5)

师:你是怎样想的?

生:只有正方形的边长都是一样长的,其他的图形不行。

师:那我们现在逐一地来看看:三角形要知道它的周长你需要知道几条边的长度? 长方形呢? 梯形呢?

(2)如图:一个正方形沿对角线被分成两部分. 这两部分的周长相比(　　)。

① 甲图形长

② 乙图形长

③ 一样长

师:谁先来指一指这两部分的周长?（生指)说说你是怎么想的?

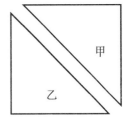

生:一样长。因为正方形四边都相等,那直角的两条边就等了,中间的那条边又都是同一个对角线分的,所以就相等。

师:不但选择的正确,还利用正方形的特征说的有理有据你真了不起。

3. 不测量,你有办法知道这两个图形的周长吗?

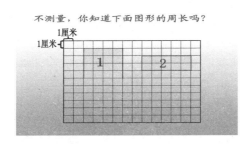

学生思考多时不知怎么办?

生1:用毛线围然后再量毛线

众生反对:那不还是量吗?

生2:用估测的方法,用大约一厘米的东西去比,知道每一条边的长度,再计算。

师不住的点头。

师：在他的方法的提示下，有没有更准确的，他是用大约一厘米的东西去估算？你怎么办？

生3：我就用一厘米的小棒去量。

师：对，就是这样。操作课件出示网格纸。虽然用的东西不一样，但方法都是将这样整个的周长划分为细小的一段。

4. 这两个图形的周长谁长谁短？（课件动态演示）

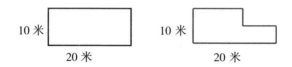

师：先猜一猜这两个图形的周长谁长谁短？

生1：我觉得第二个会长一些，因为弯多的线段就要长一点。

生2：我觉得一样长。如果把它凹就去的移一下就和第一个一样。

师：课件动态演示一下。

5. 欣赏。（音乐背景播放，出示生活实际图片）

引语：周长在我们的生活中有着广泛的应用，就让我们跟随摄像机到生活中去找周长。

三、课堂总结

1. 今天学了周长，谁能用一句话说你这节课的收获？

2. 有什么问题和新的想法吗？

板书设计：周长的认识一周的长度。

教学反思

通过本节课的教学研究，使我深深的意识到：数学生活虽然与生活关系密切，但毕竟是两个不同的概念，是两个不同的范畴，适度而恰当的联系生活，对于数学是大有裨益的，但正如生活难以数学化一样，如果数学教学一味的追求生活化而迷失了自我，是得不偿失的，数学课的"主角"永远只能是数学本身，数学学习可以吸收生活中有趣有益的例子来为生活服务，但不能走失数学本身。在试讲反思后，让我更加确认了这一点。

1. 抛弃一味的生活化，追求传承数学思想

本节课对于周长意义的深化理解，我没有创设很多的解决生活中的实际问

题,更没有想让学生在解决生活实际问题中体会周长的意义,体验到生活与数学的密切联系。而是利用生活中的有趣情景让学生在解决问题中感受数学的思想与方法。如:课堂上提出树叶的周长怎样测量? 这个问题,给学生充分的思考、讨论时间,让他们想办法。在学生一次又一次的提出又否定自己做法的同时,老师利用课件直观的演示化曲为直的方法。让学生深深地体验到解决问题时可以把弯曲的不规则的,利用围拉的方法变成直的。这样就将化曲为直的数学思想潜移默化地传授给学生。当然本节课上,我还有意设计了利用平移方法解决问题和化整为零的思想解决问题,这些都是在有意向学生渗透数学的本质。也正是因为有了前面的思考与认识,所以我觉得要想使自己的数学课上得有内涵、有数学味、厚重就要在数学课上关注数学的本质。

2. 关注学生的学习起点,追求有效的课堂

通过访谈我发现学生对于"周长"的概念并不是一无所知,只是他们的认识比较肤浅。可以说在生活中学生积累了大量的对周长的感性认识。比如:他们知道绕操场跑一圈就是 200 米;他们懂得定校服时量的腰围就是自己腰一圈的长度等等。"一圈"这个形象的内涵已经根深蒂固地扎根于学生心中。与此同时我也发现在学生眼中,他们对于物体表面或是平面图形的观察,他们更多的是关注整体、关注表面,如果没有刻意的去引导或是新鲜、刺激的东西吸引他们,他们是不会关注边线的。静心思考这也是正常的,因为在我们的生活中物体表面或是平面图形,面上漂亮的图案、好看的颜色太多与边缘的线条相比实在是很抢眼,容易吸引学生的眼球。有了这个了解,我在课堂上设计看动画、描边线、指边线等多种数学活动改变学生的关注点吸引学生注意边线从而加强对周长的理解。这样瞄准学生的认知盲点,进行有的放矢的教学,大大提高了教学的效率。

3. 思考的问题

由于数学对象的抽象性、数学活动的探索性决定了小学生不可能一次性地直接把握数学活动的本质,必须要经过多次的反复思考、深入研究和自我调整才可能洞察数学活动的本质特征。在课堂上我也发现了有许多的问题,学生们在解决时不假思索或是想一想就说出一个结果,根本就不去考虑这个方法可行不可行,符合不符合题目要求。怎样让学生在不断"反思"中学习呢? 这让我产生了新的探索目标。

专家点评

《周长的认识》是"空间与图形"学习领域的一个重要的数学知识,属于几何概念教学。对于这个内容,众多教师都曾经以它为背景进行研读,并且留下了执教者的痕迹,为后者再研究、再实践提供了宝贵的财富。郑雪征老师在汲取、借鉴、继承的基础上,给予《周长》这一内容特殊关注。透过教师的课堂教学,可以看出执教教师主要凸显的教学想法:

1. 把握学情教材　重新定位

对教学内容的准确理解是根本、对学情的深度把握是教学设计的基础。在常态课教学中,教师往往首先思考的是怎样教最顺利,而忽视了学生怎样学最有效。《周长的认识》设计与教学,就是站在学生角度去考量,把学法放在教法的前面,体现以学定教。通过对一道题带给大家的启示入手,为什么学生会存在这么多的问题或错误? 症结、根结何在? 引发对问题背后的思考,究其原因之一是因为学生在没有真正理解、认识周长的概念。所以,只有切实加强对周长概念的教学,让学生明晰概念,建构概念并且运用概念,是这节课设计的立足点。

2. 建构数学活动　有序有效

数学教学是数学活动的教学,是师生之间、学生之间交往互动与共同发展的过程。它强调了数学教学是一种活动,是教师和学生的共同活动,是师生之间、学生之间共同发展的过程。

在构建数学活动中要体现知识性目标,更要注重体现过程性目标。因为过程本身就是一个课程目标,必须让学生在数学学习活动中去"经历……过程",这是学生进行数学学习活动,获得知识与技能的必要前提。《周长》设计和实施的整个教学过程充分发挥学生的能动性,通过看一看、说一说、描一描、比一比、辨一辨、算一算等数学活动,使学生亲身经历数学化的过程。这不仅符合学生的认知规律,还体现了以活动促进学生思维发展的教学理念。构建认识周长的过程,采用逐层加深认知的方式进行的,特别强化过程中对周长本质要素的理解。设计中具体体现是通过观察四组生活画面入手,不露痕迹地走进新知,借助学生的生活经验直观地理解一周、边线等概念,实现了生活与数学的有效链接,逐步实现由生活中的一周完善为数学中的一周。在这一数学活动中强化了对一周的概念的理解,使学生感悟一周必须是封闭的,封闭的图形必须能从起点出发回到起点、确实感悟到边线;尤其是学生的动手操作环节,其主要有三个层面的目的:一是巩固"一周",规范描"一周"的方法;二是通过观察比较,发现留下一周和原来的图形不一样了,明确"边线";三是让学生在头脑中形成"一周边线"的表象,即让学生明白画出的是物体一个面的一周而不是整个物体的一周,周长是指留下的边线而不是内部的平面(图形也是)。最后通过量化的方式处理,旨在认识求由直线段围成的平面图形的周长,只要把各边的长度相加即可。在算一算的过程中再一次加深了对周长概念的理解,使学生认识到周长的计算方法也是以周长的概念为依托的。看似简单的活动,简单的数学行为,却有序有效,设计有痕、教学无痕。

3. 设计简约高效 体现发展

小学数学课堂教学应该本着简约高效的原则进行,也就是吴老师谈到的:要使我们的小学数学教学变得容易、简单和有效。《周长》的设计与实施,教师能够关注基础、关注创新、也关注育人。不放松对数学基础知识、基本技能、数学思想法、数学活动经验这些有后劲、有长劲的数学基础的重视,更为重视学生在学习历程的感受,重视数学教育的力量,让学生做健康发展的人,让学生获得良好的数学教育。

亲历过程 自主选择 丰富数学活动经验

——《小数的意义》教学设计

执教者 密云区第二小学 赵 静

指导者 密云区教师研修学院 王海军

指导思想与理论依据

1. 教育心理学家奥苏贝尔说:"影响学习的最重要因素是学生已经知道了什么,我们应当根据学生的现有知识状况去教学。"①也就是教师要读懂学生,读懂学生的知识现状、读懂学生的身心发展规律。

2.《课程标准》中明确提出:学生应当有足够的时间和空间经历观察、实验、猜测、计算、推理、验证等活动过程。教师教学应该以学生的认知发展水平和已有的经验为基础,面向全体学生,注重启发式和因材施教。教师要发挥主导作用,处理好讲授与学生自主学习的关系,引导学生独立思考、主动探索、合作交流,使学生理解和掌握基本的数学知识与技能,体会和运用数学思想与方法,获得基本的数学活动经验。即:读懂课标。

3. 本节课《小数的意义》是京版教材第八册第一单元的教学内容。小数是对整数的拓展与延伸,同时也是后面整个小数单元学习的基础。学生在三年级已经初步认识了分数,并认识了一位小数,四年级学习"小数的意义"相隔时间较远,加上"小数的意义"又比较抽象,学生理解起来有一定的难度。即:读懂教材知识体系。

---

① 奥苏泊尔等著:《教育学:认知的观点》,见第二章《意义和有意义的学习》,人民教育出版社出版发行。

教学背景分析

一、教学内容

小数的意义是学生学习了分数的初步认识、小数的初步认识基础上,进而学习小数的意义。在三年级初步认识了分数,学习一位小数,认识到一位小数表示十分之几,进而四年级学习到小数的意义,小数表示的是十分之几、百分之几、千分之几……小数是十进制分数的特殊形式。

二、学生情况

课前调研表明,学生对于"意义"的提法比较陌生,且"小数的意义"的理解既是重点又是难点,于是用一个正方形、一个正方体表示整1,由学生自主选择平均分的份数,用涂色的方法表示出已经学习过的一位小数,涂色部分"表示"的是什么就指的是小数的意义。

我的思考:小数其实就是十进制分数的另外一种写法,它是根据十进位值制的原则,把十进制分数仿照整数的写法,写成不带分母的形式。小数的本质就是十进制分数。要理解小数,就必须理解十进制分数。小数在与十进制分数具有等价性的同时,它又是整数符号系统的一种拓展,理解小数,离不开它与整数的联系,也离不开分母是 10、100、1000……的分数,1、十分之一(0.1)、百分之一(0.01)、千分之一(0.001)……相邻两个计数单位之间的进率是 10。

三、教学方式

本课启发式、导学式的教学方式,运用数形结合的思想,让学生经历动手操作涂色、直观演示、建立联系、抽象概括、初步应用的过程。

四、教学手段

分别选用不同的直观模型——一个正方形代表整数 1、米尺长度单位、一个正方体、数轴来帮助学生在头脑中建立和理解小数的意义。重点放在建立两位小数的意义,分别用正方形、元角分、长度、数轴等不同的直观模型,再加上学生动手选择、亲自涂色表示不同的两位小数来巩固对小数意义的理解。直观模型非常形象地沟通了小数与十进分数之间的联系。

五、技术准备

多媒体课件、计算机辅助教学、5 个图形素材给学生创造的机会、米尺两把直观具体。

教学目标

【知识技能】使学生在初步认识小数的基础上,进一步认识小数与十进分数之间的内在联系,理解小数所表示的意义,认识小数的计数单位和相邻两个计数单位之间的进率是10。

【数学思考】通过面积单位、米尺直观图、正方体模型、数轴等教学资源,在这些具体情境中,自主选用情境中的素材,经历并理解每个小数表示的意义,培养学生的观察、联想、推理和概括能力。

【问题解决】应用小数所表示的意义解决有关实际问题,在自主选择图形涂色的过程中表示两位小数,初步形成自我评价的能力。

【情感态度】了解小数的产生和小数的历史,激发学习数学的自豪感。

教学重点

理解小数所表示的意义。

教学难点

理解小数表示十分之几、百分之几、千分之几……

教学流程

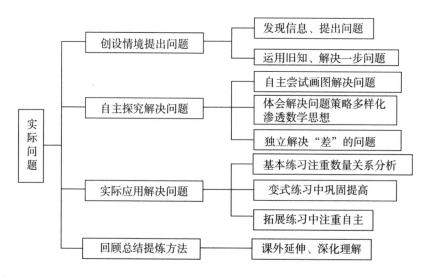

教学过程

一、复习回顾中揭示新课

1. 我们已经了解和认识了小数,也会读小数了,你能说一个我们已经学习过的小数吗? 老师帮你记录下来。

学生举例,老师有序地进行板书,根据一位小数、两位小数来排序记录。(如果学生说到整数部分是 1 或者以上的数,单独记录在黑板右侧。)

2. 对小数的认识到此为止了吗? 还应该了解每个小数到底表示的是什么呢,也就是小数的意义。板书:小数的意义,副板书:表示

研究小数的意义,其实就是指小数表示的是什么。

二、自主选择学习素材,理解一位小数的意义

1. 我们都知道,一个苹果、一个正方形、一个正方体,都可以用整数 1 来表示。(板书:1)

老师为你们提供了一些学习材料,这里有 5 个图形。如果每个图形都可以表示整数 1,哪个图形上可以画上几笔斜线,也就是涂上阴影,就能表示刚刚你们所谈到的 0.3 了?

或者你也想出一个一位小数,并且表示出这个一位小数。

2. 学生在原图上画一画,教师巡视。

3. 展示学生作品 3 幅,都是一位小数。并把学生所描绘的小数随机写在黑板上。

你真会选择,从平均分 10 份的图中涂上阴影就表示了一位小数 0.3。

看,这是十分之三,写出小数就是零点三,0.3 表示的就是十分之三。

教师一一展示学生的作品并且由学生进行讲解,借助分数理解小数。(随机写出学生所表示出的小数以及对应的分数)

4. 充分利用学生选择和涂色的图形:空白部分用哪个分数和对应的小数来表示?

如果把空白部分和涂色部分合起来,是多少? 1 里面有几个十分之一? 也可以说成有几个 0.1?

5. 这几个小数和 0.1 有没有联系? 说说看。(板书:0.1)

揭示:把 0.1 或者十分之一叫作一位小数的计数单位。0.3 里面有几个 0.1 也就是有几个计数单位。

6. 1 和一位小数的计数单位 0.1 有没有联系?

这说明一位小数的计数单位 0.1 和整数 1 之间的进率是 10。

三、理解两位小数的意义

1. 预设 1:除了一位小数,你还知道哪些小数? 有序地进行板书两位小数、三位小数等。

预设 2:刚刚还有同学写的小数和一位小数有区别,小数点的后面有两个数字,这样的小数叫作两位小数,两位小数表示的又是什么意义呢?

2. 还利用刚才手中的学习材料,再填上几笔阴影表示出 0.05(借用学生所举的例子。)

3. 预设评价:你是我们班里第一个表示出两位小数的同学,看,他在平均分成100 份的图形中,表示出了其中的 5 份,也就是一百分之五,写成小数是 0. 05。

再次一一展示学生作品:借助分数说出对应的小数。

4. 归纳:原来两位小数表示的是一百分之几。

5. 巩固:还利用题纸上的平均分成 100 份的正方形,你能涂色表示出哪个小数? 同学之间互相校对完成。

6. 变化不同的模型巩固两位小数

(1)用人民币单位做模型:

挑选一个学生写的小数,如果在这个小数的后面加上"元"字,你知道这个小数表示什么吗? 如:0. 52 元、0. 08 元。

(2)用长度单位做模型:

把刚才的"元"擦去,换作"米",或者在新的两位小数中写上单位"米"你知道这个小数在米尺上的哪个位置吗?

出示米尺,1 米平均分成 100 份。随机指出相应位置用分数和小数怎样表示?

学生在相应的位置展示出 0. 52 米、0. 08 米。

(3)用数轴做模型:进一步抽象,深化理解两位小数表示的意义。

利用课件中的动画情境:帮助灰太狼找到合适的位置:0. 6、2. 2

灰太狼找不到 0. 6 的位置,用课件形象生动地进行演示。

要找到 0. 6 的位置,可是 0. 6 在哪里呢? 也就是在 0 和 1 之间,把这一段平均分成 10 份,一份就是 0. 1,当灰太狼到达 0. 6 的时候我们一起喊"停"好不好?

课件演示,移动灰太狼举着的红旗,找到0.6的位置。

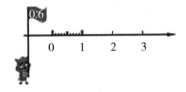

2.2在哪里?课件继续演示,学生寻找,在合适处喊"停"。教师故意设置障碍,把红旗留在1.2、2.8处,最后停留在2.2处。

把1和2之间放大,你能在数轴上找到1.97的位置吗?

7. 归纳:一位小数其实表示的是分母是10的分数,两位小数呢?

一位小数的计数单位是0.1,那么两位小数的计数单位呢?

0.01和0.1之间有联系吗?

你还能想到什么?

四、理解三位小数的意义(运用长度单位模型、正方体模型)

1. 继续运用米尺模型

这把普通的米尺变得不同寻常了,刚刚认识了两位小数,如果把1米平均分成1000份,每一份是1毫米,放大到屏幕上,你能得到分数和对应的小数吗?

课件出示放大的1毫米。

在课件中演示1毫米、15毫米。分别说出对应的分数和小数。

由学生自主决定米尺上一个位置,能不能找到和实际长度对应的分数和小数?

2. 这些三位小数和0.001有联系吗?有着怎样的联系?

揭示:三位小数的计数单位是0.001

3. 继续利用学生手中的学习材料:刚刚我们手中的图形怎样创造就可以得到三位小数了?

预设1:把每个图形平均分成1000份,表示其中的一份或者几份,可以得到三位小数。

预设2:把正方体平均分成1000份,可以得到三位小数。利用课件进行演示与回顾。

用正方体模型理解三位小数的意义:在课件中出示一个正方体,如果这个正方体也表示整数1,平均分成10份,能得到小数吗? 分别是多少? (课件演示)

继续像这样再平均分10份,也就是把这个正方体平均分成了100份,每一份是多少?

平均分成1000份呢? 用小数表示是多少? 0.001.

推理和概括:如果平均分成10000份,每一份是?

五、概括小数的意义,明确小数的计数单位

1. 你发现了吗? 一位小数、两位小数、三位小数分别来自分母是多少的分数? 小数是十进制分数的一种特殊表现形式。

2. 题纸上还有一个正方体也可以表示整数1,演示课件:把1个正方体平均分成10份、100份、1000份,并且分别表示出其中的一份。

学生观察,说出涂色的部分分别用哪个小数来表示。

3. 教师描述,学生闭上眼睛想象一下:在头脑中出现一个正方体的模型,平均分成10份,有点像生活中我们切的面包片一样,每一片都可以用0.1来表示;平均分成100份,一条就是0.01;平均分成1000份,一小块用0.001表示。

睁开眼睛看一下屏幕,和你头脑中的0.1、0.01、0.001一样吗?

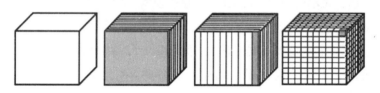

4. 整数1和小数的计数单位十分之一、百分之一、千分之一,也就是0.1、0.01、0.001有着怎样的联系?

相邻的两个计数单位之间的进率是10。

5. 小数的历史

播放课件。"中国古代著名的数学家刘徽在《九章算术》中首先提出了关于十进小数的概念。到公元1300年前后,元代刘瑾所著《律吕成书》中,已经把小数部分降低一行写在整数部分的后边。而西方的斯台汶直到1585年才有十进小数的概念,且他的表示方法远不如中国先进,我们完全可以自豪地宣称:中国是世界上最先使用小数的国家。"

六、巩固练习

1. 一条路长10.8千米。这个小数表示什么意思?

2. 用题纸上剩余的图巩固小数的意义,创造小数。

过渡:同学们借助这几个表示 1 的图形认识了一位、两位、三位小数的意义,题纸上还有哪个图形没有得到使用? 你能发挥创造力,创造一个小数吗?

由学生自主创造,然后学生之间互相提问,分别说出这个小数是几? 表示什么意思?

或者:这个小数大约在几和几之间?(数感)

七、全课小结

通过今天的学习,如果用整数 1 表示最高的满意程度,你想给自己打几分? 说出满意之处和遗憾或者疑问之处。

教学反思

1. 抓住重点,夯实基础强训练

一位小数靠复习;两位小数是重点,多个模型来建立;三位小数是发散,推理助力建立意义。

在学生已经学习过一位小数的基础上,运用图形素材让学生在回顾中复习整理提升认识:零点几里有几个 0.1? 1 和 0.1 有没有联系? 然后继续利用图形素材,把重点落实在认识两位小数、用不同的模型强化对两位小数的认识、沟通两位小数和 0.01 之间的联系、两位小数和一位小数计数单位之间的联系。

2. 数形结合,直观模型促发展

"数缺形时少直观,形缺数时难入微"。运用一个正方形、一米、一个正方体、一条数轴等不同的直观图形表示整数 1,数中有形,形中有数,学生在观察中、在涂色中以形思数,帮助记忆;数形对照与联系,加深理解。

在观察的基础上,通过在头脑中的想象,把一个正方体平均分成 10 份、100 份、1000 份,初步形成 0.1、0.01、0.001 的直观表象,在几何直观中为相邻两个计数单位之间的进率是 10 打基础。

3. 分层教学,自主选择显能力

教师提供 5 幅图,由学生自主选择涂色表示一位小数,既复习了旧知又了解了学生的认知现状。继续选择图形涂色,学习两位小数。给不同层次的学生不同的发展机会,让每个学生都有选择的机会和权利,都成为优秀的自己。教师在此时可以了解学生的活动经验,了解学生的知识掌握现状,有的放矢地因材施教。把精彩留给学生,把活动的主动权留给学生,把动手的机会留给学生,把选择的权利留给学生。选择,为了更好地出发。

专家点评

数学课堂教学是教师和学生生命共同成长的历程,在这个历程中,学生的亲身经历和体验、对数学思想的感悟和理解,具有至关重要的地位和作用。

赵静老师执教的"小数的意义"一课,很好地体现了学生是课堂学习的主人、学生亲身经历和体验数学学习的过程、教师提供了丰富的数学模型来丰厚学生的数学素养。

首先,小数的意义在数学知识体系和学生认知发展中,占据重要位置。京版教材安排了分数的初步认识后,认识一位小数;学习小数的意义。本节课教师重视学生自主复习一位小数,自主探究两位小数的意义,推理三位、四位小数表示的意义;把数位顺序表向右扩充,理解小数的相邻计数单位间的进率和整数部分一样也是10。

认识和理解小数,离不开小数与分数、小数与整数之间的联系。分数的意义指的是当一个整体被等分后,在集聚其中一部分的量称为"分量",而分数就是用来表示或记录这个"分量"。当整体被分成十等份、百等份、千等份……时,此时的分量,就使用另外一种记录的方法,即小数。由此可知,小数的意义是分数意义的一环。

学习小数之后,数位顺序表得到补充。如果以个位为基础,向左扩展就是十位、百位、千位;如果向右扩展就是十分之一位(十分位),百分之一位(百分位)等。以个位为对称轴,两边的数位呈现了对称的关系,只是小数部分在位前增加了"分";这样"每相邻的两个计数单位之间的进率都是10"得到了全面的概括。也就是说在数位顺序表中,把最基本的整数的单位"个(或者一)"聚合累加,按照"满十进一"的规律,越往左计数单位越来越大;同样是整数1,十等分、一百等分、一千等分……越往右,计数单位越来越小。合与分的背后依然是十进位值制的体现。

本节课层次清晰,重点放在理解两位小数的意义上,通过不同的模型(正方形、直尺、数线、正方体)帮助学生加强小数的计数单位之间进率的理解认识过程,学生的实际获得非常深刻,并且为今后的学习打下坚实的基础。

其次,重视学生数学活动经验的积累。杜威在其《民主主义与教育》中说,教育是一种生长,生长的具体过程和内在机制可以概括地表述为"经验的改组或改造",这个过程不是一个通过灌输实现的被动过程,而是在个人积极主动地参与共同生活的过程中能动地实现的。2011版《课标》中指出:数学活动经验的积累是提高学生数学素养的重要标志。数学活动经验需要在"做"的过程和"思考"的过程中积淀,是在数学学习活动过程中逐步积累的。

赵老师在课堂上,采用不同的数学模型帮助学生丰富学习经验。结合不同版本教材的优势和特点,选用京版直观的面积模型引入,结合人教版数线模型深化巩固,引入北师大版和苏教版不同的计量单位参与小数,提供适合自主探究的学习资源,学生亲身经历学习过程,自主选择学习材料,丰富和积累学生的数学活动经验,深刻理解小数意义。

我们欣喜地看到,教师抓住重点,夯实基础强训练。一位小数靠复习;两位小数是重点,多个模型来建立;三位小数是发散,推理助力建立意义。

在学生已经学习过一位小数的基础上,运用图形素材让学生在回顾中复习整理提升认识:零点几里有几个0.1? 1和0.1有没有联系? 然后继续利用图形素材,把重点落实在认识两位小数、用不同的模型强化对两位小数的认识、沟通两位小数和0.01之间的联系、两位小数和一位小数计数单位之间的联系。分别选用了不同的直观模型——面积单位、长度单位、人民币单位、立方体模型、数轴等,力求丰富学生的直观感悟,并从中发现概括出两位小数所表示的意义,以及两位小数与一百分之几的分数之间的联系,为小数是十进制分数的特殊形式奠定丰厚的基础。

数形结合,直观模型促发展。在小数意义的建构过程中,引导学生亲自操作和体验,进行一次再创造,并在这种富有生命活力的再创造过程中,主动沟通小数与十进分数的联系,这样,学生才能深刻理解小数的意义。"数缺形时少直觉,形缺数时难入微。"借助"形"的直观来帮助学生理解抽象地的"数"。运用一个正方形、一米、一个正方体、一条数轴等不同的直观图形表示整数1。半具体半抽象的学习材料中,数中有形,形中有数,学生在观察中、在涂色中以形思数,帮助记忆;数形对照与联系,加深理解。

教师要深入了解学生的活动经验,了解学生的知识掌握现状,根据不同层次学生的发展水平,真正尊重学生的知识起点,真正尊重不同学生的发展需求,有的放矢地因材施教。把精彩留给学生,把活动的主动权留给学生,把动手的机会留给学生,把选择的权利留给学生,选择,为了更好地出发。

再次,是教师启发学生推理想象,活动经验触及概念本质。有效的数学学习必定是在新问题情境下,运用已有的知识经验来成功处理新信息、新问题的活动,并以学生领悟经验、反思经验、改造经验、丰富经验为目的。这一过程中,教师要在教学设计时采用启发、推理、想象等方式,让基本的数学活动经验触及概念的本质上来。

如:此课教师进行了课前访谈和调研,学生对于"意义"的提法比较陌生,且"小数的意义"的理解既是重点又是难点,于是用一个正方形、一个正方体表示整数1,由学生自主选择平均分的份数,用涂色的方法表示出已经学习过的一位小数,涂色部分"表示"的是什么就指的是小数的意义。

启发式教学并非教师一问学生一答;推理并非凭空而来;想象并非口说无凭。在大量学习经验和活动经验的基础上,立足于学生自行选择的图形涂色表示小数,于是教师对学生的启发成为"活水"。在巩固一位小数、深入挖掘重点理解两位小数之后,运用学生自己所积累的活动经验自然流畅地认识到三位小数来自于分母是1000的分数。在大量事实基础上,通过题纸上画出的、屏幕上展示的正方体模型,闭眼想象有了直观感悟,对比1、0.1、0.01、0.001的大小,对计数单位才能真正掌握。

总之,"小数的意义"这节课,学生数学活动经验对于数学活动的顺利探究、数学思想方法的领悟、学生数学观念的形成、创新能力的培养以及人的全面、可持续发展等均有着十分重要的作用。教师打破传统教学,真正落实课程标准中的"四基",着力设计短小精悍、彰显数学本质、强化数学思考、追求实践创新的活动给学生留下"最具生长力"的活动经验,是永恒的追求。

本节课教学设计荣获 2014 年北京市教学设计一等奖

基于单元整体设计下的核心概念教学

——《分数的初步认识》教学设计

执教者　密云区太师屯镇中心小学　张文华
指导者　密云区北庄镇中心小学　宋怀海

指导思想与理论依据

《课程标准》指出："课程内容既要反映社会的需要、数学学科的特征,也要符合学生的认知规律。它不仅包括数学的结论,也应包括数学结论的形成过程和数学思想方法。课程内容要贴近学生的生活,有利于学生经验、思考与探索。"本课伊始,教师创设学生熟悉的"分苹果"情境,借助学生的生活经验和已有知识,采用击掌,画图等不同的形式,表示每次分得的结果,在活动中使学生懂得"我为什么要学习分数",变"要我学"为"我要学"。练习巩固阶段,设计"喜洋洋与懒洋洋分蛋糕"和"估一估、比一比"的演示实验情景,鼓励学生运用分数解决问题,无形中渗透分数的大小比较。

《课程标准》中指出:"教师教学应该以学生的认知发展水平和已有的经验为基础,面向全体学生,注重启发式和因材施教,为学生提供充分的数学活动的机会。要处理好教师讲授和学生自主学习的关系,通过有效的措施,启发学生思考,引导学生自主探索,鼓励学生合作交流,使学生真正理解和掌握基本的数学知识与技能、数学思想和方法,得到必要的数学思维训练,获得广泛的数学活动经验。"学生对数学知识的学习,不是被动接受,而是主动建构,而动手操作对学生的建构有着积极的促进作用。本节课,我积极为学生创设主动参与学习活动平台,提供丰富的探究材料,让学生在边做手势边说一说中理解二分之一的含义,通过动手折一折、分一分,涂一涂中表示分数;交流展示中组织不同学具表示相同分数、相同学具表示不同分数、相同一份表示不同分数的三次比较分析,使学生在变与不变的观察比较中,深入理解分数的含义,积累观察比较的数学学习经验。

教学背景分析

教学内容:这部分内容是在学生掌握了一些整数知识的基础上初步认识分数的含义,从整数到分数是数域的一次扩展。无论在意义上、读写方法上还是计算方法上,分数和整数都有很大的差异。本课重点理解几分之一的具体含义,认识分数各部分名称,掌握分数的读法、写法。本课的知识看似简单,但对学生来说是数的认识的突破(从整数向非整数的突破),是认知结构上的新建,是思维上的一次飞跃。分数概念比较抽象,学生接受起来比较困难,不容易一次学好,所以,分数的知识是分两个学段教学的:第一学段能够结合具体情景初步认识分数、读写分数,能够结合具体情景比较两个同分母分数的大小,会进行同分母分数(分母小于10)的加减法;第二学段结合具体情景,理解分数意义,能比较分数大小,能进行分数加、减、乘、除运算及混合运算。本单元第一学段只是"初步认识"。几分之一,是认识几分之几的第一阶段,是单元的"核心",是整个单元的起始课,对以后学习起着至关重要的作用,为此,我们要借助一些图形和学生所熟悉的具体事例,通过演示和操作,使学生逐渐形成分数的正确表象,建立分数的初步概念。平均分是产生分数的重要依据,因此,我们在教学时应当充分强调和重点突破。教材的编排特点是充分强调"数形结合",学生初学分数,思维的支撑点应该是看得见、摸得着的实物,因此我们在教学时应当珍惜图形的功能和作用,发挥其效应。

学生情况:分数的初步认识对学生进一步学习分数意义,小数、百分数等概念有着重要的作用。三年级的学生已经学完了整数,经历了整数概念的建立的过程,积累了一定的活动经验,并且这个阶段的学生,已经掌握了平均分的意义,能把一些实物图片或者图形平均分,有了一定的操作、观察、归纳、演绎的经验与能力。部分学生在日常生活中已经认识了分数,基本能够正确读、写分数,但对学生来说,生活中接触分数的机会远远少于整数接触的机会,而且分数的意义比整数的意义更为抽象,这是学生认识分数的不利因素。为了更准确地了解学生情况,也为了使本节课的设计能够更合理,更符合学生的心理需要,我在课前设计了这样的调研方案,并已经实施:

调研目的:

1. 了解学生对分数知识的生活经验和学习经验。

2. 了解学生对分数的相关知识的掌握情况及学习方法。

3. 了解学生学习这部分知识可能存在的一些问题。

4. 了解学生的学习兴趣及比较关注的话题。

调研形式:问卷、访谈

调研对象:三年级学生 20 人,小组访谈可以涉及不同层次的 10 名学生。

调研时间:2013. 3

调研内容及形式:

问卷调查:(20 人参与)

一、填空

1. 把 4 个苹果平均分成 2 份,每份(　　　)个。

2. 把 2 个苹果平均分成 2 份,每份(　　　)个。

目的:这两道题主要是了解学生对"平均分"的理解和应用情况,看学生是否能够用平均分的知识解决一些简单的实际问题,平均分是否会成为学习分数的障碍点。

结果分析:20 人全部答对,正确率为 100%,说明学生对"平均分"的理解非常清楚,能够用平均分的知识解决一些简单的实际问题。

3. 把 1 个苹果平均分成 2 份,用你喜欢的方式表示每份是多少?

目的:对于平均分,检验有多少学生了解用分数形式来表示,有多少人对分数已经具备一定的认知。

8 人用画苹果图的方式表示,表明生活经验丰富		4 个用抽象图方式表示,学生具有抽象概括能力	
4 人借助生活经验利用文字表达"一半",具体直观。		2 人写出了 $\frac{1}{2}$,前者在苹果图上表示分数。	

结果分析：8 人用画苹果图的方式表示，4 个用抽象图方式表示，4 人写"一半"，2 人写出了 $\frac{1}{2}$，2 人不知所措没有填写。说明学生首先理解了平均分，并对分后的结果理解很透彻，但是对这种平均分的结果不能用分数来描述。

二、访谈：生活中你见过分数吗？举个例子，说说你对它的了解

目的：了解学生对分数的认识，掌握他们对于分数学习的生活经验和学习经验。

结果分析：20 人中有 5 人写出了分数，占 25%，其中 1 人写出的是 $\frac{1}{2}$，只有 4 人写出 $\frac{1}{2}$ 了以外的分数。但对于这些分数的理解学生只能理解到 $\frac{1}{2}$ 表示一半，其他的分数不能说出表示的意义。说明学生对于分数的表示形式有一定的了解，但意义不清楚。

教学方式：在本节课的教学中，以"动手实践、自主探索与合作交流"为主要学习方式，充分重视学生对学具的操作，通过折纸让学生对分数的含义有一个直观形象的感知，从而由直观到抽象，有坡度地帮助学生理解分数的概念。在自己创造分数时给学生足够的想象空间，根据学生创造的分数进一步认识分数，展开教学，使学生有一种成就感。同时根据学生年龄特征，创设有趣的问题情境。在教学过程中我利用 PPT 制作的课件，能够很大程度上调动学生学习的积极性，便于学生观察，为理解分数的意义奠定了坚实的基础。

教学手段：教师是数学学习的组织者、引导着、合作者。运用信息技术，为学生提供现实的、有趣的、富有挑战性的学习内容，让学生亲身体验、创造分数的过程，不但获取了数学知识，更重要的是学生在体验、经历中能够逐步掌握数学学习的一般规律和方法。

技术准备：多媒体、长、正方形，圆形学具。

教学目标

【知识技能】

使学生初步认识分数，理解几分之一的具体含义，知道几分之几与几个几分之一的关系，认识分数各部分名称，掌握分数的读法、写法。

【数学思考】

采用观察、操作、猜想、验证等方法，培养学生有理、有据的思考问题和主动探

究问题的能力。

【问题解决】

从学生熟知的生活入手,体会数学的实用性,激发学生学习数学的兴趣,培养学生热爱数学的情感,鼓励学生运用数学知识解决生活中的实际问题。

【情感态度】

通过对分数的认识,使学生进一步感受到分数与生活的密切联系,在创造分数和交流的学习过程中,激发学生的学习兴趣,体验成功带来的快乐,帮助学生建立学好数学的自信。

教学重点

初步认识几分之一的具体含义。

教学难点

几分之一和几分之几的关系。

教学过程

一、情境导入,理解 $\dfrac{1}{2}$ 的含义

(一)创设情景,引出分数

1. 出示:4 个苹果

师:把 4 个苹果平均分成 2 份,每份几个苹果,击掌表示?（生击掌两次）

师评价:真整齐! 每份 2 个苹果。

2. 出示:2 个苹果

师:把 2 个苹果平均分成 2 份,每份几个苹果,击掌表示?（生击掌一次）

师评价:真棒! 每份 1 个苹果。

【设计意图:尊重学生的知识基础,准确找到学生的起点,并在学生原有的起点实施教学,能最大限度地调动学生学习的热情。】

3. 出示:1 个苹果

师:把 1 个苹果平均成 2 份,每份几个苹果,击掌表示?（师注意观察,抓学生

不同的动作)

师引导质疑思考:哎!怎么不拍了?说说你想表示多少?怎么表示的?

预设抓:(一)前面每份分得的结果2、1都是整数,这次每份不是整数。

(二)根据实际经验,这样的一份是半个。

师小结引导:是呀,把1个苹果平均分成2份,每份就是半个,这样的半个除了用动作还可以怎样表示,试着在题纸上用自己喜欢的方式表示出来?

师巡视收集学生创造的作品

师:看屏幕,你和那些同学的表示方法一样?

预设一:学生用形象苹果图表示一半

师评价:图画的很形象,也很直观,是一种好方法。

预设二:学生用抽象图表示一半

师:用图形、线段代替苹果表示,即直观又简洁。

预设三:学生用汉字表示一半

师评价:汉子表达很准确,很简便

预设四:生用0.5表示半个。

师评价:0.5是小数,今后我们来研究。

预设五:学生用来表示

师:有一个同学他的表示方法和大家都不一样,想看看吗?在数学课上,这位同学还想到用一个数来表示半个,认识这个数吗?读一读(生读$\frac{1}{2}$),说说你是怎样知道的这个数?

师引导:是呀!前面每份分得的苹果是整数,我们用2和1表示(板书2、1),在数学课上我们还可以$\frac{1}{2}$表示半个,这节课我们就来认识像$\frac{1}{2}$这样的分数。(板书课题:认识分数)

预设六:学生没有用$\frac{1}{2}$表示的情况

师:在数学课上,前面每份分得的苹果是整数,我们用2和1表示,这次的半个也可以用(出示$\frac{1}{2}$)这样的数表示,哪位同学认识这个数?大声地读出这个数?

$\frac{1}{2}$这样的数就是我们数这个大家族中的新朋友——分数。这节课我们就来认识分数。(板书课题:认识分数)

【设计意图:依托学生的生活经验,诱发学生的兴趣与好奇心,鼓励学生大胆尝试,丰富学生的想象力,培养学生的创新意识和符号感,引发对分数意义的探索。】

(二)结合直观教具,理解$\frac{1}{2}$的含义

1. 教师出示一个大苹果图

师问:怎样把这个苹果平均分成2份?(学生操作从中间切开)

教师对折演示:比一比,在数学上我们把物体分得一样多,就是平均分。

板示:平均分

师:大声齐读出来。

2. 借助直观教具理解$\frac{1}{2}$含义

师:我们把一个苹果平均分成了几份?(生:两份)

师指着一份:这是其中的几份?(一份)几份中的一份?(两份中的一份)

师慢速表述:像这样,把一个苹果平均分成两份,这样的一份是整个苹果的$\frac{1}{2}$。(苹果上出示)

师加动作:伸出手,跟老师一起来边做手势边说说这个$\frac{1}{2}$表示什么意思?

"把一个苹果平均分成两份,这样的一份是整个苹果的$\frac{1}{2}$"。

师:两人一组,边做手势边说这个$\frac{1}{2}$表示什么意思?(小组交流,师巡视)

师指名回答:谁能边做手势边说这个$\frac{1}{2}$表示什么意思?(点名2、3人)

【设计意图:通过同桌边做手势边说一说,加深对二分之一的形象化理解】

预设情况一:生平均分成2份,这样的一份就是$\frac{1}{2}$

师追问这样的一份是谁的$\frac{1}{2}$(生:这样的一份是这个苹果的$\frac{1}{2}$)

师评价:这样的表述就更完整,更清楚了。

预设情况二:学生表示把一个苹果平均分成两份,这样的一份就是这个苹果的$\frac{1}{2}$。

师:用上"平均分"表述的就很完整,很清楚。

师指着另一份问:这一份又占整个苹果的多少呢?(生:$\frac{1}{2}$,师出示)

师小结:把一个苹果平均分成 2 份,每份都是这苹果的 $\frac{1}{2}$

3. $\frac{1}{2}$ 的写法及分数各部分名称

师:$\frac{1}{2}$ 怎样写呢?伸出手和老师一起写,先画一条横线表示平均分,平均分成 2 份就在下面写 2;表示其中的 1 份就在上面写 1,读作:二分之一。这条线叫作分数线(板书:分数线);分数线下面的部分叫分母(板书:分母),分数线上面的部分叫分子(板书:分子)。

二、在活动中创造分数,在比较中深入理解分数的含义

(一)迁移理解 $\frac{1}{2}$ 含义

1. 师引导质疑:

同学们,通过分苹果我们可以得到 $\frac{1}{2}$,老师这里还有三幅图看看哪一幅图中,红色部分是整个图形的 $\frac{1}{2}$

课件出示:下面哪幅图涂色部分是整个图形的 1/2

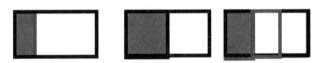

2:生选图二(课件隐去图一、三)

师:结合这幅图说说这个 $\frac{1}{2}$ 表示什么意思??

生:把一个正方形平均分 2 份,红色一份是正方形的 $\frac{1}{2}$。(师课件验证平均分)

师:哪空白部分是整体的几分之几呢?

生:空白部分也是整体的 $\frac{1}{2}$。

师:数一数在这幅图中一共有几个 $\frac{1}{2}$?(生:2 个)

3. 师追问:为什么不选图一?(生:不是平均分成两份)

师评价:看来要想得到分数就必须先要平均分,平均分多么重要呀!

【设计意图:通过反例,强化平均分,对产生分数的重要性】

4. 师追问:图三我们也平均分了,说说为什么不可以?(平均分成了 3 份)

师:能不能用另外一个分数来表示?(生:$\frac{1}{3}$)

师:谁能结合第三幅图,说说这个三分之一表示什么意思?

师引导:涂色部分是整个长方形的 $\frac{1}{3}$,空白部分又是整个长方形的几分之几呢?(生:$\frac{2}{3}$)

师:你真的很会思考,说说你是怎样想的?(板书:$\frac{2}{3}$)

师:一起数一数里有几个 $\frac{1}{3}$?(生 2 个,板书 2 个 $\frac{1}{3}$)

师:2 个 $\frac{1}{3}$ 就是 $\frac{2}{3}$。

师:仔细观察整幅图里有几个 $\frac{1}{3}$?(生:3 个)

师:你又想到了哪个分数?(生:$\frac{2}{3}$)

师:$\frac{3}{3}$ 里有几个 $\frac{1}{3}$?3 个 $\frac{1}{3}$ 就是 $\frac{3}{3}$?(板书:$\frac{3}{3}$)

师小结过渡:认识了 $\frac{1}{2}$ 和 $\frac{1}{3}$,$\frac{2}{3}$,$\frac{3}{3}$ 你还想认识几分之几?(生自由发言)像这样的分数还有许多。同学们想不想自己也创造一个分数?利用手中学具分一分、涂一涂表示出你心目中的分数,好吗?

【设计意图:结合直观图,重点抓学生对三分之一意义的理解,在明确每份都是整个图形的三分之一的基础上,通过猜一猜、想一想,利用正迁移引导学生发现几分之几,结合直观图在数一数中明确几分之几和几分之一的关系,突显分数单位,为后续学习奠定基础】

(二)组织学生活动创造分数

学生明确要求,用手中的学具,动手分一分、涂一涂,用阴影表示出相应的分数。操作完成后将作品贴到黑板上与同学交流。

教师行间巡视。

(三)收集学生创造的分数,组织展示交流

汇报1:学生汇报$\frac{1}{2}$、$\frac{1}{3}$等认识的分数

师:这幅图涂色部分所表示的分数,同学们熟悉吗?($\frac{1}{2}$、$\frac{1}{3}$)

整理收集,将材料贴在黑板上,

师:让我们一起真观察,比较看看又有哪些新的收获。

汇报2:研究不同材料的$\frac{1}{4}$

1. 师找出$\frac{1}{4}$图:这位同学创造的阴影部分是整体的几分之几?(生$\frac{1}{4}$,板书$\frac{1}{4}$)

师:谁来结合这幅图说说$\frac{1}{4}$表示什么意思?

2. 师:还有哪幅图也能表示,请一位小老师到前面找一找?

生:将长方形、正方形、圆形中表示四分之一的图归类

3. 师引导质疑:面对这三幅图都表示$\frac{1}{4}$,你有什么疑问?

预设生:为什么形状不相同,涂色部分都是整个图形的$\frac{1}{4}$呢?

师评价:真会思考,提的问题很有价值。(学生小组讨论)

预设生:都是平均分成四份,涂色部分都占一份

师评价:也就是平均分的份数不变,表示的一份也不变。

提问:平均分的份数不变,表示的一份也不变哪,那么谁变了?

预设:要分的图形变了。

小结:看来不管整体图形怎么变,(板书:变)只要都是平均分成四份,涂色部分都是四份中的一份不变,(板书:不变)这样就可以用$\frac{1}{4}$来表示。

评价:同学们真的很会思考,在观察比较中我们正是抓住了变与不变进行思考,使我们对新朋友$\frac{1}{4}$的认识更加深入了。

【设计意图:在这一环节中,从不同学具表示相同分数入手进行观察和比较,引导学生在变与不变中思考,建立不管整体图形怎么变,只要都是平均分成四份,涂色部分都是四份中的一份不变,分数就不变。】

4. 认识四分之几的分数

师:这幅图也是平均分成4份,阴影部分用哪个分数表示?

师:这个 $\frac{2}{4}$ 里有几个 $\frac{1}{4}$? 2 个 $\frac{1}{4}$ 就是 $\frac{2}{4}$?

师:说说你还能想到四分之几?

汇报3:认识其他分数

1. 认识八分之几的分数

师:这幅图阴影部分用哪个分数表示?(板书 $\frac{1}{8}$)结合图说说 $\frac{1}{8}$ 表示的意思?

预设:学生创造 $\frac{3}{8}$

师:这幅图阴影部分用哪个分数表示?(板书 $\frac{3}{8}$)

师:这个 $\frac{3}{8}$ 里有几个 $\frac{1}{8}$? 3 个 $\frac{1}{8}$ 就是多少?

师追问:你还能想到几分之几?

2. 认识十六分之几的分数

师:这幅图阴影部分用哪个分数表示?(板书 $\frac{1}{16}$)结合图说说 $\frac{1}{16}$ 表示的意思?

预设:学生创造 $\frac{3}{16}$

师:这幅图阴影部分用哪个分数表示?(板书 $\frac{3}{16}$)

师:这个 $\frac{3}{16}$ 里有几个 $\frac{1}{16}$? 3 个 $\frac{1}{16}$ 就是多少?

师追问:你还能想到几分之几?

汇报4:教师搜集同一图形,表示的分数不一样

师引导质疑:

这3个圆形朋友很不服气,让我们把他们请到屏幕上,来听听他们说了些什么?

师:我们都是圆形,阴影部分都是一份,为什么表示的分数不一样?

预设:平均分的份数不一样,分数不一样。

师小结:我们要分的圆形不变,表示的一份也不变,可是平均分的分数变了,所以表示的分数也就跟着变了。

师:我们选用的圆形都是一样的,仔细观察每一份涂色部分,你又有什么新的发现?(预设:分的份数越多,一份越少)

【设计意图:在这一环节中,从相同学具表示不同分数入手进行观察和比较,引导学生在变与不变中思考,体会图形、表示一份相同,平均分的份数不同分数也不同。】

汇报5:教师搜集同一图形,表示的分数不一样

师:出示图片

师:阴影占这部分的几分之几?($\frac{1}{2}$)

阴影占这部分的几分之几?($\frac{1}{4}$)

阴影占这部分的几分之几?($\frac{1}{8}$)

师:阴影不变,为什么一会儿是二分之一、一会儿又是四分之一、一会儿又是八分之一?

师小结:你们对分数的认识越来越深刻了。

【设计意图:在这一环节中,引导学生从同一份不变,整体的份数变化,分数也不相同,深入认识分数。】

三、介绍分数名称及数学文化

1. 揭示:像 $\frac{1}{2}$、$\frac{1}{3}$、$\frac{1}{4}$……这样的数都是分数。

2. 介绍分数发展史

(1)同学们,今天我们认识新朋友分数的过程与古人认识分数的过程极为相似,(课件演示)在古代,人们在分或量时经常出现结果不是整数的情况。于是,渐渐就产生了分数。

(2)最早埃及人这样表示分数,在我国很早就有了分数,最初用算筹表示。后来,印度人发明了数字,用和我国相似的方法表示分数。再后来,阿拉伯人发明了分数线,也就把分数表示成现在这样了。

【设计意图:教师借助多媒体教学手段向学生介绍分数的由来,适时渗透了数学文化思想,可以了解数学的历史,丰富知识。】

四、应用新知,分层巩固

师:接下来我们进行智力大闯关

第一关:读一读,连一连

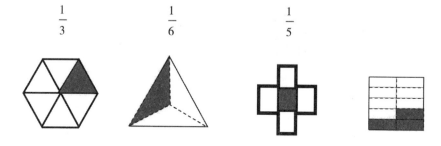

师:第四幅图,涂色部分占整体的几分之几吗?

第二关:分一分,比一比

懒洋洋分蛋糕情景,进行 $\frac{1}{4}$、$\frac{3}{4}$ 的分数大小

第三关:比眼力,猜一猜

活动设计:

1. 分 3 次向量筒内倒入有颜色的水,每次让学生猜一猜有颜色的水占整个量筒的几分之几?

2. 结合 3 次倒水的过程,配合课件进行 $\frac{1}{4}$、$\frac{1}{3}$、$\frac{1}{2}$ 的大小比较

五、全课总结,梳理评学

师:通过今天的学习,你有什么收获?

板书设计:

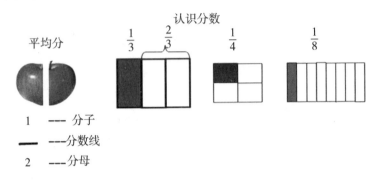

教学反思

1. 动手实践、自主探索、合作交流是学生学习数学的重要方式。教学中,我为学生提供了充分的动手实践机会,通过分一分、涂一涂表示一个自己喜欢的一个分数的数学活动,让学生在动手、动脑、动口的过程中,体会分数的具体含义,突出学生的主体地位,发挥教师的主导作用。在交流、整理、分类的过程中,通过数与图形的对应加深学生对分数的认识,形成分数概念。

2. 突显分数单位概念,迁移、渗透几分之几与几分之一的关系,为后续学习奠定基础。教学中运用大量的直观图引导学生认识几分之一,形成表象。在建立几分之一概念的基础上,通过数一数,猜一猜,运用正迁移引出几分之几,借助直观图理解几分之一与几分之几的关系,为后续的分数运算奠定基础。

3. 展示交流中通过三次观察比较,深化对分数的认识,积累运用变与不变观察比较的数学活动经验。第一次不同学具表示相同分数;第二次相同学具表示不同分数;第三次相同的一份表示不同分数。学生在观察比较中运用变与不变进行思考,深化学生对分数概念的认识。

4. 借助生活经验在活动中感悟分数的大小。第一次运用分数表示分的蛋糕的结果,借助生活经验比较同分母分数的大小比较。第二次借助量筒倒水,估一估水占量筒的几分之几,培养数感,借助生活经验,进行同分子分数比较大小。

专家点评

《义务教育数学课程标准(2011 年版)》指出:"教学应该以学生的认知发展水平和已有经验为基础,面向全体学生,注重启发式和因材施教,为学生提供充分的数学活动的机会,体验知识的形成过程,感悟数学思想方法的重要意义。"本节课张老师从学生的生活经验和已有知识入手,采用击掌,画图等不同的形式表示每次分苹果的结果。在活动中使学生懂得"为什么要学习分数",变"要我学"为"我要学",激发学生学习的主动性。

1. 遵循学生认知规律,找准"最近发展区"

分数对于学生来说是全新的,如何将这一全新的知识内化为学生自身的知识,找准学生学习的"最近发展区"是重要的,它是促使学生从"实际发展水平"向"潜在发展水平"的桥梁,学生的思维从已知世界自然而然滑向未知领域。数学学习是学生在已有知识经验基础上的一种自主建构过程。教学时,张老师注重从学生的这一数学现实出发,从学生熟悉的"一半"入手,明确一半是怎么分的,从而引入用一个新的数来表示所有事物的"一半"。创设具体分苹果情境,以此激发学生的知识体验,促进他们有效地开展建构活动。

学生借助已有的经验,运用画直观图、抽象图、文字表述、数字表述等多种形式进行表示。在交流比较中引出,前面分得的结果是整数可以用2、1 这样的数表示,在数学上可以用分数二分之一表示半个。使学生在活动中感受到数学知识源于生活,感知分数产生的必要性,自然地将学生对数域的认识进行拓展。

2. 设计丰富探究活动,凸显学生主体地位

《课程标准》指出:动手实践、自主探索、合作交流是学生学习数学的重要方式。教学中,张老师设计了丰富的探究活动,安排了多次创造分数的过程,通过分一分、涂一涂表示自己喜欢的一个分数的数学活动,体会分数的具体含义。教师充分利用错误资源分析,一则强化平均分,二则引出不同分数。让学生在动脑、动口的过程中,体会分数的含义,突出学生的主体地位,发挥教师的主导作用。在交流、整理、分类的过程中,通过数与图形的对应加深学生对分数的认识,形成分数概念。整堂课,学生参与热情高涨,通过分一分、折一折、涂一涂、想一想、说一说等数学活动,深刻体验了分数的形成过程,理解了分数的含义,把创新精神和实践能力的培养,落实到了数学课堂教学的各个具体环节中。

3. 强化几何直观教学,感悟数学思想方法

在"有形"的数学知识中,必定蕴含着"无形"的数学思想方法。数学知识是一条明线,写在教材里;数学思想方法是一条暗线,体现在知识与技能的形成过程中。

本节课自始至终在借助几何直观理解分数的意义。首先是用直观图、示意图等方式表示二分之一,初步感知分数;其次是借助直观学具创造分数,了解分数表示的意义;最后借助直观图感受分数大小比较及"变与不变"思想。学生借助"实物直观——图像直观——抽象概括"的过程,经历了"不同图形表示相同分数""相同图形表示不同分数""相同部分表示不同分数"三次直观操作,深入感悟到变与不变的思想,加深了对分数的认识。

4. 经历知识形成过程,积累数学活动经验

史宁中教授曾说过:"世界上有很多东西是不可传递的,只能靠亲身经历。智慧并不完全依赖知识的多少,而依赖知识的运用、依赖经验,教师只能让学生在实际操作中磨炼。"同样,荷兰的数学教育家弗赖登塔尔也曾经这样说过:"数学学习是一种活动,这种活动与游泳、骑自行车一样,不经过亲身体验,仅仅从看书本、听讲解、观察他人的演示是学不会的"。因此,数学教学中显得更重要的是过程的教学,有效的数学课堂教学要求教师要留出充分的时间与空间,结合具体的教学内容让学生在数学学习活动中去"经历过程",在"做"数学中体验数学,感悟数学,积累数学活动经验。

本节课张老师为学生创设主动参与学习活动平台,提供丰富的探究材料。学生经历了分数产生的整个过程,理解了分数的意义,能够运用分数的知识解决实际问题。借助数形结合,初步感知分数,迁移渗透分数大小比较,发展数感。经历直观外化、观察比较、展示交流,积累数学学习活动经验的过程。

打破学科壁垒 彰显数学价值

——《杠杆中的反比例》教学设计

执教者 密云区第六小学 王化伦
指导者 密云区教师研修学院 王海军

指导思想与理论依据

2011 版《课标》中指出:通过义务教育阶段的数学学习,学生能体会数学知识之间、数学与其他学科之间、数学与生活之间的联系,运用数学的思维方式进行思考,增强发现和提出问题的能力、分析和解决问题的能力。

同时,课标中也明确了"综合与实践"内容设置的目的,在于培养学生综合运用有关的知识与方法解决实际问题,培养学生的问题意识、应用意识和创新意识,积累学生的活动经验,提高学生解决现实问题的能力。

教学背景分析

一、教学内容

针对反比例这一知识,我们查阅了多个版本的教材,其中苏教版教材,研究反比例的素材是总价一定时,单价和数量之间的关系,人教版教材研究的是体积一定,底面积和高之间的关系,而北师大版和北京版教材研究的是面积一定,长和宽之间的关系。

从中我们不难发现,这么多个版本的教材,无论是例题,还是相关的练习题,在进行反比例教学时,研究的素材一般都是数学范畴内常见的数量关系。

因此,我不禁产生了这样一个疑问:"难道反比例的教学只能局限在数学这一学科范畴之内吗?难道数学学科的壁垒不可以突破吗?"

二、学生情况

带着对教学内容这样一个疑问,我对学生情况进行了一个简单的调研。

(1)你能举例说说什么是反比例吗?

可想而知,因为受教材的影响,学生举的例子100%集中在常见的数量关系上。

(2)杠杆有什么作用?

学生基本回答都是撬动重物。

面对这样的调研结果,更加坚定了我们进行学科整合的决心,我们要打通学科之间的壁垒。

三、教学方式

本节课的教学中,以"自主探究、合作交流"为主要学习方式,充分重视学生合作精神、探究精神的培养,提高学生发现问题、提出问题、解决问题的能力。

四、教学手段

教学中,利用科学课中的教学仪器,引导学生通过小组合作、充分探究,研讨交流等一系列活动,应用数学的思想方法,解决现实问题。

五、技术准备

多媒体课件、铁架台、杠杆尺、两盒(20个)钩码、一瓶水、实验记录条。

教学目标

【知识技能】学生在小组合作、实验探究、解决问题的过程中明确杠杆尺中蕴含的"左边个数×左边距离=右边个数×右边距离"这一反比例关系。

【数学思考】在实验数据的收集、整理的过程中,让学生感受到数形结合、思考有序、变与不变的函数思想。

【问题解决】在杠杆尺的操作过程中,培养学生动手操作能力以及成员之间的协作能力,在实验数据的处理中培养学生观察、概括能力。

【情感态度】在小组合作中感受到合作、互助、分享的益处,在了解杆秤的历史中,激发学生的民族自豪感,在问题的解决过程中,感受数学的价值。

教学重点

理解杠杆尺中蕴含的反比例关系,并灵活应用这一关系解决简单的实际问题。

教学难点

灵活应用杠杆中的反比例关系解决简单的实际问题。

教学流程

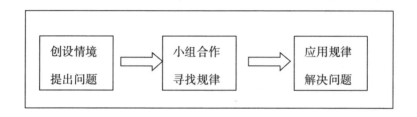

教学过程

一、问题引入

我们每个小组都有一瓶水,请每位小组长掂一掂,好,轻轻地放在桌上,估计一下,这瓶水有多少克?

【在掂一掂的过程中培养学生估测的意识】

要想知道每瓶水的准确质量,可以怎么办?(预设:用天平、电子秤等工具称一称)

可惜,大家所说的这些工具现在都没有,那这个问题还能解决吗?

有的同学想到了杠杆尺这些工具,大家觉得行吗?(预设:如果学生没有想到利用杠杆尺等工具进行测算,教师可以说"我们可以利用杠杆尺测算出这瓶水的质量,大家相信吗?")

【为学生提出了一个富有挑战性的问题】

如果想让杠杆尺有更多的功能,就需要我们对它有更深入地了解,看看这里面隐藏着哪些知识可以帮助我们。下面就让我们一起来研究研究它吧。

二、探究规律

1. 教师引导,初步探索

(1)如果我们将 3 个钩码,挂在杠杆尺左边 4 厘米的地方,要想杠杆尺保持平衡,我们右边可以怎么办呢?

预设学生:我们可以在杠杆尺的右侧4厘米的位置也悬挂3个钩码。

按照你的方法来试一试。教师协助该生完成实验。

【教师和学生配合进行试验,目的在于为学生起到一个示范作用,便于学生小组合作实验时顺利操作】

(2)现在杠杆尺已经平衡了,此时我们发现:杠杆尺的左边4厘米的位置悬挂了3个钩码,这位同学在杠杆尺的右边4厘米的位置也悬挂了3个钩码,此时,用我们的数学眼光观察,发现左右所挂钩码的个数和所挂的位置是对称的。

2. 学生实验,自主探究

(1)当左边不变的情况下,除了这种方法之外,我们还可以怎么办呢?

请几位学生猜测:右边挂 m 个,挂在 n 厘米的位置。

(2)在这些同学的发言中,我们发现他们都考虑到了哪几个问题?

学生归纳:需要考虑右边悬挂钩码的个数,以及悬挂的位置。

【让学生明确研究的目的】

(3)下面就请同学们带着思考来进行试验,试验前请大家看好要求:(课件出示要求)

A. 操作之前,请大家先分好工,两个人左、右保护,一个人悬挂钩码,另一个人负责记录。记录条(1):

左边个数	左边距离(厘米)	右边个数	右边距离(厘米)
3	4		

B. 一边操作一边思考,右边悬挂的钩码数,还有悬挂的距离与左边有什么关系?

C. 在规定的时间内,看哪个组的方法多。

(4)学生实验,教师巡视,提供帮助、适时点拨、搜集数据。

【学生在操作的过程中体验到合作的意义,感受到动手操作的乐趣,同时在操作中意识到钩码质量重了,距离就要近,钩码质量轻了,距离就要远,体会到反比

例变化的特点。】

3. 处理数据,深入探究

(1)收集数据,全班共享

同学们在实验过程中各个小组分别记录一些数据,如果我们将每个小组的数据都汇集在一起的话,可能会更大限度地发挥这些数据的价值。下面我们将大家的数据收集在一起,(板书:收集数据)

哪个组的同学愿意将自己的数据和大家分享一下?(一个小组将记录条展示在投影上)

预设评价:在这么短的时间内,这个小组就得到了这么多的数据,显然这个小组特别会合作,效率非常高;而且他们愿意将自己研究的成果和大家分享,这是一种无私的精神,同时这位同学表述得非常清楚,让我们掌声对他们组以及这位同学表示感谢。

除了这个小组为大家提供的这些数据之外,其他小组还有不同的情况吗?(教师将数据及时补充在学生的表格中)

预设:如果出现 5 个钩码,厘米数不是整数时,问,我先不把这组数据记录下来,你知道为什么吗?(学生:因为在杠杆尺上的刻度精确到厘米,而这个组的数据却是小数,他们的数值是估计的,可能不准确。)

教师:我们先研究大家都认可的数据,有意见的数据我们先暂时搁置,好吗?(将数据板书在黑板的某个位置)

(2)整理数据,体验有序

我们在收集数据的时候是随机汇报的,看起来有什么感觉?

左边个数	左边距离(厘米)	右边个数	右边距离(厘米)
3	4	1	12
		4	3
		12	1
		6	2
		3	4
		2	6

学生:看起来有些凌乱。

既然如此,我们可以怎么办?

为了便于观察,我们可以对这些数据进行适当的整理(教师板书:整理)。

大家觉得我们可以怎样整理这些数据呢?(以一个数量为标准,按照从小到大的顺序排列。)

左边个数	左边距离(厘米)	右边个数	右边距离(厘米)
		1	12
		2	6
		3	4
3	4	4	3
		6	2
		12	1

(3)分析数据,概括规律

这样整理后,更有利于我们观察、分析数据(板书:分析)请大家观察表中数据,你有什么发现呢?

学生观察数据后汇报:(学生可能发现的规律)

A. 右边钩码个数逐渐扩大,而右边的距离逐渐在缩小;

适时举例:当个数从1变成了2扩大了2倍,而距离则从12变成了6,缩小了2倍。

B. 右边钩码个数与右边的距离的乘积始终是12,是不变的。

右边个数与右边距离的乘积为什么不变呢? 这和谁有关呢?

因为左边个数与左边距离的乘积就是12,右边的乘积和左边是相等的。即左边钩码个数与距离的乘积和右边钩码个数与距离的乘积相等;(板书:左边个数 × 左边距离 = 右边个数 × 右边距离)

刚才,有的同学从上往下观察,发现了右边个数和右边距离变化的特点,而有的同学从左往右观察发现了乘积不变的特点,可谓是"横看成岭侧成峰呀!"我们观察的角度不一样,就会得到不同的结论,谁能将两个发现合起来说一说呢?

我们发现个数逐渐扩大,距离逐渐缩小,而它们的乘积始终不变,这一变化特点让你想到了什么呢?

看来,在杠杆中还蕴含着反比例的知识呢。(板书课题:杠杆中的反比例)

既然它们具有反比例的关系,那么如果我们用图像来表示这种关系的话,会是什么样子呢? 课件出示图像:

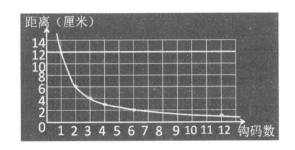

介绍横轴表示个数,纵轴表示距离,当个数越来越多,距离就越来越近;当个数越来越少,距离就越来越远。

【在这一环节中,让学生经历了收集数据、整理数据、分析数据的过程,从这个完整的过程中发现杠杆中的反比例关系。同时引入了反比例的图像,通过这种数形结合的形式,让学生更加直观地感受到反比例的变化特点。】

三、应用规律解决问题

下面我们就应用(板书:应用)杠杆中的这一反比例关系来解决几个小问题。

1. 解决实验中学生出现的问题

在刚才的实验中,我们把 3 个钩码挂在左边 4 厘米的位置,为了使杠杆尺保持平衡,我们有的组在右边悬挂了 5 个钩码,现在大家想一想,这 5 个钩码应该悬挂在几厘米的位置呢?

师:通过计算,我们就可以知道钩码悬挂的准确位置了,从而避免了因为估计造成的可能出现的不准确的现象。

2. 解决杠杆尺中悬挂钩码的问题

如果将 4 个钩码挂在 6 厘米的位置,右边可以怎样挂?

学生说两组数据,老师说右边钩码个数,学生抢答距离。

问:你为什么说得这么快呀?(乘积只要是 24 就行)

师:看来,同学们在解决这个问题时,紧紧地抓住了乘积不变这一反比例的本质特点。

3. 解决"一瓶水的质量是多少"的问题

(1)看来同学们对杠杆尺上的反比例已经很熟悉了,那么,请大家想一想,我们能否运用这一反比例的关系,借助杠杆尺这一工具,测算出这瓶水的质量呢?

你打算怎么办?

预设:将水瓶悬挂在杠杆尺的左侧,右侧悬挂一些钩码,使杠杆尺保持平衡,然后利用反比例的关系计算出这瓶水的质量。

（2）请同学们按照自己的想法试一试。学生操作并计算结果。

记录条（3）：

钩码质量（克）	钩码距离（厘米）	物体质量（克）	物体距离（厘米）

汇报测算第一类矿泉水的过程和方法。

钩码质量（克）	钩码距离（厘米）	物体质量（克）	物体距离（厘米）
400	10	400	10

我们组将水平悬挂在右边 10 厘米位置，左边 10 厘米的位置悬挂了 8 个钩码，质量是 400 克，经过计算：$400 \times 10 \div 10 = 400$（克）。

谁有不同的方法？展示如下方法：

钩码质量（克）	钩码距离（厘米）	物体质量（克）	物体距离（厘米）
200	20	400	10

比较一下两种方法，你发现了什么？（第二种方法与第一种方法比较，发现：钩码质量缩小了两倍，钩码的距离就扩大了两倍）

如果钩码悬挂在 5 厘米的位置，钩码质量应该是多少克呢？

简单汇报第二类矿泉水的测算过程。

【当学生发现规律之后，及时应用规律解决课前提到的问题，让学生感受到数学的价值，并享受到探究的成果。】

（3）介绍杆秤。

随着我们对杠杆尺的深入了解，杠杆尺的功能也越来越多，此时，它就有了杆秤的功能。对于杆秤，这里有一些相关的小知识，大家看，这就是杆秤。

读了这段介绍，你有什么感想？（我们中国历史悠久，中国人特别聪明！）

【在此对学生进行教育，让学生感受到中国是一个历史悠久的国家，中国人民是有智慧的。】

我们古代的中国人就能应用杠杆中的反比例的知识制作了杆秤，作为我们现代的小学生，敢不敢接受挑战？

4. 解决杠杆尺不平衡的问题。

请大家看屏幕，（300 克的水挂在左边 10 厘米的位置，右边在 6 厘米的位置挂 10 个钩码）

现在杠杆尺保持平衡吗？怎么能用数学的方法说明此时杠杆尺是平衡状态？（板书：$300 \times 10 = 500 \times 6$）

如果我们把 300 克的水从 10 厘米的位置移动到 5 厘米的位置,（课件演示）要想使杠杆尺保持平衡,你有哪些方法呢？

（1）缩短右边距离：$300 \times 5 = 500 \times 3$

评价：他发现左边距离缩小了,马上就想到了右边的距离也要缩小,思维真敏捷。

那么右边的距离变成多少？为什么？怎样说明他的这种方法是正确的呢？

（2）减少钩码质量：$300 \times 5 = 250 \times 6$

评价：左边发生变化的是距离,而这位同学调整的却是右边的质量,他的思维具有很强的变通性。

（3）增加水的质量：$600 \times 5 = 500 \times 6$

评价：别人都觉得左边已经发生变化了,为了公平,也应该变化右边了吧,但是这位同学却另辟蹊径,想到了增加水的质量,真有想法。

解决这个问题,同学们能从不同的角度去思考可真了不起！虽然我们从不同角度解决了这个问题,但是都利用了反比例这一知识,而且每种方法都变化了其中一个量,我们还有其他办法吗？（渗透：可以变化其中的两个数量、三个数量）

可见,只要我们紧紧抓住反比例的关系,这个问题可以有很多种解决的方法！

【这样一个问题可以让学生熟练地应用反比例关系解决一些问题,同时可以引导学生从多角度解决问题,发散学生的思维。】

四、谈谈这节课的感受

同学们,上了这节与众不同的数学课,有什么感受和收获？

你对数学又有了哪些新的认识呢？

五、总结

今天,我们在杠杆尺上发现了数学中的反比例的现象,并用这一知识解决了一瓶水的质量是多少的问题。实际上,在我们的学习、生活中,处处都有数学,正如我国伟大的数学家华罗庚所说："宇宙之大,粒子之微,火箭之速,化工之巧,地球之变,生物之谜,日用之繁,无处不用数学",数学是一切自然科学的基础,只要我们善于观察、勇于探索,我们的收获将更多！

【让学生对数学有一个新的认识,新的感悟。】

板书设计

杠杆中的反比例

左边个数 × 左边距离 = 右边个数 × 右边距离

X	X	X	X
X	X	X	X
X	X	X	X

教学反思

《杠杆中的反比例》这篇教学设计,属于数学"综合与实践"这一范畴,是学生学习了反比例这一数学知识后,与科学课进行整合的一节数学活动课,旨在借助科学课中的杠杆这一工具及相关知识,引导学生通过动手实验、处理数据、归纳概括出反比例现象,进而利用这一发现解决一些简单的实际问题,在这一活动过程中,让学生得到更多的体验与收获:

1. 以问题解决为活动课的主线索

课一开始,教师就让学生通过"掂一掂"这一活动,估计一瓶水的质量是多少,学生估计的答案可谓是五花八门,此时,教师提出了一个问题:"在没有天平、杆秤等测量质量的工具时,我们要想知道一瓶水的质量是多少,大家有什么好办法吗?"这个问题对于学生来说是极具挑战性的,而正是因为这样一个具有挑战性的问题,极大程度地激发了学生进一步探究的欲望,致使学生全身心地投入到动手实验、处理数据、归纳规律等一系列数学活动中,最终找到了解决问题的方法。可以说,一个大的问题贯穿整节课,使课堂教学脉络清晰,学生在解决问题的过程中体验到了数学的价值。

2. 在动手实验中体会合作的意义

当学生带着自己的目的开始进行实验时,发现这个实验还真的不容易完成,既要在左边悬挂钩码,又要在右边悬挂钩码,悬挂之后,还要调整右边的距离或者钩码的个数,而且稍有不慎,就会出现杠杆尺失衡的情况,从而出现前功尽弃的局面,甚至会出现钩码坠落的危险,即使千辛万苦找到了平衡,还要记录数据,这些操作如果是一个人完成的话,困难是不言而喻的。因此,教学中教师采用小组合作的形式。在操作之前,先让组长分好工,然后再进行实验,这样的安排,我们会发现,在课堂上,每个小组都在有条不紊地进行着实验,细心的女同学悬挂钩码,并慢慢地调整着距离,男同学则在两边专心致志地伸着胳膊,用自己有力的小手抵挡着杠杆尺,杠杆尺稍有倾斜,就会被他们拦住,避免了危险的发生,而记录的同学一边出谋划策,一边迅速地记录着相关数据,课堂上时常会发出成功的欢笑声。在较短的时间内,每个小组都获得了多组成功的数据,当每个组的学生代表将自己小组的数据和大家分享时,组员们的脸上都洋溢着幸福、成功的微笑,因为这是他们合作的结晶,而这些成果将为接下来的研究工作奠定坚实的基础。在这样的操作中,学生体验到了合作的价值,这种体验,对学生今后的工作、生活,势必会产生良好的作用。

3. 体验数据的价值

学生经过实验后,每个组都各自收集了一些数据,如果仅仅从本组的一些数据中就发现规律,一是相当困难,二是发现的规律未必具有可信度,因为我们知道,要想发现规律,必须有足够的数据才可以。因此,教师说:"要想我们各组的数据具有更大的价值,需要我们将数据收集在一起。"在收集数据时,我们发现,因为同学实验时选择的钩码数是随机的,我们选择汇报的小组也是随机的,因此会出现收集在一起的数据是凌乱的,在学生观察的基础上,自然而然地产生"整理数据"的需求,从而感受到对数据进行整理的必要性,在整理的过程中,也渗透了数学讲究"有序"的特点,在整理的基础上,引导学生观察、分析数据,学生在观察、分析数据时,会出现因人而异的情况,即有的同学从上向下观察,会发现右边个数与右边距离变化的特点,有的同学从左向右观察,会发现乘积不变的特点,正因为观察角度的不同而得到了"变与不变"的不同规律,使学生在感悟到其中蕴含的反比例的知识的同时,也感受到了数学的奥妙。在这一环节中,教师紧紧抓住实验中的数据做文章,让学生经历了收集数据——整理数据——分析数据的过程,在这一过程中,学生感受到了集体的力量、分享的乐趣、数据的价值、数学的美!

4. 在活动中时刻感受数学因素

应该说,本节课从知识角度来看,主要是反比例的巩固、深化及应用。而我们借助科学课中的杠杆尺,在组织学生进行活动、解决问题的过程中,还有很多地方蕴含着数学中的一些因素:比如在问题引入阶段,教师先让同学掂一掂,估计一下一瓶水的质量是多少?这里就渗透了"估测"的意识,在估测的基础上,提出"要想知道这瓶水的准确质量应该怎么办"的问题,过渡显得特别自然;再如,在初步探索阶段,教师引出问题"当在左边 4 厘米的位置悬挂 3 个钩码,要想杠杆尺保持平衡,右边应该怎么办?"当学生提出自己的想法,并操作成功后,教师引导学生从数学的角度观察,学生发现此时杠杆尺左右呈现出一种"对称"的状态,进而引发学生思考,对称时可以使杠杆尺保持平衡外,那么在不对称的情况下,还有什么办法呢? 自然而然地将学生的思维引向深入;还有,当学生发现了杠杆尺中的反比例关系后,教师出示了反比例的图像,这种"数与形结合"的形式,不仅使学生加深了对两个变化的量的直观感受,而且体验到了数学的奇妙之处。从这些小的地方可以看出,数学的因素渗透在每一个角角落落,只要我们做一个有心人,养成用数学的眼光去发现的习惯,我们每一个学生的数学素养都会得到提升。

5. 育人是教学的重要职责

在本节课的教学中,教师除了对学生的知识、能力进行培养之外,还特别注重了对学生非智力因素的培养,比如实验过程中的合作意识、数据收集时的分享意识、解决问题时成功与否的实事求是的精神等,还有教师适时地引出杆秤的资料,让学生在阅读资料的基础上谈感受,学生体会到:中国的历史特别悠久,古代的中国人民特别有智慧,作为中国未来的建设者和接班人,应该发奋图强等等。在学生心中树立了传承中国优秀的文化,为把我国建设得更加富强而努力奋斗的决心。这样的情怀,比学生学习到更多的数学知识更有意义!

6. 实践能力与思维能力全方位发展

在这样的综合实践活动中,教师注重了实践能力与思维能力的全方位培养。学生在小组合作实验过程中,在利用规律测算一瓶水的质量时,都经历了动手实践的过程;在对实验数据的收集、整理、分析时,在解决"如何重新让杠杆尺恢复平衡"这一问题时,学生经历了观察、分析、归纳、计算、多角度思考等等的思维过程。在这些手、脑、口多感官参与教学活动的过程中,学生的实践能力和思维能力都得到了发展,学生的综合素养得到了提升。

专家点评

《杠杆中的反比例》这篇教学设计,属于数学中的"综合与实践"的范畴。本节课的教学是以数学学科为依据,注重数学学科与其他学科、数学与生活之间的整体联系,它以问题为中心,以活动为主要形式,以综合性学习内容和综合性的学习方式促进学生的综合性的发展,初步形成探索问题和解决问题的能力。这种新的学习形式,目的是提供发展学生综合实践能力的机会,发展其创新意识与实践能力,是学生核心素养提升的保证。

1. 以问题为引领的综合实践活动

这篇教学设计紧紧抓住"如何利用杠杆尺测算出一瓶水的质量是多少"这一主要问题开展探究互动。为了完成这一任务,学生首先明确这样一个观点:要想让杠杆尺具有杆称的功能,就必须对杠杆尺有更多的了解。因此,为了实现这样一个目标,学生以小组合作的方式,通过动手实验、收集数据、分析数据、讨论交流、归纳概括等一系列有意义的活动,从而发现了杠杆尺中蕴含的反比例关系。在此基础上,孩子们自觉应用自己的新发现,借助杠杆尺这一工具、利用其中蕴含的反比例关系,最终测算出了一瓶水的质量。应该说,正是因为教师设计了"如何利用杠杆尺测算出一瓶水的质量是多少"这样一个富有挑战性的核心问题,学生才能够兴趣盎然地进行一系列的探究活动,在这个问题解决的过程中,学生在感受数学价值的同时,综合实践能力也得到了培养和提升。

2. 在综合实践活动中全方位提升学生的综合素养

本节课既然属于"综合与实践"的领域,那么一节课的教学活动就应该有利于学生综合素养的提升。从教学设计中我们不难看出以下一些方面的体现:

(1)直观感悟反比例的变化特点:学生借助科学仪器——杠杆尺、钩码,研究"当在杠杆尺左边3厘米的位置悬挂4个钩码的时候,右边怎样悬挂钩码就可以使杠杆尺保持平衡"这个问题,学生在操作过程中,初步感受到"钩码数少,右边距离就要长,钩码个数多,右边距离就要短"这一变化特点,这比数学课上的数据观察更具直观性。

(2)亲身体验合作的意义:学生在操作时,发现这个实验如果独自完成的话还真有一定的困难,既要在左边悬挂钩码,又要在右边悬挂钩码,悬挂之后,还要调整右边的距离或者钩码的个数,而且稍有不慎,就会出现杠杆尺失衡的情况,从而出现前功尽弃的局面,甚至会出现钩码坠落的危险,即使千辛万苦找到了平衡,还要记录数据,这些操作如果是一个人完成的话,困难是不言而喻的。因此,教学中,教师采用了小组合作的形式,在操作之前,先让组长分好工,然后再进行实验,这样的安排,我们不难想象,在课堂上,每个小组的实验一定是有条不紊的,细心的同学悬挂钩码,并慢慢地调整着距离,有的同学则在两边专心致志地伸着胳膊,用自己有力的小手保护着杠杆尺,杠杆尺稍有倾斜,就会被他们拦住,避免了危险的发生,而记录的同学一边出谋划策,一边迅速地记录着相关数据,在这样的操作中,学生体验到了合作的价值,这种体验,对学生今后的工作、生活,势必会产生良好的作用。

(3)在分享中体验劳动的价值:在40分钟的课堂上,虽然我们尽力为学生提供充足的时间进行探究活动,但是大多数小组却只能得到两至三组实验数据,甚至有的小组只能得到一组数据,很显然,当我们面对较少数据进行观察的时候,很难得到一些规律性的东西。当学生面对这样的问题时,自然提出将全班的数据进行汇总,大家分享劳动成果。这种分享的意识悄悄地植根于学生内心。

应该说,《杠杆中的反比例》是一节比较好的数学综合实践活动的教学设计,因为它是基于儿童的原有认知和原有经验的,它是有一个好的问题作为引领的,它是能够体现数学学科价值的。

本节课教学设计荣获 2016 年北京市教学设计一等奖

一节终生难忘的数学课

——《铁链长度》教学设计

执教者　密云区季庄小学　谢　超
指导者　密云区教师研修学院　王海军

指导思想与理论依据

2011 版《课标》课程目标中提出:在过去双基的基础上,增加了基本思想和基本活动经验。同时,也提出以下课程基本理念,通过数学学习,学生能获得适应社会生活和进一步发展所必需的数学的基本知识、基本技能、基本思想和基本活动经验。教师要引导学生独立思考、主动探究、合作交流,体会和运用数学思想方法,获得数学活动经验。数学活动经验的积累是提高学生数学素养的重要标志。

教学背景分析

一、教学内容

《铁链长度》是北京出版社义务教育教科书六年级上册的内容,隶属综合与实践领域。而本节课,重在以问题为载体,掌握解决问题的策略,提高解决问题的能力;帮助学生积累数学活动经验和数学思想方法。

二、学生情况

1. 知识基础:学生已经完成圆和圆环两部分内容的学习。

2. 能力基础:学生已经具备相关能力、经验,如四年级问题与思考,五年级剪纸中的数学问题等。

三、教学方式

本节课采用自主探究、合作交流的教学方式。

四、教学手段

信息技术、教具辅助教学。

五、技术准备

多媒体课件、白版题纸、记号笔。

教学目标

一、知识技能

在画一画、议一议的活动中，能够借助几何直观寻找问题呈现的规律。

二、数学思考

经历观察和分析的过程，发展学生的推理能力并进行清晰表达。

三、问题解决

通过数学活动，获得观察、分析、推理、归纳，以及借助几何直观解决问题的能力；培养独立探究和合作交流的学习意识。

四、情感与态度

在数学学习中体验获得成功的乐趣，养成独立思考、合作交流的学习习惯。

教学重、难点

确定解决铁链长度的研究方法，在小组合作、探究过程中，经历化繁为简、发现规律、解决问题的过程，并积累学习活动经验。

教学过程

一、情境导入

（一）长征 80 周年

师：同学们，今年是长征胜利 80 周年。长征路上，留下了伟大的长征精神；也留下了一段段让人震撼的瞬间。

课件出示：长征胜利 80 周年；飞夺泸定桥

师：飞夺泸定桥，打开了红军长征的通道；谱写了世界史上的战争奇迹。

师：上个月我们学校组织了校外实践活动，名字就叫"飞夺泸定桥"。

课件出示：学生拓展照片

【设计意图】渗透红色教育,体现学科育人。

(二)发现、提出问题

师:如果让你们和这位同学比赛,大家最关心的数学问题是什么呢?

师板书:铁链长度

【设计意图】引出本节课题。

二、新授

(一)感知、猜想

1. 感知 1 个铁环

师:工作人员提供了这样一条信息。

课件出示:每条铁链都是由 100 个铁环连接而成

师:要想知道这 100 个铁环连成铁链有多长?我们得先来认识一下这独立的铁环。

课件出示:铁环信息

师:你获取到了哪些数学信息?(外面 10,里面 8。)

课件出示:外直径:10 厘米;内直径:8 厘米

师:还能知道什么?

课件出示:环宽 1 厘米演示过程

【设计意图】深入感知一个铁环的结构,为后续研究铁链长度做好铺垫。

2. 三猜铁链长度

(1)一猜最长

师:结合上面的信息,猜想一下,这条铁链拉直后,最长不会超过多少厘米?怎么想的?

课件出示：平摆过程

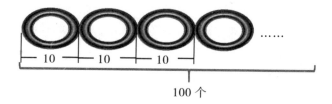

师板书：长度 <1000cm

（2）二猜最短

师：那最短不会少于多少厘米？（800）

师：去掉两侧的环宽，就看它的内直径，一共 100 个 8。

师板书：800cm；800cm < 长度 < 1000cm

（3）三猜接近谁

师：同学们，800，1000，你觉得更接近谁？

【设计意图】借助已有数学信息，培养学生的数感。

（二）探究规律，归纳总结

1. 化繁为简

师：到底多长？再来回顾这个问题，100 个铁环，研究起来你有什么感受？

【设计意图】初步感知这一复杂数学问题，激发学生化繁为简的需求。

2. 从 2 个铁环引出四种方法

（1）相切时

课件出示：2 个铁环

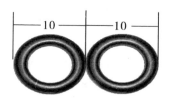

师：注意看，第二个铁环来了（相切），现在形成铁链了吗？此时的长度？

（2）相交时

师:继续看,现在是铁链了吗? 此时的长度呢?

(3)相扣时

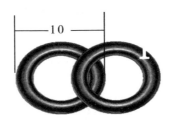

师:再看,铁链中的两个铁环是这样环套环的。它的长度呢?

①第一种方法:2 个外直径相加,再减去 1 个环扣;

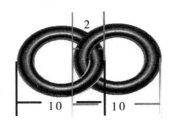

算式:$10 \times 2 - 2 = 18$

师提示:刚刚 19 厘米那会,是两个环宽重叠,现在呢?

追问:10×2 表示?

2 表示?

为什么要减 2?

②第二种方法:第一个环的外直径,加上 8 厘米;

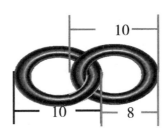

算式:$10 + 8 = 18$

师提示:2 个铁环形成的铁链,跟 1 个铁环比,增加的部分是?

师追问:10 是第一个铁环的外直径,8 指的是哪?

③第三种方法:两个内直径 $8 + 8$,再加上两端环宽 2 厘米。

算式:8 + 8 + 2

师提示:观察 2 个内直径,你有什么发现?

追问:这里的 2 个 8 表示?

2 在哪? 表示?

④第四种方法:从环扣中间切开,两边都是 9 厘米;

算式:9 + 9 = 18

师提示:如果要从环扣的中间切开,会怎样呢?

追问:第一个 9 指的是哪? 第二个呢?

师:整体回顾一下这几种方法,请看大屏幕。

课件出示:4 种方法

①第一种方法:2 个外直径 − 1 个环扣;

②第二种方法:第一个铁环外直径 + 8;

③第三种方法:两个内环直径 + 2;

④第四种方法:环扣中间切开,分成两部分 9 + 9。

【设计意图】重点研究两个铁环长度的 4 种计算方法,为后续研究铁链长度提供方法支持。

(三)自主探究 100 个铁环的长度

师:两个铁环研究完了。请看黑板。(贴大题纸)

师:后面我们要进行小组学习,要求如下。

①首先,小组内快速从 4 种方法中选一种,把算式写在第一行(师示范 9 + 9),字要大,同时,像大屏幕这样,用笔画一画,标一标数据,便于理解;

②然后,继续用你们选的这种方法,试着研究 3 个、4 个;

③结合标注和算式,看看有什么发现。

④最后尝试解决 100 个铁环的长度。

有序汇报:

1. 第一种方法:10 × 100 - 2 × 99(小组展示)

师提问:两个铁环有几个扣? 三个铁环几个扣? 四个铁环几个扣? 100 个铁环呢? 200 个呢? 你觉得环扣的个数跟铁环的个数有怎样的关系?

如果是 n 个铁环,会有多少个环扣呢?

我们一起来看,谁能写出 n 个铁环的计算方法?

2. 第二种方法:10 + 8 × 99(小组展示)

师提问:100 个铁环,怎么 99 个 8 呢?

如果是 200 个铁环,会有几个 8cm 呢? n 个铁环呢?

请看大屏幕,我们可以给这种方法起名叫 1 个 10 和(n - 1)个 8!

谁能写出 n 个铁环的计算方法?

3. 第三种方法:8 × 100 + 2(小组直接问:谁看懂我们的方法了? 让下面学生说)

这种规律两端都是 2cm,中间都是 8cm,如果是 n 个铁环会有几个 8cm 呢?

这种方法可以叫 n 个 8 与两个环宽,n 个铁环的计算方法怎么写呢?

4. 第四种方法(小组不上去,师直接问,谁看懂他们组的方法了。)

提问:他所写的两个 9cm 在铁链的哪? 8cm 在铁链的哪?

你觉得 8 厘米的个数跟铁环的总个数差几呢?

如果有 n 个铁环,会有几个 8cm 呢?

请看大屏幕:我们可以把这种方法叫 2 个 9 和(n - 2)个 8。

n 个铁环的计算方法怎么写呢?

【设计意图】充分体现学生学习的主体地位,把学生请上讲台,把黑板交给学生,让学生在生生交流中感受新知。

(四)验证、提升

1. 验证结论:同学们用的方法不同,计算出铁链的长度都是 802 厘米,在我们的猜想范围之内。可见大家的猜想是非常科学的!

2. 你喜欢哪种方法,说说理由。

3. 总结规律,回顾方法

师:静静回顾一下,这节课我们是怎样解决铁链长度这个问题的。谁来说说?

师板书:化繁为简 发现规律 解决问题

师:就像同学们说的,我们一起看大屏幕,我们把100个铁环相连的复杂问题化繁为简。通过对1个、2个、3个、4个铁环相连的图形进行观察、分析,发现了联系,并将这样的联系进行推理,最终归纳出了规律,从而利用规律解决了问题。

三、拓展

1. 毕达哥拉斯

师:著名的数学家毕达哥拉斯说过:重要的不是我们知道什么,而是我们怎么知道什么。理解吗?过程很重要!

【设计意图】借助名家名言,感知过程、方法的重要性。

2. 日后学习的帮助

师:你觉得今天的学习,对你以后解决复杂问题有什么帮助?

3. 拓展其他领域

师:希望同学们能把探索铁链这个问题中所经历的数学思想应用到更多的领域中。

举例:摆小棒问题　图形递增问题　曲线累加问题　桌椅问题

板书设计:

铁链长度

化繁为简　　发现规律　　解决问题　　800cm < 长度 < 1000cm

学生作品

教学反思

本节课的教学特色主要有以下三点:

1. 践行"儿童观",实现学科育人

"教书育人,立德树人"是教育的根本任务。在本节课的教学过程中,特别注重对教学的育人功能,努力实现从学科教学,到学科教育,再到学科育人的转变。课堂伊始,结合长征胜利80周年渗透爱国教育。在课堂学习过程中,注重培养学生合作、分享的意识。

爱和尊重是吴老师"儿童观"的核心,吴老师常说要"眼里有学生,心中有学生"。本节课上,我也在努力践行着吴老师的"儿童观"。课堂上特别关注对学生的全方面激励、评价,以及与学生的沟通、互动。通过课后学生的访谈和日记,我也感受到了学生在这点上对老师的认可。

2. 搭建平台,实现教与学方式的转变

本节课,从前期设计到具体实施过程中,教师努力做到勇敢的退,将时间、空间、讲台、黑板、展示权、话语权还给学生,在教学过程中,顺学而导。

结合学生的发言、汇报,教师再适时的跟进,关注师生互动、生生互动,以及丰富汇报的形式。努力实现教师角色的和谐切换,教学方式的融合。

3. 创设活动,积累数学活动经验和思想方法

本节课,无论是灵活使用教材,还是精心设计题纸,乃至教学活动的安排,都是为了帮助学生更好地积累数学活动经验和数学思想方法。在学生整个学习活动过程中,也达到了预期的目标。

专家点评

东北师范大学教授史宁中曾说过:"我们必须清楚,世界上有很多东西是不可传递的,只能靠亲身经历。智慧并不完全依赖知识的多少,而依赖知识的运用、依赖经验,教师只能让学生在实际操作中磨炼。"数学教学更重要的是过程的教学,有效的数学课堂教学要给出充分的时间与空间,结合具体内容让学生在数学学习活动中去"经历过程",在"做"数学中体验数学,感悟数学,积累数学基本活动经验。

数学活动经验的积累是提高学生数学素养的重要标志。帮助学生积累数学活动经验是数学教学的重要目标,是学生不断经历、体验各种数学活动过程的结果。

1. 创设生活情境,激发学生研究热情

《铁链长度》是北京出版社义务教育教科书六年级上册的内容,隶属综合与实践领域。教师在开课的导入环节,借助长征胜利 80 周年的历史背景,结合学校开展的校外实践活动——飞夺泸定桥,自然引出"铁链长度"这一数学问题。

结合一个铁环内直径 8 厘米,外直径 10 厘米,环宽 1 厘米,学生借助几何直观和空间想象,完成猜想,"100 个铁环形成的铁链长度大于 800 厘米,小于 1000 厘米。"

伴随着生活中的真实情境,和学生的深入推理,激起了学生进一步探究的欲望与热情。

2. 精心设计学习活动,让学生亲历探究过程

面对"100 个铁环形成的铁链长度"这一复杂问题,学生提出可以化繁为简,先从简单的情况研究起。在初步感知 2 个铁环形成铁链的动态过程后,学生分别

提出了计算其长度的四种不同方法。

随后，教师组织学生进行小组学习，并为每个小组提供一张加大版的题纸。学生选择一种组内喜欢的方法，在题纸上批画、列式，研究 3 个、4 个铁环形成铁链的长度；并且通过观察、讨论，发现规律，尝试解决 100 个铁环形成铁链的长度问题。

教师将时间尽可能多的还给学生，将选择权还给学生，真正让学生利用合作探究，亲历研究的全过程。

3. 丰富汇报形式，将展示权、发言权还给学生

学生完成小组探究后，教师把学生请上讲台，进行一一展示。

第一组和第二组学生走上讲台，都采取每人负责讲解一部分的形式，做到人人参与。随后，讲解小组与台下的同学进行生生互动，补充、质疑、提升、概括，最终总结出对应的规律。

第三组同学走上讲台后，展示小组进行提问："哪位同学看懂我们组的方法了？"台下同学进行解读、阐述，再由讲解小祖进行补充、概括，总结规律。

第四组的研究成果，教师采取直接展示，请其他同学进行解读、补充、提升、概括，进而总结出规律。

四种不同的解题方法，展现了解决问题的多样化，彰显了学生的思维水平与自信表达；三种不同的展示形式，极大地开阔了学生学习的参与面，真正实现了让更多的学生参与进来。

问题解决后，再一次回顾最初的推理，进行验证，学生又一次获得了充分的肯定。

4. 强化过程，拓展延伸

在回顾课堂学习的全过程后，教师出示了毕达哥拉斯说过的一句话，"重要的不是我们知道什么，而是我们怎么知道什么。"进一步强化学生积累活动经验的重要性。

为了进一步提升学生的应用意识，随后，教师又出示了摆小棒问题、图形递增问题、曲线累加问题和桌椅问题，留作学生课下思考。

2011 版《数学课程标准》中总目标由"双基"变为四基，第四部分"实施建议"中谈及"感悟数学基本思想，积累数学活动经验"。数学活动经验需要在"做"的过程和"思考"的过程中积淀，在数学学习活动过程中逐步积累。

"综合与实践"让学生走进生活,感悟数学

——《设计制作包装盒》教学设计

执教者　密云区河南寨镇中心小学　赵志国
指导者　密云区北庄镇中心小学　宋怀海

指导思想和理论依据

1.《数学课程标准(2011 年版)》中指出:"综合与实践"是一类以问题为载体、以学生自主参与为主的学习活动。在学习活动中,学生将综合运用"数与代数""图形与几何""统计与概率"等知识和方法解决问题。"综合与实践"内容设置的目的在于培养学生综合运用有关的知识与方法解决实际问题,培养学生的问题意识、应用意识和创新意识,积累学生的活动经验,提高学生解决现实问题的能力。本节课中把培养学生的学习能力,探究能力,合作学习能力放在首位。激发孩子动手动脑的热情,培养他们分析问题找到解决问题的方法和再去实验的勇气。本课具有连续性:本次教学任务完成后,下次任务是与信息教师,美术教师合作,完成对包装盒的美化。体现了"综合"特点,不仅是数学内部各分支之间的综合,而且突出了数学与其他学科,数学与日常生活实际的综合。

2. 数学"综合与实践"设置,是主体教育思想和建构主义认知理论发展的结果,也是探究式学习在数学教学中的体现。本节课中,重视学生动手实践、自主探索与合作交流等学习方式。给学生充分的时间进行合作,探索,思考,培养他们分析问题找到解决问题的方法和再去实验的勇气。

教学背景分析

一、主要内容设计

数学与生活紧密相连,而数学中的综合实践活动课更对孩子的动手能力,观察能力和问题的分析、解决能力等方面的培养具有极大的促进作用。综合实践活动是数学课程标准四大板块之一。我校开设的"数学与生活"综合实践活动课是一种新型学习活动。学生针对问题情境,综合所学的知识和生活经验,独立思考或与他人合作,经历发现和提出问题、分析和解决问题的全过程,感悟数学各部分内容之间、数学与生活实际之间、数学与其他学科之间的联系,从而解决生活中的问题。一次数学实践活动课对于学生来说就是一次"微科研"的体验。

二、学生情况

学生在五年级时学习了长正方体的知识,有了知识基础。长方体包装盒学生经常见到和用到,这个情境是学生熟悉的。制作过程中需要学生高度参与,去动手操作实践。在各个环节中都蕴含了丰富的数学知识。基于以上考虑,六年级第一次数学实践活动课我就选择了《设计制作包装盒》这一内容。

通过这次活动的开展让学生感受所学知识的使用价值。将数学知识"长方体展开图"与现实生活中如何制成长方体产品包装盒这一问题联系起来,使学生感受到许多生活中的问题就是来自数学,让学生初步认识到了他们所学的知识有学以致用的机会。

三、教学目标设计

这节课上,我把培养学生的学习能力,探究能力,合作学习能力放在首位。在现有知识的基础上解决一个实际问题要求学生有一定的生活经验,考虑问题要更多的结合实际生活。所以小组合作中,哪个小组对问题考虑的越多越周全,哪个小组的活动就进行的越丰富多彩,研究就越丰富。

激发孩子动手动脑的热情,培养他们分析问题找到解决问题的方法和再去实验的勇气。从长方体展开到还原过程有两大难点,长方体展开图的平面模型设计以及数据的转化处理。学生们的实验极有可能失败。面对这些失败,要给学生留足思考和弥补空间。让学生明白自己在哪里出现问题,是什么原因造成的,如何修改? 并在后面的实验中取得成功。完成的包装盒有实用价值吗? 是否有浪费材料的现象? 让他们明白成功与失败的相对性。没有哪个人能随随便便成功,我们要做的是激发孩子动手动脑的热情,让孩子在动手动脑过程中发现生活中的美,培养他们分析问题找到解决问题的方法和再去实验的勇气。

本课程具有连续性:本次教学任务完成后,下次任务是与信息教师,美术教师合作,完成对包装盒的美化。如果美化效果好,考虑在以后的活动中用上孩子自己设计的包装盒或包装袋。

四、教学资源与实践条件设计

包装盒在我们的日常生活中随处可见,我们也会经常用到它。学生很容易就可以找到不同种类和样式的包装盒。学生进行设计时,可以有充足的包装盒给他们作为研究,学生可以进行多次的拆解和还原,很方便他们进行研究。

教学目标

【知识技能】利用立体图形的平面展开图制作包装纸盒。

【数学思考】通过问题的解决使学生进一步理解立体图形和相应平面图形之间的转化关系。

【问题解决】通过包装纸盒的制作,使学生掌握制作长方体纸盒的一般方法,能够独立制作出相关的包装盒。

【情感态度】培养学生观察、实验、分析、判断、归纳和概括的能力,空间想象力、综合应用知识的能力和语言表达能力、审美能力,渗透空间图形和平面图形之间的相互联系,相互转化的数学思想,培养学生的实践意识、创新精神和团队合作的精神,发展学生的个性品质和特长。

教学重点

如何把立体图形转化为平面图形,制作包装纸盒。

教学难点

如何把立体图形转化为平面图形。

方法:观察、讨论、动手制作。

材料:厚(硬)纸板、直尺、裁纸刀、剪刀、胶水、彩笔等。

准备:收集一些长方体形状的包装盒,如墨水瓶盒、粉笔盒、饼干盒、牛奶包装盒、牙膏盒等。

教学过程

一、课前展示，引入课题

教师：同学们，今天我们班课前展示的同学给大家带来了许多精美的包装盒。想看吗？请xxx给大家做课前展示

1. 课前展示：

2. 小组内欣赏包装盒

师：你们也带来了很多包装盒，小组内咱们也来欣赏一下吧。

3. 教师小结，引入课题

这些包装盒既美观又实用（美观，实用）你们想不想也来设计制作精美实用的包装盒？今天，我们就一起来设计制作包装盒？

板书课题：设计制作包装盒

二、创设情境，明确任务

同学们请看，这是什么？（儿童故事书；小人书，也叫连环画）。这是学校为同学们准备的新年礼物。可是，还没有给这套书设计包装盒。你们愿意给它设计一个包装盒吗？

三、思考，讨论，制定初步方案

1. 要为这一套六本书设计一个包装盒（袋），我们要考虑哪些问题？

大家小组内讨论一下：

（教师倾听学生的小组讨论）

预设：1. 要知道书的尺寸（单本书：长14厘米，宽10.3厘米，高0.6厘米）

2. 如何摆放这六本书（1 说出自己这样摆放的理由，2 要考虑所给纸张的大小）

3. 制成哪种样子的包装盒（袋）？（包装盒有很多种类，类型）

4. 全班汇报

各小组汇报自己小组考虑的问题，其他人认真倾听，进行评价（两方面：1 好的地方，2 建议）

教师有选择板书：测量　摆放　样子

5. 小组内制定自己方案（制定何种包装盒），和明确小组分工

听了同学们的帮助，点评。考虑一下你们的方案合适吗？可以调整一下。

明确小组分工

四、设计制作包装盒

过渡:我们每个小组都制定好了自己的方案,并明确了小组分工。下面我们进入制作环节了。

1. 合作过程中,有什么要提示大家格外注意的吗?

温馨提示:制作过程中,要用到剪刀等有一定危险物品,我们要把剪刀把手部位递给同学。

2. 小组内设计完成包装盒:小组活动完成后,自己完成综合实践活动个人记录表

可以观察或打开自己带的包装盒,观察,研究

教师巡视:记录学生完成情况

3. 学生分小组汇报

教师根据学生完成情况,让学生按次序汇报。

4. 设计中,一定不是一帆风顺的,你们遇到哪些问题,是如何解决的? 结合自己的个人评价表,说说自己在小组合作中的感受? 你有什么感受? 有什么想说的?

指名说一说

教师有选择板书:团结　能力　潜力

师:看来这次活动大家都有很多话要说。就记录下来。

5. 学生完成感受体会的撰写

交流学生感受

板书设计:

设计制作包装盒(袋)

美观	测量	分工
实用	摆放	合作
	样子	全面

教学反思

1. 教学效果分析

我校的数学综合实践课每学期每班安排两次,每次120分钟。学生第一次上这种类型的实践活动课,内容的选择贴近他们的生活,学生感到很新鲜,兴趣非常高。探究活动中,由于采用了小组合作和动手实验的组织形式,学生的参与积极

性较高,探究过程开展得基本顺利。实践活动中,学生根据老师提供情境,全班六个小组都完成了自己的设计,每个小组都有自己独特的思考和实践。有的小组设计了六个面的长方体包装盒,并且为这个包装盒设计了配套的手提袋。有的小组根据生活中火柴盒的实例,设计了抽拉式的包装盒。有的小组设计了带盖的包装盒并且根据实际需要对容易磨损部分进行加固,为了方便拿上盖,在上盖处设计了方形和半圆形开口,还有的小组考虑到为了方便看书目,设计了五个面的长方体包装盒。在接下来说感受和写感受环节,学生更是体会到合作,团结,遇到困难不放弃,更是感受到了数学和我们生活的紧密联系,感受到学好数学是有用的,学习数学就要会用数学知识解决实践中的问题。通过本次数学实践活动,学生的合作意识得到增强、动手能力得到提升。对探究问题的基本过程和方法有了一定的认识。

2. 研究与分析

数学综合实践活动课选取的内容应和学生的生活息息相关。数学综合实践活动课的内容可以很好地让学生去感受数学是探索现实世界的有效工具,去体会数学知识在现实生活中的作用。在设计制作包装盒这一课,就是让学生去切身体会生活中用他们所学的数学知识能解决什么现实问题,学习这些知识的意义何在。是一节以提高学生数学素养为最终目的的实践课。

这节数学实践活动课学生分组探究活动中,教师重视了让小组分工明确,并有意识让不同水平学生在各组中合理分布。但是,没有进行深层次的考虑。于是出现了有的小组活动更多是优等生的展示舞台,学困生是配角,甚至个别学生在一段时间内有无事干的情况。仔细思考这个问题,其实还是考虑不深入的问题。分组时要考虑学生的能力,兴趣,性别,背景等因素。应遵循"组内异质,组间同质"原则,保证每个小组在相似的水平上展开合作学习。这样每个组学生的水平相似,水平高的小组会有更多更新的想法。而水平较低的小组同学也是在积极的想办法来探索,而不是等最好的同学把困难问题解决。教师也可以在巡视的时候对水平较低的小组给予有针对性的指导,提高课堂效率。

学生在设计制作包装盒过程中会遇到丰富的数学知识。自己在设计过程中,也意识到了。如画平面图时,考虑到了正方体的平面展开图有 11 种,长方体的展开图有 9 种。学生在画手提袋展开图时生活中手提袋袋子底部折痕的地方需要画成等腰三角形,在知道底的情况下如何找到高,画出来。里面又有垂直的问题。设计中如何省纸,有的地方为什么要重叠一层? 这些都是很好的探索问题。但是如何在实践活动课上体现出来,自己没有思考过。经过王老师的指点,知道了还可以设计成第一课时研究正方体展开图,第二课时求生活中实物纸箱的面积,第三课时设计制作包装盒形式。这样空间就会做大。

再教设计,可以这样设计:课前展示:欣赏生活中的包装盒——研究正方体平面展开图、拓展长方体展开图(1 演示立体平面之间转化,2 动手实践剪几刀能成一个完整平面图,3 操作总结展开图 11 种形式,4 讨论:展开图中,什么变了,什么没变)——根据情境,设计制作包装盒——计算自己设计包装盒表面积——学生谈自己的感受和收获,教师总结。

将数学知识与现实生活紧密地联系起来放飞课堂,首先要体现儿童的自主性。数学课堂活动化,数学知识、思想和方法必须由学生在现实的数学活动中理解和发展。让学生学会合作,学会交流,学会做人,感受自身的劳动价值,收获成功。让学生体会到自己学的是"有用的数学""生活中的数学"。

课例评析

《义务教育数学课程标准(2011 年版)》在小学数学教学中设置了"数与代数""图形与几何""统计与概率""综合与实践"四部分内容。其中"综合与实践"活动是以问题为载体,以学生自主参与为主的学习活动。让学生在解决问题的过程中,经历发现问题、提出问题,经历把实际问题转化成数学问题,经历设计解决问题的方案,以及团队合作的去解决问题等,在这样的实践活动中,学生能综合运用知识方法解决问题,学会科学合理的设计解决问题的流程,学会与人合作交流、克服困难……综合实践是积累数学活动经验、培养学生问题解决能力的重要载体。本节课归纳起来有以下几方面特点:

1. 以问题为导向,凸显学习价值。

本节课创设了为"儿童故事书"设计包装盒的真实生活情境,大大激发了学生解决问题的积极性。在探究过程中,学生经历了发现问题、提出问题、转化问题、设计方案、解决问题的全过程,进一步培养学生的问题意识、应用意识和创新意识,积累学生的活动经验,提高学生解决问题的能力,积累数学活动经验。在解决问题过程中,学生设计了抽拉式等包装盒,还根据生活经验进行了创新设计。在这个过程中学生感受到了数学和我们生活的紧密联系,感受到学好数学的重要意义。

2. 注重动手操作,体现实践特性。

"综合与实践"活动重在"解决真问题""真解决问题",这就要求对于问题的解决不能仅仅停留在口头上、纸面上,必须要落到实处,真正动手解决问题。本节课学生利用剪刀、胶水、纸板等工具、材料经历了做包装盒的全过程,经历了解决问题、发现新问题、解决新问题的过程,整个过程学生间既分工明确,又通力协作,学生的动手操作能力、互助合作能力得到了全面提升。

3. 灵活运用知识,体现综合特性。

学生在解决包装盒问题的过程中,不仅综合运用了数学内部各领域的知识,即:长方体的展开图、表面积……还要用到信息、美术等其他相关学科的相关知识;不仅用到知识还用到学生的生活经验、解决问题的各种方法和工具,以及与人交往的沟通、协作等各方面的能力。突出了数学内部知识之间的综合、数学与其他学科的综合、数学与日常生活实际的综合,真正体现了"综合与实践"的综合特性。

本节课真正体现了学生的主体地位,教师只是在学生遇到问题时适时进入、点拨。学生综合运用了各学科、各领域的知识、经验、能力,真正体验了制作包装盒的全过程,积累了丰富的活动经验,提升了学生的数学核心素养。

本课例荣获 2016 年北京市小学数学综合实践征集评选一等奖

自主探索、合作交流

——《灯笼包装中的数学问题》教学设计

执教者 密云区第四小学 郑凤华
指导者 密云区北庄镇中心小学 宋怀海

指导思想与理论依据

苏联教育实践家和教育理论家苏霍姆林斯基说:"在人的心灵深处,都有一种根深蒂固的需要,那就是希望自己是一名探索者、发现者、研究者。在儿童的精神世界中,这种需求表现尤其强烈。"①确实是这样,数学课程标准也明确提出"动手实践、自主探索、合作交流"是新课程倡导的学习方式。

基于以上认识,我认为学生的探索过程,实际上是对知识的提炼和升华,是对新知识的再加工,再创造。学生的思维正是在探索知识的过程中,在感性认识上升到理性认识的过程中,在"迷惑不解"到"豁然开朗"的过程中获得发展的。这也是培养学生创新精神和实践能力的有效途径。所以本教学设计,力求体现以学生发展为本的教育理念,体现教师有效而又有深度的教学引领,建构有序、有层的课堂教学结构,让学生经历探索的全过程。让学生真正意义上去享受好吃而又有营养的数学,养成积极主动的思维习惯和思维品质,提升学生参与数学探究的热情,体验成功的愉悦。

---

① 《给教师的建议》,教育科学出版社 1984 年版,第 58 页。

教学背景分析

一、教学内容

学校开展了有关灯笼的项目学习,同学们都在制作灯笼,制作灯笼就需要包装纸。5 年级第二学期学生已经学习了求长方体、正方体表面积的有关知识,能够解决灯笼包装中的一些数学问题。

二、学生情况：

1. 5 年级第二学期学生已经学习了求长方体、正方体表面积的有关知识,能够解决灯笼包装中的一些数学问题。

2. 学生虽然没有学过圆柱侧面积,但通过小组合作交流解决圆柱形灯笼的表面积问题并不难。

3. 学生学习的兴趣(访谈):对灯笼的表面积的探索学习很感兴趣,积极性很高。

三、教学方式

本节课采用自主探究、合作交流的教学方式。

四、教学手段

观察、操作、讨论、争辩、交流、总结、欣赏。

五、技术准备

多媒体课件,各种半成品灯笼。

六、教学资源与实践条件设计：

学校开展了有关灯笼的项目学习,学生都在制作灯笼,手中都有灯笼的半成品。

教学目标

【知识技能】

在家庭、社会生活中学习实际操作、与人交往等各种知识与技能;

【数学思考】

用数学的语言表达思维过程,养成独立思考和探究问题的意识和习惯。

【问题解决】

1. 经历调查、分析、实践、总结、反思的过程,学会思考问题和有效解决问题的方法。

2. 用数学的思维思考问题和提出问题,综合运用数学知识解决简单的实际问题,体验解决问题方法的多样性,发展创新意识。

【情感态度】在教学过程中,体会探索知识的乐趣、激发学生的学习兴趣、增强对数学的好奇心和探究欲。

教学重点

灵活运用所学知识,求各种灯笼的表面积。

教学难点

灵活运用所学知识解决实际问题。

教学流程

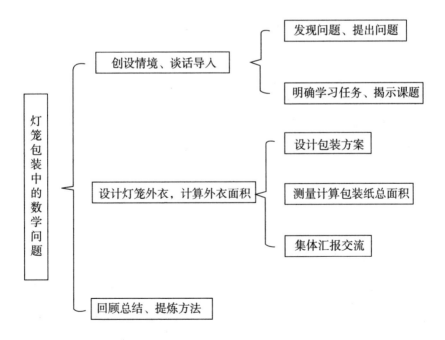

教学过程

课前谈话:包装中的问题。

一、创设情境、谈话导入

最近学校开展了有关灯笼的项目学习,同学们都在制作灯笼,老师搜集了几张灯笼的图片,让我们一起来欣赏一下。(课件)

漂亮吗? 为什么会这么漂亮?

看看我们手中的灯笼只是个半成品,需要我们给它进行一下包装,穿上华丽的外衣。如果要给它包装,需要考虑哪些问题呢?

这么多的问题,哪个是和我们数学密切相关的呢?

生:用包装纸的面积是多少?

师:××同学提出了问题。板书:提出问题

今天我们就当一次小小设计师,利用学过的数学知识给灯笼进行包装,研究灯笼包装中的数学问题。(板书课题)

【设计意图:调动学生学习的积极性,激起学生求知欲望,揭示课题】

二、设计灯笼外衣,计算外衣面积

师:既然提出问题,我们就要解决问题。板书:解决问题

下面我们以小组为单位进行研究。研究提示:

1. 以小组为单位设计一种或多种包装方案。

2. 量出所需数据,并计算包装纸总面积大约是多少?

研究时别忘记填写报告单,注意小组分工。

灯笼包装中的数学问题
1. 我们准备包装灯笼的:
2. 我们测量了:
3. 总面积是多少? (列式计算)

【设计意图:充分放手给孩子一个独立思考、合作交流的空间,充分发挥学生的主体地位。】

师:谁来说说你们的包装方案?

学生汇报。(预设)

生1:长方体,我们打算把5个面都包起来,底面不包,我们测量了它的长=,宽=,高=,先求出一个长方形面的面积再乘4,最后加上上面。面积是……

同学们,对我们的包装方案你有什么问题或更好的建议吗?

师:这个灯笼是个特殊的长方体,这4个面的面积一样,看来他们对长方体求表面积的方法也非常熟练。

生2:正方体,我们打算把6个面都包起来,我们先量出棱长求出一个面的面积,再乘6。面积是……

师:他们利用了求正方体表面积的计算方法对不对?那你觉得他们的设计怎么样?

生3:小球,我们把这18个小正方形给穿上外衣,量出边长,求出一个面的面积乘18就可以了。面积是……

同学们,对我们的包装方案你有什么问题或更好的建议吗?

生4:茶叶罐,我们打算把曲面都包起来,上下面不包。我们用一张长方形纸把它围起来,算出这张纸的面积是……

师:这是个圆柱,曲面的面积就是侧面积,虽然6年级才学圆柱,但他们遇到问题有方法、有策略,把它转化成了学过的长方形,我觉得他们特别会学习。掌声鼓励。

生5:我们打算把每个长方形条都包起来,共14条,总面积是……

师:听完他们的介绍你有什么想说的吗?(也可以把它拉直想成一个圆柱再求,和刚才的茶叶罐差不多,还可以把它压平就是两个一样的长方形)

多聪明的孩子呀!这样不好求,换个角度去思考,豁然开朗。

生6:大球,它有12个组合图形,求出一个组合图形乘12。总面积是……

追问:你是怎样求出这一个组合图形的面积的?

对他们的设计你有什么好的建议吗?

师:这个灯笼可以说是小巧玲珑,但求它外衣的面积可以说是困难重重,看看他们是用什么样的方法解决的呢?

生7:纸杯,我们打算把曲面都包起来,上下面不包。我们用一个同样的纸杯,把它的曲面展开发现它很像梯形,我们量出上底、下底、高,算出它的面积大约是……

师:这个小灯笼量不得量,围不得围。他们有解决问题的策略,找一个同样的展开,发现很像梯形,利用求不规则图形面积的方法求出外衣,太了不起了,我觉得此处应该有掌声送给他们。

【设计意图:用数学的思维思考问题和解决问题,灵活运用数学知识解决简单的实际问题,体验解决问题方法的多样性,发展创新意识。】

三、回顾总结、提炼方法

同学们,短短的 40 分钟即将结束,通过今天的学习,你有什么收获呀或感受呀? 我们是不是应该回顾一下呀! 板书:回顾反思

小组内互相交流。生汇报。

我们一起来回忆一下,我们给灯笼进行包装,先提出问题,然后以小组为单位解决这个问题,最后反思点滴收获。这对我们今后的学习会有很大帮助。

值得我欣慰的是,我们的学生在遇到困难时,能够找到解决问题的有效策略,这种方法不行,立即换种思路,有时换种思路会豁然开朗。希望同学们无论是在学习中还是生活中,都要灵活运用我们的知识和经验。

四、板书设计

灯笼包装中的数学问题

提出问题——→解决问题——→回顾反思

教学反思

这是一节非常成功的综合实践课,课前学生亲自制作灯笼,体验制作过程,课上通过学生提出问题(制作灯笼需要多少包装纸),然后灵活运用所学知识解决问题。学生在这节课真切体验到生活中到处都有数学知识,体验到学习数学的价值。这节综合实践课是以问题为载体、以学生自主参与为主的学习活动。通过问题让学生把学习的数学整合起来,在解决问题过程中体会学习数学的价值。

课例评析

"综合与实践"是以问题为载体、以学生自主参与为主的学习活动。在学习活动中,学生综合运用各领域知识和方法解决问题。"综合与实践"目的在于培养学生的问题意识、应用意识和创新意识,积累学生的活动经验,提高学生解决现实问

题的能力。本节课主要体现以下三方面的特点：

1. 注重自主参与，凸显主体地位。

实践活动中，学生根据"研究任务单"分组研究，自主设计灯笼包装的形状，测量相关数据，计算灯笼面积。在设计包装方案中，学生的创新思维得到了全面释放，设计了长方体、正方体、圆柱等不同形状的包装方案，学生的主体地位得到充分体现，教师只在学生遇到困难时适时给予指导、帮助。

2. 经历解题过程，积累活动经验。

史宁中教授曾说过："世界上有很多东西是不可传递的，只能靠亲身经历。智慧并不完全依赖知识的多少，而依赖知识的运用、依赖经验，教师只能让学生在实际操作中磨炼。""综合与实践"活动非常重视学生对解决问题全过程的经历，让学生在数学活动中去"经历过程"，在"做"数学中体验数学，感悟数学，积累数学活动经验，让学生真正意义上去享受好吃而又有营养的数学。本节课学生经历了设计包装方案、测量相应数据、计算灯笼面积的全过程，在解决问题过程中积累活动经验。

3. 注重整合实践，提升核心素养。

"综合与实践"活动有两个重要的特征，一是综合性，在活动过程中，学生综合运用各领域知识、方法、经验以及与人交往的沟通、协作等各方面的能力；一是过程性，主要体现在学生要有足够的时间和空间，经历观察、实验、猜测、计算、推理、验证等活动过程，也就是学生必须经历思维活动的过程。本节课学生经历了综合运用知识解决问题过程，经历了测量、计算、验证等活动，感悟数学思想，提升核心素养。

本节课学生真切体验到数学与生活的密切联系，在解决问题过程中体会学习数学的价值。活动中，学生的主体地位体现明显，能够综合运用各领域的知识、经验、方法体验灯笼包装中的数学问题，积累了丰富的活动经验，提升了学生的数学核心素养。

本节课在 2016 年全国高师数学教育研究会第 13 届优质课评选中获二等奖；

本节课获 2016 年北京市数学综合实践课例一等奖

第二部分 02

| 读书体会 |

做淡雅含蓄的智慧教师

——读《吴正宪的儿童数学教育——真心与儿童做朋友》有感

密云区第二小学　李鹏超

　　怀着对吴老师无限的崇敬之情,我拜读了吴老师的《吴正宪的儿童数学教育——真心与儿童做朋友》这本书,这是我用心阅读过的吴老师的第二本书,读后感慨颇深。

　　数学在许多人眼中是枯燥无味,是难懂的。可是,在吴老师的眼中,在她的学生眼中,数学却如同一个五彩缤纷的乐园,处处充满着美,数学是一门有意思的、蕴涵智慧的学科。但是数学的智慧是隐含的智慧,是不会自发地起作用的,这就需要教师和学生一起努力地挖掘它——而吴老师就是这数学智慧的一位挖掘者,是一位用自己的一生,用自己的学习、实践、思考去启迪数学智慧的人。数学在吴老师的课堂中显示出了智慧,学生在吴老师的课堂中充满了好奇与探索的欲望,体会到的不是学数学的枯燥而是无限的乐趣。作为一名年轻教师,我怀着十分崇拜的心情在解读吴老师的过程中,同样感受到了吴老师淡雅与含蓄的智慧之美。

　　过去的教学更多注重的是教师"教"的过程,而忽视了学生"学"的过程。课堂上要么是"教师演示,学生观察",要么是学生在老师的指令下演示操作,忽视了学生主体性的发挥。让学生学会学习正是改变学生被动接受式的学习方式,让孩子们自由的探索、发现、创造。现代数学理论很强调要让孩子们亲自动手"做数学"。"做数学"的方法绝非只是计算或演绎,而是在丰富有趣的数学学习中让孩子们主动地去观察、实验、操作、猜测、验证和推理,从而发现规律,获取知识。吴老师主张所有的数学老师都要坚守——有营养的数学! 要让学生学会终身学习、可持续学习、学会实验、猜测、验证、推理等科学的思想方法;我们要创造——好吃的数学! 创造有良好数学感受的数学! 我们要兼得——既有营养,又有好吃的数学……而创造既好吃又有营养的数学就需要我们真正读懂学生、真正读懂教材、真正读懂课堂。由此,我想,一节看似简单的数学课,一旦融入了认真、思想、关爱、尊重等,这节课就成为艺术性的数学课,就成了吴老师所说的"既好吃又有营养"的数学大餐! 而这些必须有基于对学生可持续发展的大爱与责任心! 我们必须不断地唤醒学生的学习热情、点化他们的学习方法、丰富他们的学习经验、开启他们的学习智慧,不断地寻找、发现、倾听和体验。

在吴老师的这本《吴正宪的儿童数学教育——真心与儿童做朋友》书中,给出了我们大量可以参考的实例,这些实例不光体现了吴老师丰富的教学经验,更在向大家展示吴老师作为数学教师的智慧。

著名教育家陶行知先生说:"单纯的劳动,不能算做,只能算蛮干;单纯的想,只是空想;只有将操作与思维结合起来才能达到思维之目的。"①因此,动手操作是帮助学生掌握知识,发展潜能的"金桥",是学生求知增智的重要环节。

动手操作在低年级的教学中显得尤为重要。吴老师在教学 9 + 5 时,改变了"拆小数,补大数"也就是"凑十法"这种唯一的教学方法,而是让孩子们在摆小棒的过程中创造自己喜欢的方法。上课伊始,每个孩子的桌面上除了放着两个数位筒外,还在左边放了9 枝小棒,右边放了 5 枝小棒。如图:

9 + 5 等于几呢? 老师的话音刚落,有的孩子就高声喊起来:"得 14!"老师紧接着就抛出第二个问题:"你是怎么想的? 请用手中的小棒一边摆一边把你的计算方法介绍给同伴。"教室里热闹起来,一会儿的工夫就出现了多种不同的算式,孩子们很有兴趣的交流着。其中学生 A 的做法是这样的:

该生把 10 根小棒捆成 1 捆,放入十位筒,4 根零散的小棒放入个位筒,计算结果一目了然。

其实学生 A 和学生 B 都是在努力把一个数凑成 10,然后再用 10 加上另一个数,就得十几。

---

① 陆玲玲:《小学教学参考》,2010 年第 26 期第 39 页。

但是我们不得不承认的一点是:智慧就是在孩子们摆小棒的过程中,在他们亲自动手实践中创造出来的。

再来看看学生 C 的做法:

学生 C 的做法就不是在我们的课堂预设之中的,我们想要让他从这节课中学到的是:如何拆小数补大数,进行凑十的学习。但这位学生似乎是根据自己的已有经验来计算,因为他知道两个 7 是 14,所以他把 9 拆成了 2 和 7,再把 2 给右边的 5,正好凑成两个 7,这样他就根据已有经验轻松地算出了 9 + 5 = 14。如图:

学生B
我知道2个5是10,就从9根小棒中取出5根和右边的5根凑成10,再加上剩下的4根,得14根。

这节课虽然要讲"凑十法",但是我们不能说这个孩子的做法不可以。孩子是通过自己的双手摆出来的,用自己的大脑思考出来的,点滴的智慧就在孩子的指尖下应运而生了。

学生C
我知道2个7是14,从9根小棒中取出2根给右边,7+7=14。

孩子们流畅的思维来自有趣的操作,灵巧的双手很快地把 10 枝小棒凑成了一捆。"凑十"的算法不是在教师的说教中获得,也不是在观察模仿教师的演示中得到,而是在孩子们亲自操作实践中产生的,孩子们的手尖上跳跃着的是智慧。

孩子们的手尖上闪烁着智慧。在平面几何图形面积公式的推导中,吴老师大胆的放手让孩子们亲自去操作。以三角形面积公式推导为例,同学们利用转化的方法,从不同角度推导出三角形面积公式。有的同学用两个完全一样的三角形拼成平行四边形或长方形。

同学们很有兴趣的画着剪着拼着……有的同学则用一个三角形进行割补、转化成了不同的图形。如图:

$S = \dfrac{1}{2}ah$ 的三角形公式就在孩子的动手操作中产生了。在推导过程中"八仙过海,各显其能",不同的思路、不同的方法,最终都得出了三角形面积公式的科学结论。在亲自动手实践中,孩子们经历了由"直观动作思维——具体形象思维——抽象逻辑思

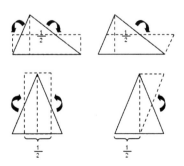

维"的过程。在这个充满探索的过程中表现出孩子们创造思维的旺盛活力。

还清晰地记得在看吴老师的《吴正宪与小学数学》那本书时,吴老师曾写道:"记得初为人师的日子里,心头涌动的是不尽的新鲜感和兴奋感。我曾天真地认为,只要全身心的投入,勤勤恳恳工作,就能胜任'传道、授业、解惑'的教师天职。我使出了全身的解数,点燃了自己生命中所有的热情,早出晚归,加班加点,兢兢业业地耕耘着。课堂上我不遗余力地向学生传授书本上所有的知识,每一篇文章,每一个例题进行深入浅出的讲解。"……

作为年轻教师的我,许多时候也和吴老师初为人师的感受一样,心头涌动着不尽的新鲜感和兴奋感,全身心地投入工作,早出晚归、加班加点……但我的课堂上依然缺少师生之间、生生之间的交流,缺少思维的碰撞、情感的沟通,学生在数学学习的过程中很少能够感受到数学的乐趣和魅力。所以,仅有付出是不够的,我要学习的地方还有很多,课堂的驾驭、学生的管理、细节的处理……。所以,在今后的日子里我应该向吴老师以及更多的老教师多多学习,快速成长!

沿着名师的足迹前行

——成为学习者、实践者、思考者和创新者

密云区第二小学 李翠红

我知道吴正宪老师是从阅读她的文章开始的，随后我又有机会学习、品味她那有独特风格的数学课。一直向往着，学习着！特别是阅读《吴正宪老师与小学数学》这本书，我被吸引了，被感动了。

读罢此书，我思考，作为青年教师的我们，要想在事业上获得自身的成长，就要沿着吴老师的足迹前行，像吴老师一样，成为学习者、实践者、思考者和创新者。

一、成功源自辛勤的付出——做终身的学习者

我们可以毫不犹豫地说，一个人若无凌云之志，难以坚持长期的探索、创新，形成系统的、鲜明的教育思想和教育理念；若无远大目标，难以在不懈的探索中形成独具特色的科学的教育教学方法。

吴老师对自己约法三章：敢于吃别人不愿吃的苦头，乐于花别人不愿花的时间，甘于下别人不愿下的苦功。就在那个"读书无用"的年代，她白天拼命地工作，晚上发奋地读书。她通读了范文澜的《中国通史》，亲手抄写了《唐诗三百首》，做了1－12册全套数学教材中的练习题，遇到数学奥林匹克竞赛辅导中的高难度题目，她用一张张草稿纸核算，草稿纸摞起来比写字台还要高。她不仅勤读苦算，而且十分勤快的动手整理和撰写文章。

不难看出，她的成功，不仅仅在于先天的聪明，而确确实实来自她后天的勤奋。正可谓："一滴汗水，一分收获"。

她海纳百川，不拒细流。关于学习与付出，吴老师是这样想的："每个人的情况不同，要根据自己的实际，对别人的方法和经验，有所取舍，有所发挥，有所创新。就像蜜蜂采百花酿蜜一样，要善于汲取百家之长。"她不仅大量阅读教育杂志，还读有关教育的其他书籍。不仅从书本中学习，吴老师还提出拜名师、向身边

的教师学习,特别是向年轻教师学习,甚至还包括向自己的教育对象学习。

吴老师是成功的。我们也总是羡慕别人的成功,但是她成功的背后却是我们没有体验过的付出、艰辛。读了这本书,我切实的体验到了成功的背后不仅是兴趣、是智慧,更是坚持,是付出。

较之吴老师,我们有着更为扎实的专业知识作为起点,然而付出,正是我们通向自身成熟的必经之路,也是艰难的一条路。

既然选择了远方,就要风雨兼程!

二、尊重学生,创造孩子们喜欢的数学课堂——做教育的践行者

给孩子一些权利,让他自己去选择。

给孩子一个条件,让他自己去锻炼。

给孩子一些问题,让他自己去探索。

给孩子一片空间,让他自己去飞翔。

吴老师是这么想的也是这么做的。她尊重每一位学生。课堂上允许学生有不同的意见,允许学生用不同的态度去对待每一个新出现的数学概念,允许学生用不同的速度探索和接受数学知识,允许学生用自己喜欢的方法学数学。

苏霍姆林斯基在《把整个心灵献给孩子》一书中写道:"如果我跟孩子们没有共同的兴趣、喜好和追求,那么我那通向孩子们心灵的通道将会被永远堵死。做孩子的朋友,永葆童心,世界在我们面前将永远是灿烂的阳光。"

只有当我们爱孩子,喜欢和孩子们在一起时,自然也特别的喜欢上课,喜欢在课堂上的那份幸福和喜悦感,孩子们除了怀有获得知识的愿望外,同时还带来了各自的情感世界,他们像一颗颗饱含生命希望的种子,是一个充满着情感和思想活力的生命。在课堂上,只有当师生共同经历了情感交流,思维碰撞的生命过程时,老师才能深深感受到和孩子们在一起的快乐。

数学既没有唐诗的豪迈、宋词的温婉,也没有美术多彩的线条、音乐轻快的节奏。数学在许多人眼中是枯燥无味,是难懂的,可是,在她的眼中,在她的学生的眼中,数学却是美的,却是有意思的。但是数学的美是隐含的美,是不会自发地起作用的,这就需要教师努力地挖掘它的美——而吴老师就是这数学美的一位挖掘者,是一位用自己的一生,用自己的学习、实践、思考去创造数学美的人。我在解读吴老师的过程中,同样也进一步感受了数学之美,也感受到吴老师那淡雅与含蓄的智慧之美。

三、学而不思则罔——做教育的思考者

吴老师每一个教学设计中的经典都来自她智慧的思考。吴老师怎么有那么多好点子,她的课堂怎么那么有活力? 我在问自己:我怎么没想到? 拿起吴老师的书才知道,是我没有那么多思考。人天生是有惰性的,我们不要让惰性阻碍了我们的思考,要强迫自己多思考,做一个有思想、有智慧的教师。

在20世纪80年代,教育界片面追求升学现象,大搞题海战术的环境中,吴老师思索的却是:这样就能培养出合格人才吗? 难道除此之外就找不出其他途径吗? 并下决心要自己努力探索出一条适合学生实际、有利于学生发展的教学新路。

一个教师只有善于学习,不断的反思自我,挑战自我,丰富自我,才能提高自身的素质,实现人生的价值,适应时代的发展需要。只有虚心学习,博采众家之长,创自己的特色,才能走出一条当代教师的成功之路!

听过吴老师的思考,我们也得到了一些宝贵经验:

一是教师要想不断进步与提高,就必须树立终身学习的理念。这是掌握学科专业规律及研究成果的途径。不断学习,可以自我完善,自我发展,更可以轻松地面对一切,自如地处理一些事情。

二是在众多的信息面前,该如何对待,使之为自己所用。不仅要学百家之长,博众家之采,更要结合自身的特点,创出自己的特色和教学风格。

三是冷静地思考,点点滴滴就会积少成多。

四、勇于创新,锐意改革——做教育的改革者

正是教育改革创新所遇到的难题,使吴老师走上了教育科研之路。对于教育科研的感觉她是这样形容的:"不知是出于一种需要,还是尝到了学习理论的甜头,我开始由不自觉到自觉地拿起了教育科学理论的书籍。我仿佛在茫茫的雾海中,发现了一支闪亮的航标。"

吴老师根据知识的内在联系和学生的认知规律,重新整合教材,将现行数学教材第九、十、十一、十二册这四本书进行重新调整和组合,组合成"六条龙"的知识体系——(1)面积教学一条龙;(2)体积教学一条龙;(3)分数四则计算一条龙;(4)分数、百分数应用题一条龙;(5)数的整除一条龙;(6)正、反比例一条龙。

1983年,她在特级教师刘梦湘指导下开始了"小学数学归纳组合法"的教学实验。她以现代先进的教育思想为指导,以严谨的治学态度、科学的方法、百折不挠的工作毅力,大胆改革实践。她从教材到教法,从学法到考法,进行了整体性教改实验。

教学研究是科学的研究,需要教育科学理论做指导,吴老师为此写下了几十万字的学习笔记。她从一个"经验型"的教师转向了"科研型"。

吴老师告诉我们：一位教师如果有强烈的教育科研愿望，有读书的习惯，喜欢思考，那么，他到处可以看到有用的信息，到处都能发现研究不完的课题，随时都有些事情激活他的思想，使他浮想联翩。到这时候，教育科研已成为他生命的一部分，他会从中感受到科研生活的质量和乐趣。

细想起来，我们也同样能做到，但没有想到过。从这里我悟出：教学研究是科学的实践，必须有先进的科学理论作指导，脚踏实地，厚积才能薄发。善于学习、善于积累，贵在坚持，这是吴老师成功的基石。

回想我们自己在教学过程中也多次尝试过，但和吴老师比起来，似乎步子太小了。吴老师在教学上敢想、敢干，也曾失败过、迷茫过，但失败后她没有气馁，而是及时查找原因，以科学的眼光对待自己的改革，将先进的科学理论运用到教学当中，最终敲响了胜利之门。要想做出成绩来，不付出就没有收获，几分耕耘，几分收获，机遇从来就光顾那些做好充分准备的人。

五、成功源于健全的人格

她不是只管"传道、授业、解惑"的平面教师，而是一位充满情和爱，不仅给予学生智慧，还能给予他们力量的"立体教师"。正如爱因斯坦所提出的："一个人智力上的成功倚赖于人格上的伟大。"①

追随吴老师成功的脚步，回顾吴老师成长的历程，她之所以受到人们的认可与尊重，源于她极好的人品和健全的人格。她善良、诚恳、谦和、宽容。与人们相处她平易近人，乐于助人；干起工作，她踏踏实实，尽心尽力。她的真诚、友善打动着身边的人们，大多与吴老师共事的人都被她那真情所感染。正如她的学生们所说的那样：作为导师，她是高尚的，令人尊敬的；作为朋友，她是平凡而普通的，令人可以信任和依赖的！

吴老师还积极地思考，如何做让学生喜欢的老师，希望这能给我们一些启示：做一个充满爱心、富有人情味的教师。永葆童心，做孩子真诚的朋友。走进孩子的心灵，给孩子重新跃起的机会。教师要有真本事。教师要有人格魅力。

学习吴老师，沿着名师的足迹前行，我们也会拥有灿烂的明天！

---

① 转引自张梅玲：《吴正宪与小学数学》，见《成功源于健全的人格》，北京师范大学出版社，第202页。

让学生喜欢"我"

——读《吴正宪与小学数学》有感

密云区第二小学　周学英

工作之余，我有幸认真拜读了《吴正宪与小学数学》这本书，心中久久不能平静。吴老师的人格魅力和精神气质让我折服，吴老师精湛的教学艺术让我钦佩！"学高为师，身正为范。"在吴老师的身上体现得淋漓尽致，我被吴老师精湛的教学艺术和真诚的教学感情所感染着；被吴老师对孩子的真爱、真尊重深深地感染着……让我感受最深的是：要让学生喜欢、学生信服，教师必须要有真本事，课要讲得漂亮，上得精彩，要用真本事唤起学生对你的喜爱，唤起孩子们对数学的喜爱，教师要通过自己人格魅力创造性地把孩子们的激情激发出来，将抽象枯燥的数学变得生动活泼起来……吴老师教会了我如何做一位学生喜欢的教师。

一、做一个充满爱心、富有人情味的教师

教师爱学生，就要走进学生的情感世界，用心去感悟孩子们每一丝的变化，用童心感受孩子们的喜怒哀乐，使他（她）们在爱的呵护下成长。

文章中吴老师谈道："当你走进孩子的心灵，当你把自己的生命和孩子的生命融在一起的时候，你就会站在孩子的角度去换位思考，就会用童心去感受孩子们的喜怒哀乐，那时你就会感到当老师的责任太重太重。我们给予孩子们的不仅是一个智慧的头脑，更应为孩子塑造一个美丽的心灵；我们不仅要对孩子们的今天负责，更要为孩子们一生的幸福负责。"

当读完这段话时，脑海中立刻浮现了魏某的身影，他很顽皮，致使他的数学基础较弱。我没有放弃，每当课余时间我都会给他补一点以前的知识，希望他很快跟上来，可有时看到他心不在焉的样子，我真的很恼火，可还是一次又一次地压了下去，我告诫自己，一定要用自己的爱心和行动感动他，就这样耐心地给他讲了一遍又一遍，终于有一天听到他说："周老师，从明天起我一定努力学，少给您找麻烦。"此时的我笑了,我感到用心换心,我真的成功了。

二、永葆童心,做孩子们真诚的朋友

做孩子们的朋友,永葆童心,世界在我们面前永远是灿烂的阳光。

吴老师课下是孩子们的玩伴,课上是和学生们一起探索的大孩子。吴老师的课堂中有疑问、有猜想、有惊讶、有笑声、有争论、有沉思、有联想……在充满情趣的学习生活中,使每位学生都感受到吴老师就是自己的知心朋友,就是最值得信赖的合作伙伴。

回想自己的教学生涯,也曾课间与孩子们一起做游戏,和他(她)们谈心;也曾在学生生日时,送上一句衷心的祝福;也曾在过元旦时,为学生送上一张张写有祝福的贺卡;也曾有过在课堂上和学生们共同探讨、交流;也曾为了不同见解而争论不休;也曾为意见达到科学统一而快乐……所有这些,也都换来了学生的爱戴信赖。但总觉得没有像吴老师那样自然、长远。思来想去,是自己没有真正地把身心置身于孩子们当中。吴老师的做法让我懂得:我们和孩子的交流不仅仅是知识的交流,更多的是和孩子们情感的交流,只有我们更多的作为孩子们的朋友出现在他们当中时,学生们自然也就喜欢我及我所教的课了。

三、走进孩子心灵

要做一名受欢迎的教师,就要走进孩子们的心灵,满怀真情地倾听他(她)们的心声,帮助他(她)们消除心理上的障碍,充分尊重理解他(她)们,真正读懂青少年心理这本书,从而建立平等、民主、友好、和谐的师生关系。

俗话说,亲其师,信其道。言外之意就是只有孩子们从心底接纳我、信服我、喜欢我,我的教学效果才会有最大化。然而,结果却不尽人意,似乎孩子与我之间总有着一层隔膜,有时他(她)们在课堂上看老师的表情都是木然的。读了吴老师的文章,对照自己,忽然间醒悟,原来问题出在自己教师的角色太明显了。平时没能多走进孩子们的生活,贴近他(她)们的心灵。所以,在以后的日子,我要多抽出时间和孩子们接触,了解孩子们的内心世界,了解孩子们的想法。我想教师用心去教、用爱去关怀,收获的不只是教会学生知识,还有情感的融合、价值的体现。

四、给孩子重新跃起的机会

文章中用梭鱼捕食小鱼的实验证明:当个体多次失败后,会失去再次尝试获取成功的信心。这样的例子在我们的课堂上也不少,有的学生一次次学习的失败,逐渐失去了学习的信心,产生了"破罐破摔"的念头,从此一蹶不振。因此说"失败是成功之母""成功亦是成功之母"。在教学过程中,我们会遇到学习有困难的学生,只要我们不放弃,寻找合适的时机增强他(她)们的自信,给他(她)们

以适时地鼓励和帮助,为他(她)们创造再一次重新跃起的机会,相信我们的学生也会有进步,有收获的,也会快乐起来!

记得刚毕业的一位学生,在我刚接班时,整堂课一言不发,连简单的分数乘法口算都不会,我没有放弃,利用课余时间给他补习,还请同学们帮助他,经过一段时间的努力,终于有一天他对我说:"老师,明天口算时您叫我吧!""好呀,你先说给周老师听听。"(每天有固定的口算)没想到,他一口气说完了答案,虽然有个别错误。"就这样,明天你来说!"我用坚定的目光看着他,他点点头。第二天他果然高高举起手要和大家对口算,我给了他机会,他声音洪亮而且流利地说出了全部正确答案,同学们不约而同地把热烈的掌声送给了他。从那以后,他变了,下课不再打闹了,变得爱学习了,爱思考了,最后以良好的成绩毕业。他的毕业让我欣慰。

五、教师要有真本事

吴老师说:"要想让学生喜欢,让学生信服,教师必须要有真本事。"吴老师谈到的真本事有以下六点:1. 教师要有创设情景的艺术。2. 教师要有探索的艺术。3. 教师要有语言艺术。(简明、生动、亲切、幽默风趣)4. 教师要有板书的艺术。5. 形成自己的教学风格。6. 教师要有激情。

的确,教师的本职工作就是上课,我们经过认真备课,给学生呈现出一节节精彩、有价值的课,不用华丽的语言,学生自然就对教师喜爱、折服。我们要做个有心人,从学生的生活实际出发,创设情境,激发学生学习的兴趣。课堂上,当我们教师用言简意赅、风趣幽默的语言亲切自然地为学生讲解时学生也会随之在知识的海洋中探索、发现,获取智慧的启迪。更值得一提的是,我们将构思的教学设计用自己刚劲挺拔、艺术漂亮的粉笔字浓缩在黑板上时,不光是学生被倾倒,就连同事也称赞不休,这就是教师的本事,是教学的艺术,我们就要用这种艺术的魅力去黏住学生的心,让他(她)们喜欢数学,喜欢我们的数学课堂。

六、教师要有人格魅力

吴老师说:"所谓教师的魅力是教师与孩子们相处中所表现出来的品格、道德、学识、能力、情趣等综合因素对学生的认知、行为、志向等方面产生的积极影响。教师的魅力包括品格魅力、情感魅力、学识魅力、形象魅力……

细细品读完这几页文字,心情久久不能平静,原来只是在一味地抱怨自己班级的孩子不听话,却没有像吴老师说的那样细细回味,从自身找原因。是呀,教师是学生的镜子,要想让孩子喜欢自己,就该不断的内外兼修,提升个人素养!

合上书,感到书中的这些字眼对于我来说也非常熟悉、亲切。当我耐心地倾听孩子的心声时；当我精心设计一节课引导孩子融入数学课堂时；当我穿着得体的服装意气风发地出现在学生面前时……也曾感到教师的魅力所在，感到做教师的幸福。但总觉得不能长久地坚持下去，当遇到问题时，可能很少能走进孩子的心灵，近距离接触他（她）们，尊重、包容的地方少了一些。要想让学生真正喜欢我，还需注重自身的修炼，注重学习，注重教师内涵的提升。

很荣幸读到了《吴正宪与小学数学》这本书，感谢吴老师给我指引了方向，今后的路，我会朝着梦想的方向坚实地走下去。我也要把自己的生命放在与学生同呼吸共命运的生存空间和时间里，也要像吴老师那样共同珍惜比金子还宝贵的每一个与学生在一起的40分钟，我要与学生共同享受愉快、和谐、幸福的课堂教学生活，做一个学生喜爱的优秀教师！

自主 探究 发展

——读《给小学数学教师的建议》有感

密云区第三小学 刘 莹

读了吴正宪老师撰写的《给小学数学教师的建议》这一理论与实践相结合的著作后,倍受启发。本书以清新的纲目,丰富的实例,生动具体的讲述了作者的教学理念和教学成果。作为数学的一线工作者,结合当前数学教学的实际,更加体会和认识到作者教学理论和教学经验的意义和价值。

书中第三辑——《让学生真正成为学习的主人》,给我留下了很深的印象。我归纳为一个词即"探索"。它是学生主动参与数学学习,通过观察、操作、猜测等方式发现对象的某些特征,或与其他对象的区别和联系的一种活动形式。探索学习应成为新世纪数学学习的重要方式,是完成小学数学教学任务的必由之路。

《数学课程标准》指出:动手实践,自主探索与合作交流是学生学习数学的重要方式。数学教学活动应激发学生的学习积极性,向学生提供充分从事数学活动的机会,帮助他们在自主探索和合作交流的过程中真正理解和掌握基本的数学知识和技能、数学思想和方法,获得广泛的数学活动经验。

基于这样的认识,我在教学中以学生为主体设计教学环节,引导学生在探索中学习数学,逐步让学生形成终生受用的数学技能和创造才能。

一、确定主体地位,培养学生的探索精神

研究表明,儿童在积极主动的精神状态下进行学习,其理解力、接受力提高20% ~40%,记忆力提高1. 5 ~2 倍。这就意味着在数学教学过程中,要让学生充分发挥其主体的能动性,在学习中始终处于主体地位。

如何体现学生的主体地位呢? 这就要在"趣"字上下功夫。我常常采用游戏、竞赛、演示、图片、幻灯、多媒体课件等手段来设境引趣,引发动机,激励行为,激发情感。同时又创设一种和谐宽松的学习氛围,让学生在这种宽松、愉快的氛围下,敢想、敢问、敢说;发挥其灵活敏捷的思维和丰富的想象力、创造力,使他们始终处于积极主动的思维状态之中。这样课堂教学才能充满生机和活力,激发起学生学习数学知识的兴趣,使他们大胆探索。例如,在教学《轴对称图形》时,学生在通过大量感性材料理解什么是轴对称图形的基础上,我设计了人体小模特的游戏活动,摆出人体 pose,大家判断是不是轴对称的。这样创设情境,使教学内容增加了数学教学的趣味性和现实性,使学生不再感到枯燥乏味,同时也激起了大胆探索的兴趣,又培养学生主动探索的精神。

二、发挥主导作用,指导学生的探索方法

当学生主动探索的精神得到焕发时,还应该指导学生学会进行探索性学习的方法。这样做,有助于学生学习能力、思维能力和全面素质的提高。

(一)让学生在动手操作中探索

儿童的认知规律是“从直观的动作思维到具体的形象思维,最后达到抽象的逻辑思维”。正像瑞士著名的心理学家皮亚杰所说的:“智慧的鲜花是开放在手指尖上的。”这一语道出了动手操作的重要性。因此我常让学生在动手操作中展开学习,帮助他们获取更多、更直接的感性经验,再经过对表象的比较、分析与综合,逐渐概括、抽象为一定的数学概念和数量关系。即在操作实践活动中,鼓励学生在探索过程中寻求新途径、发现新方法、获取新知识。运用操作实验法可以让每位学生主动地参与到知识的探索活动中来,并在探索知识的过程中,变“师生关系”为“伙伴关系”,减少压力,增强协调、合作的和谐气氛,也可以满足孩子们的好奇心、好胜心,使抽象、枯燥的数学知识变得可感、可知,生动有趣。在操作过程中,教师起引导作用,学生亲自动手,有利于调动学生的积极性,成为学习的主人。

例如,在教学《长方体的体积》这一课时,学生将 12 个棱长为 1 厘米的正方体木块摆成各种不同的长方体。引导学生边操作边判断所摆的长方体的长、宽、高各是多少,并把每个长方体的长、宽、高写成连乘式,再用数块数的方法说说这些长方体的体积是多少。学生都争着汇报不同的试验结果。教师用板书记录下各种结果:

长　宽　高

$3 \times 2 \times 2$

$6 \times 1 \times 2$

$2 \times 2 \times 3$

$4 \times 1 \times 3 \qquad = \qquad 12(立方厘米)$

$3 \times 1 \times 4$

$2 \times 1 \times 6$

$12 \times 1 \times 1$

长方体的体积 = 长×宽×高

最后引导学生观察,比较算式和相应的图形,让学生自己去发现长方体的长、宽、高的连乘积和体积的关系,从而抽象概括出长方体的体积计算公式。通过一系列的操作、观察、思考、推理,不仅使学生理解了求长方体的体积必须知道长、宽、高三个量,还牢固地掌握了长方体的体积计算方法。

(二)让学生在问题中探索

探索中学习离不开交流和讨论。让学生自由表达对数学现象、问题与方法的看法,是学生自我探索、自我思考、自我创造、自我表现和自我实现的实践机会。

如教学《密铺》时,学生通过感性材料了解什么是密铺,但对于密铺还没有建立理性的思考。

师:什么样的图形能够密铺?

生:有角,有直边的图形一定能密铺!

师:一定是这样吗?

生:试一试,验证一下……

这时再利用老师下发的学具自主探究,验证猜想,最终得出结论。在问题串的引领下逐步将孩子的思维引向深入,引向探究……激发了学生思维的积极性,也激起了学生创新的火花。

(三)让学生在联系生活中探索

数学教学要使学生学会运用所学的知识去分析、解决日常生活中的问题,教师就要组织学生参加形式多样的实践活动。在活动过程中,把所学的知识拓展深化,进行讨论、交流并有机的运用于数学学习。这样既可以拓宽学生自主学习的空间,又有利于发展学生的探索精神。

例如:在教学"减法的认识"时,老师拿来4个气球,把其中一个气球送给班上发言最洪亮的孩子,引发学生思考,提出还剩几个气球。当孩子们通过摆一摆,画一画,写一写的自主研究分析的基础上理解了减法的本质含义,即表示从整体中去掉一部分用减法表示。

接下来老师又将算式回归生活,$4 - 1 = 3$ 还能解决生活中的哪些问题? 学生畅所欲言:有的说盘子里原来有4个苹果,吃了1个还剩3个。还有的说我有4支铅笔,送给同学1支,还剩3支;还有的说停车场有4辆汽车,开走了1辆还剩3辆……在解决生活中的问题中更进一步加深了对减法意义的理解,构建减法的模型。给学生一把思维的桨,让学生在拓展深化中探索。

利用生活情景,让学生体会数学的魅力和价值,真正提升学生的探究欲望。

三、形成主体创新,激发学生的探索动力

学生思维的创造性是在学生探索新知识的过程中逐渐形成的。为了培养学生的创新意识,我在教学中十分注意利用教材中的有利因素,启发学生的创新潜能。例如,梯形面积公式 $S = (a + b)h \div 2$,它与平行四边形、三角形面积公式有什么联系呢?可引导学生观察、想象:当梯形上底 b 向右延长,直至上、下底相等时,梯形变成平行四边形 $S = (a + a)h \div 2 = ah$ 当梯形上底缩小为一点时,即 $b = 0$,梯形变成三角形: $S = (a + 0)h \div 2 = ah \div 2$。从而借助观察、想象,用运动变化的观点,创造性地沟通三者之间的内在关系,丰富了学生的空间观念,发展了学生的创新能力。

吴正宪老师曾说:"要教好吃又有营养的数学"。教学过程的实质是学生主动探索,主动建构的过程。综上所述,只要我们在数学教学中转变教学理念,确立学生的主体地位、发挥学生主体作用、形成学生主体意识,让学生探索中学习数学。那么学生自主的探索精神和探索能力就会得到培养,学生的数学能力和综合素质就会得到全面发展。

让数学课堂焕发生命的光彩

——读《和吴正宪老师一起读数学新课标》有感

密云区第三小学 王骄阳

在过去一年的实践与学习中,我深深地体会到了之所以有时候自己辛苦准备的课呈现的效果并不理想,是因为很多时候自己在备课的时候没有抓住知识的本质,努力的方向错了。看来我还是需要努力的充实自己的大脑。那么作为数学教师最基本的就是要把数学课程标准读透。吴正宪老师一直是我心中的楷模。我利用这个暑假的时间认真研读了吴正宪老师主编的《和吴正宪老师一起读数学新课标》这本书,受益匪浅。

本书有五个栏目:关键词、新在哪里、吴老师解疑、吴老师支招、精彩课例。"关键词"以点带面,直击新课标的核心要点;"新在哪里"以"关键词"为线索,对各领域中的具体变化进行解读;"吴老师解疑"采用的是吴老师自问自答的方式,重点对新课标中突出的疑难问题,及一线老师在实际教学中遇到的问题进行整合,并给出有价值的意见;"吴老师支招"言简意赅地为教师教学提出建议和提供指导;"精彩课例"呈现给我们的是体现新课标理念的生动鲜活的课堂实例。本书具有实践性、新颖性和丰富性,较为详细的为我们讲解了新课标的一些重点并给我们一线教师提出了相对有价值的意见,非常值得我们这些青年教师认真拜读。

吴老师在书中提到:数学教育要面向全体学生,实现人人学有价值的数学;人人都有所获得的数学;不同的人在数学上得到不同的发展。由此可见,在数学教学活动中,学生才是数学学习的主人。如何使数学课堂教学科学化,使其既能达到培养学生基本素质的教学要求,又让学生产生一种强大的内趋力去主动探索数学的奥秘。作为数学学习的组织者、引导者和合作者,教师在教学中应积极营造民主、快乐的氛围,创设问题情境,让学生通过动手操作、自主探索、实践应用等主体活动去参与数学、亲近数学、体验数学、"再创造"数学和应用数学,真正成为数学学习的主人。

新课标出台以后就倡导老师们应该做到勇敢地退、适时地进,把课堂还给孩子。吴老师还提到过:"创新意识虽然是核心,但是实践才是主导"。那么我今后在课堂上需要怎样做呢? 我做了如下总结。

一、营造良好数学氛围,让学生主动参与

心理快乐能使人处于积极向上的状态,让人对一切充满希望,充满信心,充满创造力。课堂上,学生要尊重老师,老师要爱护学生,积极营造一个轻松、愉快、平等、合作、民主的课堂氛围。我细心观察过吴老师课堂的特点:吴老师永远保持一个好心情,面带微笑的进课堂,能够弯下腰或者蹲下来和孩子们说话,在每节课的课前问孩子们:"你们准备好了吗? 可以开始了吗?"在课将结束的时候问学生:"这节课,你快乐吗?"然后根据学生是否快乐来调整自己的教学设计。吴老师的每堂课都能让学生有意犹未尽的感觉,孩子们往往都是不想下课,然后深深记住了这位让自己快乐的好老师。

二、注重问题情境,激发学生学习兴趣

人的思维过程始于问题情境。问题情境具有情感上的吸引力,能使学生产生学习的兴趣,激发其求知欲与好奇心。吴老师曾提到过:"在小学数学教学中,教师要精心创设问题情境,激发学生对新知学习的热情,拉近学生与新知的距离,为学生的学习做好充分的心理准备,让学生亲近数学。"

例如,在教学分数的初步认识时,可以这样设计:请学生用手指表示每人分到的月饼个数,并仔细听老师要求,然后做。如果有 4 个月饼,平均分给小明和小红,请用手指个数表示每人分到的月饼个数,学生很快伸出 2 个手指。教师接着说现在有一块月饼,要平均分给小明和小红,请用手指表示每人分到的月饼个数。这时许多同学都难住了,有的同学伸出弯着的一个手指,问他表示什么意思,回答说:"因为每人分到半个月饼。"教师进一步问:"你能用一个数来表示'半个'吗?"学生被问住了。此时,一种新的数(分数)的学习,成为学生的自身欲望。

三、注重生活应用,让学生实践数学

学以致用是数学教学的一个基本原则。吴老师的书中也明确指出:"教师应该充分利用学生已有的生活经验,引导学生把所学的数学知识应用到现实中去,以体会数学在现实生活中的应用价值。"但是往往很多同学有的问题出现在数学试卷上的时候解决起来很轻松,但当它出现在现实生活中的时候就无从下手了。因此,我们在数学生活化的学习过程中,教师要注重引导学生领悟数学"源于生活,又用于生活"的道理,把一些数学问题让学生在生活实践中感知,使学生学会在生活实践中解决数学问题。

例如教学《长方形和正方形的面积》时,教师创设了这样一个情境:有一间长5米,宽4米的客厅,妈妈准备花800元铺地砖。你和父母一起去商店挑选材料。其中有3种规格的地砖:

甲:边长为50厘米的正方形地砖,每块9元

乙:边长为50厘米的正方形地砖,每块7元

丙:边长为40厘米的正方形地砖,每块8元

你能为你父母做参谋,买到适合你家的地砖吗?

买地砖,关键是要搞清楚所买的地砖应符合下列条件:

(1)价格适中,总价在800元以内。

(2)质量较好。

那么,究竟哪一种地砖符合条件呢? 只有尽快地算一算才是。首先算出家里铺甲、乙、丙三种地砖分别需要几块:房间面积÷甲(乙或丙)的地砖面积。再分别算出铺三种地砖各需的费用,分别为720元、560元、1000元。最后通过比较知道,丙种价格太贵,甲、乙规格相同,价格均在800元以内,但乙的价钱太便宜,可能质量不够好,所以选择甲种地砖最合适。上述例子,将学生所学的知识返回到日常生活中去,又从生活实践中弥补课本上学不到的知识,自然满足了学生的求知欲,同时也让学生在生活实践中学会了解决数学问题。

总之,在课堂教学中,每一位教师要始终坚持以吴老师崭新的教育教学理念为思想指导,坚持做到"一切为了孩子,为了一切孩子,为了孩子的一切。"始终把学生放在主体地位,充分调动学生的自主能动性,凡是学生自己会学的,就应该创造条件让学生自学,凡是学生能自己动手做的,就应该创造条件让学生自己做。尽量给学生提供自我学习的机会,并引导他们获取知识,掌握科学的学习方法。让数学课堂焕发生命的光彩,使学生真正成为数学学习的主人。在吴老师的带领下再次读了一次新课标,让我对新课标和整个数学教学有了崭新的认识,受益匪浅。

一切为了孩子，做一个幸福教师

——读《吴正宪给小学数学教师的建议》有感

密云区第三小学　赵　静

　　"做个孩子们喜欢的教师，创造孩子们喜爱的课堂，带给孩子们学习的快乐，让孩子们享受童年的幸福！"这是吴老师四十余年来心中不变的梦想。她不忘初心，四十年的坚持让我感动，更是敬佩！吴老师想对我们青年教师说的话可以概括为三个字"爱、勤、创"，在本书中从四个方面做了详细的介绍，下面我简单谈一下自己的感受。

一、鼓励和微笑，是对孩子最好的关照

　　吴老师说每个孩子都是一个丰富多彩的世界，孩子的内心就像花瓣上的露珠那般剔透脆弱，需要我们用心呵护，在学生面前，如果你只知道权威，幸福就会远离你！教师爱学生，体现在我们要相信每个孩子，要善于发现他们的优点。相信孩子，他就能给你带来意想不到的惊喜。我班有个小男孩叫张桐，性格活泼、个子很小脾气却很大，课上爱做小动作。每次找他谈话，总是认错态度很诚恳，可就是不改。与家长也进行过沟通但效果不是很明显。直到有一次，在与他谈话后，感觉他还是决心不大，我又追他出了办公室，在没人的地方，让他伸手，放了一块糖。他惊讶地看着我。我真诚地告诉他："你是一个特别可爱、开朗的孩子，给你这块糖是希望你的生活像糖一样甜蜜，同时也希望你依旧能给同学和老师带来快乐，老师真的很喜欢你，你的行为能够决定老师是否快乐，你认真听讲，老师会觉得很欣慰，相信你能做到，我能相信你吗？"让我没想到的是，批评、讲道理没让他感悟，一块糖和几句话却让他流下了泪水。他郑重地点头说我可以相信他，而且从第二天的课上，他就有很大的转变，从以前的做小动作到抢着回答问题。不仅上课听讲状态好，作业也完成的特别认真，还会主动地来找我改错，跟我分享他作业的情况。看到他的转变，让我认识到让孩子知道我们相信他们、喜爱他们是多么的重要。也让我由衷地感到幸福和欣慰。有这样一句话"我们对学生微笑,生活就对学生微笑,学生也就微笑着面对生活。"是啊,微笑是最具魅力的。老师的微笑可以使学生心情愉悦;老师的微笑可以给学生增添信心;老师的微笑可以激发学生的学习兴趣;老师的微笑可以打开学生封闭的心扉。把最美的微笑给予孩子才能教出爱笑的孩子啊!

二、帮助学生跨越学习障碍

说起课堂发言,我想起在学期工作中,我和同班的老师不止一次地说起课堂发言率这个话题,基本情况是爱表现、成绩优秀的那几个人发言,在汇报关于口算题结果环节,全班举手率倒是很高,这貌似成了一成不变的规律,我想这也是大多数课堂存在的现象。但是我从没有静静地去思考过为什么? 根源在哪里? 只是归结于应该多表扬、多鼓励? 可是这样也试过,但效果并不是那么显著。经过阅读此书第二辑第11小节——帮助学生跨越学习的障碍,吴老师呈现的教学故事让我陷入深深地思考,在教学中如果遇到问题,不能置之不理,而应该找出方法去解决问题,分析孩子上课不发言的原因,不要总是自以为是,认为孩子因为年龄小,注意力不集中。要去了解孩子的内心,帮助他们跨越学习障碍,所以我决定本学期做一个调查,去听听孩子真正的心声,然后改变教学策略,提高课堂效率,让孩子喜欢上我的课,给每一个孩子跃起的机会,让孩子勇敢站起来。

三、静待花开,慢而不迟

就像每种花都有自己的花期,每个孩子也都是独一无二的。需要我们用心呵护,发现每个孩子的闪光点。刚开学,我就被一个个子小小的男孩所吸引,这个孩子眼睛大大的,说话总是慢半拍,本来是一个很简单的问题,但他总是反应好久也说不到点上。直觉告诉我这个孩子一定是班里基础比较差的孩子。后来的一系列事情都说明了我的判断没有错,这个孩子不光语言表达上比其他同学差,听讲习惯上也不如其他同学,他总喜欢发呆,当你布置任务之后其他同学都已经动起手来的时候他仍然呆呆地看着你不知所措。后来跟班主任了解之后,才知道他是属于智力发展缓慢的孩子。回想起自己前几天还因为他什么都做不好,甚至话也说不好在班里批评过他。真是为自己的做法感到懊悔。

吴老师在这本书第二辑第18小节——让每个学生都能抬起头来走路中,建议我们面对"学困生"做到以下三点:耐心帮助、尊重与信任、心理暗示。所以我决定慢下来,我发现虽然他的思维比较慢,但是会的知识他就能保证对。比如计算题,成绩很优秀的同学在做计算题时,常常会因为马虎而出错,但是他基本每次都全对。我就抓住他的这个闪光点,在班中大力地表扬,帮助他建立自信心。并多次组织计算比赛,为他提供证明自己的平台。慢慢地,我惊喜地发现,在数学课上,即使有的问题他不明白,但也尽力地去听,人也变得更加的自信和乐观,课下愿意找我聊天,分享他的感受。通过这件事,让我深刻地认识到帮助孩子建立自信心、自尊心是何等的重要!要耐心的对待每一位学生,用赏识的眼光去发现学生的优点,从而鼓励他们,无限量地调动他们的潜能。

　　通过读这本书,让我感悟到吴老师的教育思想和教育情怀,感受到吴老师充满生命活力的课堂,体会到吴老师高尚的人格魅力!这本书值得我多次研读,向吴老师学习!

对有效课堂教学设计的思考

——读《吴正宪课堂教学策略》有感

密云区第五小学 任天琪

这个学期我认真拜读了吴正宪老师和她的教师团队所著的《吴正宪课堂教学策略》一书，收获很大。这本书汇集了许多精彩的教学片段，又有许多一线教师的教学案例，书里的教学问题和方法切实可行，有很强的操作性，读起来让人感觉回味无穷。

在读此书前，我对"课前设计"了解的并不多。很多时候，当自己"自信"地站在讲台前，努力按照自己预设的教学设计进行教学时，却发现学生无动于衷，不论自己如何提示都毫无效果。我在课后进行分析时大部分都归结为学生的原因。通过读了《小学数学课堂教学策略》一书，我才知道课前设计的重要。

本书第一章《制定教学目标的策略》、第二章《调研学生现状的策略》，介绍了许多这方面的知识。比如：如何准确地确定"教学重点和难点"，如何根据学生的实际情况制定有效、可行的教学方法和教学手段等等。在备课制定教学目标前首先要做到的就是读懂教材，读出教材里的数学知识、知识产生和形成的过程、学生学习知识的方式、教学知识承载的数学思想和方法等。不仅如此，还需纵向把握知识脉络，横向沟通知识联系，系统梳理知识网络和数学思想网络，全面了解知识体系，明确所教的知识从哪里来，到哪里去，确定好教学的起点和方向。如此才能做到"心中有数"，进而"教学有术"。而这正是没有经验的我的缺陷：不能很好的将学过的和未学过的知识做迁移，从旧知自然地过渡到新知的学习中。

如何制定出有效而又可行的教学设计呢？学生对新知识有哪些生活经验和认识？对于新知识的学习，学生学习的起点是什么？困难点又在什么地方？通过这本书的学习我进行了思考。

一、课前应进行学情调研

学情调研包括:对学生已有的知识、经验、兴趣、情感以及学习过程中的问题解决策略和障碍等方面的了解。其目的是把学生纳入教学资源中,为教学目标的设定与调整、教学过程的开展与实施,提供可靠的依据和保证。

在设计分数的初步认识一课时,为了更好地了解学生学习分数的认知起点,在读懂学生的基础上进行教学设计,我通过团体测试、问卷、个别访谈等方式,进行了此次学生调研。调研对象为我校三年级(3)班的 41 名学生,小组访谈可以涉及不同层次的 10 名学生。

题目 1:填空

1. 把 4 个桃子平均分成 2 份,每份(　　)个。

2. 把 2 个桃子平均分成 2 份,每份(　　)个。

结果与分析:41 人全部答对,正确率为 100%,说明学生对"平均分"的理解非常清楚,能够用平均分的知识解决一些简单的实际问题。

3. 把 1 个桃子平均分成 2 份,请用你喜欢的方式表示每份是多少?

结果与分析:8 人用画图的方式表示,9 人写了 0.5,12 人写了一半,4 人写出了 1/2,8 人不知所措没有填写。说明学生首先理解了平均分的概念,并对分后的结果理解很透彻,但是对这种平均分的结果不能用分数来描述。

题目 2:把长方形平均分成 4 份,涂出其中的 1 份。你觉得这 1 份可以怎样表示?

结果与分析:本题操作的正确率为 100%,学生的平均分形式多样,说明学生具有学习分数所具备的基本动手操作能力及相关的学习经验。

根据以上的调研结果,老师就可以了解学生对新知识有哪些生活经验和认识。对于新知识的学习,教师可以准确把握学生学习的起点是什么。困难点又在什么地方。根据以上分析就可以确定本课的重点和难点。

二、根据调研结果制定教学目标

教学目标是整节课的出发点和最终的归宿,它决定课堂教学的方向,也是评价教学活动和学生学习效果的依据,因此教学目标的制定一定要恰当、具有可操作性。这就要求教师要全面了解课程标准,深入解读教材,理解编者意图,整体把握教材的内在联系,教师可以根据课前调研情况和课程标准,制定相应的教学目标,确定教学重点和难点。与此同时,需要准确地了解学情,这时课前调研就成为研究学情的最好依据。

例如《分数的初步认识》一课,学习分数初步认识之前,学生掌握了一些整数知识,已经有了用整数来表示物体个数的多少的经验基础,还学习了用除法来求平均分物体数量的计算方法,具有了平均分物体的操作能力。但是,分数的认识,是从整数到分数进行数的概念的第一次扩展。学生学习时必然会出现这样或那样的不习惯。因此,教材主要从学生所熟悉并感兴趣的生活经验出发,主要利用直观的方式,使学生通过折一折、涂一涂等动手操作的活动,使学生逐渐形成分数的正确表象,初步建立分数的概念,理解分数的意义,为今后进一步学习分数打下基础。由于是初步认识,本册教材涉及的分数,分母都不超过 10。

基于以上的分析,我们根据教材特点和三年级学生的年龄特点,我将本课的教学目标确定为:

1. 知识目标:结合具体情境,通过直观操作,初步理解分数的意义,体会学习分数的必要性;

2. 能力目标:通过引导学生与其他同学相互交流、互换思考培养学生合作学习的意识;通过带有思考的动手过程,培养学生独立、富有创造力的学习能力;培养学生观察能力和初步的抽象概括能力。

3. 情感目标:充分尊重学生的意见、想法,使学生能富有激情地、充满想象力地学习数学;通过交流学习的活动,培养学生乐于倾听、敢于发言的积极学习态度;通过数学与生活的联系,使学生感悟到数学的美,数学来自生活的道理。

这就是我对《吴正宪课堂教学策略》一书关于第一章和第二章的学习理解。我在以后会继续努力按照新课程理念要求,以关注学生发展为出发点,深入钻研教材,认真上好每一课,慢慢在教学中成长进步!

让每一朵小花绽放自己

——读《吴正宪给小学数学教师的建议》有感

密云区第六小学　崔艳红

　　这世间的角角落落，都会有善良的人、善良的心。想起春日的天空下，蒲公英的种子，借着微风的力，就飘向田间的角角落落，落地就生根，生根就发芽，然后开出一片灿烂金黄的花。那一颗颗善良的心，也会像这朴素的种子，借一股东风，让最真最美的花，开遍世间的每一个角落。

　　多么美好的一幅画面呀！我好像看到了一个个快乐的孩子跑向自己喜欢的地方，在那里茁壮成长，各显其能，发挥着自己应有的力量，没有谁是弱者，每一个人都有成功。这本书的开始就深深吸引了我，让我觉得一切是那样美好。

　　在这本书里，吴老师把自己很多宝贵的经验介绍给我们，为我们的教学提供帮助，我阅读着，体会着，实践着，收获着。

一、做一个善良的使者

　　有一种善良叫"理解"，有一种善良叫"尊重"。尊重首先是宽容与理解，伤害也许就发生在不经意间，可能是一句话，可能是一个举动，也可能是一个眼神。当孩子们柔弱而敏感的心感受到别人对自己的尊重时，就开始学着如何尊重别人，从而也更加喜欢这尊重孩子们的老师。

　　读到这里，脑子里忽然闪现了就在不久前刚刚发生的一幕，每每想起，还是觉得激动、感动。本学期我和赵老师承担了基础班的社团工作，在这个社团的孩子都是基础较薄弱的，由我们两个老师每周进行两次的辅导。学期末，最后一次社团，我和赵老师决定和孩子聊一聊，听听他们的心声。上了半学期的基础班，有什么感受或者有什么想法都可以说。刚开始，孩子们有些顾虑，后来就敞开了心扉。其中，有两个学生的发言出乎我的意料。

　　第一个学生说："我一开始知道要上这个基础班，我心里是不高兴的。我觉得在这里做题没意思,我想上其他组。可是,当我来到基础班,我觉得有开心的时候,也有难过的时候。"当老师问道:"什么让你开心？又是什么让你难过?"孩子说:"每次做题做对的时候,我特别开心;每次由于我失误,没得一百分的时候,我就很难过。"孩子说得很诚恳,是发自内心的感受。

第二个学生说:"一开始我不愿意来这个社团,因为我觉得……怎么说呢？我觉得这就是一些笨蛋来的地方。上了这一个学期,我不这样认为了。我要感谢崔老师和赵老师,因为在这里我不仅学到了做题的道理,也学到了做人的道理。我觉得人都有不足,在这里,我们只要努力,就会变得优秀。"多好的孩子呀！

这样的发言让我感动,让我觉得自己是那么幸福,这正是由于教师的善良给予了这些基础薄弱学生一份尊重,使他们对学习充满信心和热爱,对教师充满感激和爱戴。赵老师给了他一个大大的拥抱,我用手机帮他记录下了这个美好的瞬间,多么难得的师生情啊！

二、让出错的学生体面地坐下

课堂里的掌声不仅要送给那些富有创造性想法的学生,也要送给那些出了错、跌倒后自己爬起来的孩子。不要让犯错的孩子觉得难堪和懊恼,而是欣然接受,甚至是豁然开朗,然后体面地坐下。

之前对这个问题还真是没有在意过,只觉得回答错了不批评就是给了这些学生面子,再找其他学生回答正确就可以了。当我读到这个建议的时候,引起了我的反思。的确,学生是不成熟的,是会犯错的,在我们的教学过程中,每天都有学生会有不同想法,对一个问题会有不同意见,解答正确的孩子无疑获得了成功的体验,解答错误的孩子便觉得有些不好意思。有时,真的看到这些出错的孩子有不好意思的表情或动作,作为教师,能够感受到他们的不好意思,我们就应该维护一下孩子的自尊心。尤其是,班里可能还会出现一些嘲笑的声音,这就更需要我们营造一种积极向上的氛围,让孩子们在正确的舆论导向下学会换位思考,理解这些出错的学生。于是,我在教学中有意提醒自己,一定要关注这些出错的学生,找到他们的闪光点。

在教学二年级"米和厘米"时,学习量出线段的长度一课,学习完了从 0 刻度量起的方法,我又提高了难度,用一把坏了的尺子量物体,这把尺子没有 0 刻度线了,这一头坏掉了,只能从 2 厘米开始量了。我给了孩子一条线段(线段长度是 3 厘米),让他们量出线段的长度。第一个到前面汇报的学生说是 5 厘米,理由是看线段的末端对着尺子上的刻度 5,所以是 5 厘米。刚说完就有学生反对说:"不是 5 厘米,应该是 3 厘米,因为尺子那端坏了,我们是从 2 厘米开始量的,2 厘米到 5

厘米之间一共有 3 个小格,就是 3 厘米。"这时,很多同学都赞同,说对的同学也有一种自豪感。这个说错的同学顿时也明白了,但明显不好意思了。看到他小脸儿都红了,我立刻意识到该为他做点什么。我走向讲台,问:"你同意他的说法吗?"孩子点了点头说:"同意。""你能再给大家讲讲为什么是 3 厘米不是 5 厘米吗?"这个孩子清楚正确地讲了出来。这时,我又对大家说:"你们看,某某同学多了不起呀!他能第一个走到讲台和大家分享他的想法,当别人发言时他能够认真倾听,发现自己的想法错误时,又能及时改正,多好呀!而且,他还为我们提了个醒儿,就是量线段长度的时候,不能只看末端,还要看是从哪个刻度开始量的,让我们把掌声送给他吧!"这时,孩子们响起了发自内心的掌声,这位同学也高兴地走下了讲台,当我看到他自信地坐回了自己的座位,心里也为他感到高兴。

读着这本书,思考着我教学中的故事,有些故事是成功的,我找到了做教师的幸福,有些故事是迷茫的,需要不断学习,寻找正确的方向。吴老师这本书给我们数学教师提出了很多建议,如果能够把这些建议领悟好,并运用到数学教学之中。我们的数学教学之路定会越走越宽,我们的孩子也会因我们的努力付出而绽放自己。

做一名善良的教师

——读《吴正宪给小学数学教师的建议》有感

密云区第六小学 朱 新

苏霍姆林斯基说过:要天天看书,终生以书为友,这是一天也不能断流的潺潺小溪,它充实着思想。① 因为书籍是人类宝贵的精神财富,书籍是人类进步的阶梯,书籍是教师不可分离的生命伴侣和导师。利用闲暇时间,我认真阅读了《吴正宪给小学数学教师的建议》一书。书中吴老师对同事,对朋友,对家人,对学生以及对教育事业的那份热爱和真诚,深深地打动了我,尤其是从她与学生相处的过程中,我读懂了"善良"二字的含义。

那么对于老师来说,什么是善良呢? 我想吴老师在以下几个方面告诉了我其中的答案。

一、有一种善良叫"理解"

也许曾经有人问你,什么是善良? 那么善良是一种心态,是让自己活着的那份快乐;善良是一剂良药,可以在最孤独的时候安慰自己;善良是一缕阳光,让人看到希望。而对于一名教育大家来说,吴老师告诉了我们善良是"理解"。还记得书中提到在一个漫天飞雪的冬天,吴老师和孩子们在古老的天坛公园里,追逐嬉闹的故事。下雪了,面对这银装素裹的世界,正在上课的孩子们是多么渴望出去感受一下这美丽的世界! 吴老师理解孩子们的心情,许诺他们课后一起出去打雪仗。正是这种"善解学生意"让她和孩子们的心贴得更近了。关于雪天,让我不禁想到在自己的班级中,也曾经出现过这样的情景,同样是一个雪天,同样是一群天真烂漫的孩子们,这些一年级的小不点们更是对下雪充满了好奇,在放学送路队的时候,小家伙们在走出教学楼的刹那间,已经控制不住自己内心的喜悦,"哇,好漂亮啊!""快看快看!""都是白色的!"……此时,已经没有了往日

---

① 苏霍姆林斯基:《给教师的一百条建议》,华东师范大学出版社 2005 年版。

整齐而安静的队伍,面对这种情况,我没有说什么,只是在一旁提醒他们注意安全,不要摔倒了。

二、有一种善良叫"尊重"

吴老师同样告诉了我们善良是"尊重"。尊重首先是宽容和理解。伤害也许就发生在不经意间,可能就是一句话,可能是一个举动,也可能是一个眼神。记得在一次数学课上,我们学习读数和写数,我设计了一个环节,让孩子们到黑板上来写,一方面激发学生的学习兴趣,另一方面也是给他们锻炼自己的机会,同学们都很积极踊跃地举手,这时,我看到了平时一个比较"调皮"的孩子,他能够把小手举起来,我很惊喜,于是决定把这次机会给他,只见他一路小跑地走上讲台,拿起粉笔,认认真真地写下了"67"这个数,可随后就是大家的哄堂大笑,小小的他正如他小小的字一样尴尬地站在那里,我很慌张,生怕这孩子好不容易激发出来的学习欲望被这些孩子的笑声给打消了,"孩子们,你们有什么想对他说的吗?注意了,要先发现别人的优点。"可爱的孩子们还是善良的,"我觉得他写的字很工整,也对,就是再大一点就更好了。"听了同学的话,他仿佛找到了点自信,接着我顺势说,"你们看,他多勇敢啊!敢到讲台上来展示自己,老师必须要奖励你一个小贴画。"就这样小家伙在大家羡慕的目光中,心满意足地回到了自己座位上。我想,在课堂上我们要像吴老师学习,经常问问自己,尊重孩子了吗?保护好孩子那幼小的自尊心了吗?不仅是老师对学生们的尊重,同时也包含了学生之间相互的尊重。

三、有一种善良叫"博爱"

吴老师还告诉了我们善良是"博爱"。在书中吴老师向我们讲了宝春的故事,年仅8岁的宝春用瘦弱的肩膀撑起了一个风雨飘摇的家,独自一人照顾生病的爷爷和聋哑的姐姐,吴老师得知此事后立马为宝春送去了助学资金,团队成员也纷纷献出了自己的爱心。是啊,正如吴老师所说,帮助亲人容易,帮助朋友也容易,但是帮助那些真正需要帮助却又素不相识的人却不是人人都能做到的。这就是一种善良,善良使人变得博爱。

那么,对于我们来说虽然不能做到吴老师那样"博爱",却也能在我们的工作岗位上拥有一颗善良之心。还记得工作第一年,班里有个孩子因为生病的原因,行动缓慢,走路一瘸一拐,作为他们的班主任,唐老师没有放弃这个孩子,学习上严格要求她,更是呼吁班里的同学们来细心呵护这个有些不幸的小孩,每次放学的路队上都会有同学热心地扶着她,在唐老师的指引和影响下,这个孩子在班集体中健康快乐的成长,这也是一种善良。

其实,我想每位老师都在用自己善良的心去呵护着自己学生们,在一个班集体中,也许会有这样或是那样比较"特殊"的孩子,那么作为老师,我们应该和孩子们一同成长,经历着人生中的喜怒哀乐。还记得,吴老师在书中提到,一位曾经她教过的学生因为事故,撞死了一个人,当他出狱时,妻子问他最想做什么,他说,想见见当年教过他的吴老师。这个故事对我触动很大,可想而知,在面对困难时,吴老师是如何真诚的鼓励着他的学生们,这也是一种善良。不管孩子们遇到什么样的苦难,我们都应该成为他们人生路上的指路人。

"快乐着学生的快乐",在学生失败的时候送上一个温暖的眼神并给予真诚的帮助,在他们成功的时候送上一句温馨的祝福,在他们痛苦的时候送上一个关怀的拥抱……这是吴老师所崇尚的信念,也应该是我们所追求与学习的事情。

在吴老师四十余年的教学生涯中,她时时刻刻的向我们诠释了"善良"二字的含义,愿我们每位耕耘者都能成为一名善良的教师。

让儿童有尊严的生活

——读《吴正宪课堂教学策略》有感

密云区第六小学 郭海霞

近期,重新拜读了我国小学数学特级教师吴正宪老师主编的《吴正宪课堂教学策略》一书。让我再次深深地感受到了吴老师对学生的关注和理解,正如北京教育学院杨文荣教授所评价:"强调儿童的主体地位,发挥儿童的积极性、主动性,让儿童有尊严地生活,这是吴正宪儿童数学教育思想的一大亮点,也是吴正宪教学成功的根本原因。"

吴正宪老师对学生的尊重不是口头说说而已,而是一点点地渗透在课堂教学的细微处。21 个策略,各个都汇集着精湛的教学技艺,每一个不同的策略背后都始终围绕一个核心,那就是以学生为本。

一、直面学生现实 修改教学目标

对于多数教师而言,在设计教学目标时,无疑会把教参当成最重要的依据。然后凭着自己的主观经验,遵照教学目标的内容设计自己的教学活动。但在吴老师看来,当今的课堂,仅凭经验教学已难以满足学生的需求,教师要不断研究学生,根据学生的需求修改教学目标。

在教学《9 的乘法口诀》一课时,教师第一次制定的教学目标如下:使学生掌握 9 的乘法口诀;培养学生初步的知识迁移能力;使学生体会数学的价值,培养对数学的学习兴趣。

在对学生进行前测的过程中,老师发现,56.8%的学生能将 9 的乘法口诀全部写对,11.4%的学生表达不规范,25%的学生写出了大部分(写到六九或七九),6.8%的学生写出了少部分。从对学生的实际调查来看,大部分学生在老师教学之前,已经能写出 9 的乘法口诀,不会的只有少数学生。根据这个实际学情,老师将教学目标调整为:在学生初步了解 9 的乘法口诀的基础上,进一步理解 9 的乘法口诀并熟记口诀;学生通过观察、交流、归纳等方法,发现口诀的规律,能根据发现的规律找到口诀之间的联系;学生在寻找9的乘法口诀规律的过程中,感受数学的规律性,获得探索规律的一些方法,体会自信,增强探索的兴趣。

可见,调整后的教学目标,更符合所教学生的认知现状,更具有针对性;调整后的教学目标更注重数学知识之间的联系与数学规律的探索,更注重在学生已有经验的基础上开展教学,注重学习方法之间的迁移,更能够促进学生的发展。正如吴老师所说的,教是为学服务的,课堂是为学生设计的,要努力读懂学生,自觉树立研究学生的意识。在充分了解学生的数学现实的基础上制定的教学目标,才是回应学生的需求、促进学生发展、切实有效的教学目标。

二、创设故事情境　引发学生思考

数学往往给人的印象是抽象、枯燥的。让情境承担起激发学生学习兴趣的任务,唤起学生的积极情感,无疑是一种非常有效的途径。吴老师在组织教学的过程中,充分尊重孩子的思维特点,总是想办法创设一些有趣的情境。

例如:在教学有关周长的数学问题时,吴老师创设了这样的情境:一个叫巴霍姆的人想在草原上买一块地。卖地的人说:你如果愿出1000卢布,那么你从日出到日落走过的路围成的地就都归你。不过,日落之前你必须回到原来出发的地方,否则你的钱就白花了。巴霍姆觉得很合算,就付了钱。他想走出最远的路线,得到尽可能多的土地。第二天,太阳刚刚升起,他就开始在大草原上奔跑起来。故事引发了学生的思考:巴霍姆该怎样围地呢? 他使尽全力,跑的路线长短是不变的,关键是看他围成什么形状。也就是周长一定,什么图形的面积最大的数学问题。多么有趣,而且具有数学味道的故事呀! 学生被深深吸引,这种吸引不仅仅是故事情节的吸引,关键是使孩子们产生了研究的欲望,使孩子们感受到了数学问题的解决带来的兴奋和成就感。

三、正视学生错误　绽放课堂精彩

大多数教师对于表现出色的孩子总是喜笑颜开,当看到学生出现的错误,则会愁眉不展,甚至不知所措。但在吴老师看来,课堂上的错误提供给学生成长的契机。出错是学生的权利,帮助学生有效利用错误资源则是教师的义务。吴老师非常看重如何让学生享受这个"去伪存真"的过程,如何乐于、善于运用学生的错误资源,让学生增长知识,形成智慧。因此,在她的课堂上,学生的错误经常能绽放出别样的精彩。

在教学《三角形三边关系》时,班里有个小男孩坚持认为5厘米、3厘米和8厘米的小棒可以围成三角形,而且他用这三根小棒似乎真的摆出了三角形给大家看。这时候,吴老师没有急于否定他的想法,而是用实物投影放大看似围成的三角形,引起大家的争论,让大家发现用小棒摆出来的三角形在衔接处的误差,然后再用课件验证这样长度的三条线段是围不成三角形的。小男孩终于发现了自己的问题,主动修正了自己的观点。这一系列的教学活动,使学生错得自然,错得明白。我想,不光是出错的小男孩,应该是班上的大多数孩子都会对三角形三边关系记忆无比深刻。

这就是吴老师的教育智慧,她不仅欣赏学生的出色表现,肯定学生的进步,更能及时捕捉学生中出现的错误,并将其转化为全班学生的学习契机,引导大家针对问题进行更为深入的思考,从而发现新的问题。学生在经历错误、认识错误、纠正错误的过程中,实现真学习,真探究,从而绽放课堂精彩。

四、延迟评价　给予空间

很多时候,老师将更多的注意力放在了教学内容的设计上,对教学评价关注得比较少。但对于学生而言,老师的评价是非常重要的,老师的评价可以左右学生的情绪,可以影响教学的进程,也直接决定着教学的效果。有研究表明:当老师把等待时间从 3 秒延长到 5 秒时,就会出现下面一些结果:学生回答问题的时间增加,回答不出问题的情况减少,学生提出更多的问题,主动回答问题的情况增多,学生的自信心大大增强。

在教学"分数的初步认识"一课时,考虑到教学重点是对"1/2"的认识,吴老师让学生结合自己的生活经验,表示出自己发现的生活中的一半。有的学生用"一半"两个字表示,有的画一个圆并把它平均分成两份,有的画了一个桃子,旁边还有一把刀把桃平均分成两份。此时,吴老师在黑板上写出"1/2"这个分数并加以说明:"这就是你们生活中见到的一半。现在,你们对于自己的表示方法,愿意擦的可以擦,愿意保留的也可以保留。"有两个孩子不愿意擦去,吴老师尊重了学生的选择。随着教学过程的深入,1/3、1/4 陆续出现,其中一个同学把自己画的也擦去了,只剩下那个画桃子的男孩。吴老师耐心地等待他,等到出示 1/100,这个男孩画着画着放下了笔不画了,说:"画图实在太麻烦了!"此时,吴老师握着他的手微笑着说:"感谢你,你终于接受了这个分数。"面对学生出现的问题,吴老师采用了延迟评价的策略,通过耐心的等待,让学生真正经历"数学化"的过程并完成了对分数的初步认识,让学生从内心深处真正接受这看似抽象而又十分简单的数学符号,感受到数学的奇妙和力量。

吴老师的课堂教学策略好吃又有营养,它能有效地指导我的课堂教学。做智慧教师,让儿童有尊严的生活将成为我今后努力的目标!

读懂学生的内心世界让学生汲取
到好吃又有营养的"数学大餐"

——读《吴正宪丛书》有感

密云区第六小学 刘小红

第斯多惠说:"一个坏的教师奉献真理,一个好的教师则教人发现真理。"①成尚荣先生也说:"要让孩子们的思维任意遨游,在属于自己的世界里尽情勾画涂抹。不要让孩子们富于幻想和充满好奇心的天性在学习中消失殆尽。"②吴正宪老师在她的《吴正宪课堂教学策略》和《吴正宪给小学数学教师的建议》这两本著作中也提到了:作为教师要给学生提供好吃又有营养的"数学大餐"。作为一名数学教师,我要让我的学生爱上数学课,要让他们在数学课上有所收获,通过数学课的学习为学生的终身发展奠定基础。怎样才能像吴老师那样为学生提供好吃又有营养的"数学大餐"呢? 我认为为学生提供好吃又有营养的"数学大餐"前提是读懂学生的内心世界。

一、尊重是读懂学生内心世界的前提

学生的内心世界是极其丰富、多变的,教师只有走进学生的内心世界,才能明白学生所思所想,才能激励学生学习,促使学生积极地思考,从而提高课堂教学效率,为学生提供好吃又有营养的数学课。

记得在讲"先除再乘(或除)"的两步实际问题(即归一应用题)时。在学习"老师买 8 支钢笔,一共用 72 元。照这样计算,买 16 支钢笔要用多少元?"这道题时,学生想出了两种解题方法,一种是归一法,即:①每支钢笔多少元? $72 \div 8 = 9$

---

① 张焕庭:《西方资产阶级教育论著选》,人民教育出版社 1964 年版,第 357 页。
② 选自吴正宪、周卫红、陈凤伟编著:《吴正宪课堂教学策略》(第 11 章),华东师范大学出版社 2013 年版,第 118 页。

(元)②买16支要用多少元？$9 \times 16 = 144$（元）；另一种方法是倍比法，即：①16支是8支的多少倍？$16 \div 8 = 2$②买16支钢笔要用多少元？$72 \times 2 = 144$（元）。探索完这道题后，我又出了一道相应的练习题：买4个鼠标要用120元。照这样计算，买25个鼠标要用多少元？学生读题找出已知条件和问题，并分析完数量关系后，我找学生列式。回答问题的几个学生都用的是归一法。在学生掌握了归一这种方法后，我问学生还有没有别的方法时，有的孩子想到了倍比法。当时我在备课时想到25除以4除不尽，所以我想在课上只要学生说出这种方法就行。于是我把算式$25 \div 4 \times 120$板书在黑板上后，就对学生说，"你们的想法是对的，这道题用这种方法可以但我们现在还不能计算出结果，那我们就说到这儿。"我的话音刚落就听到一个声音"老师这道题可以这样算。"我勉强对举手的小新说："那你说说看。"小新站起来说："$25 \div 4 = 6 \cdots\cdots 1$（个）$120 \div 4 = 30$（元）$\cdots\cdots$"我一听他说用"$120 \div 4 = 30$（元）"立刻想到他可能用的是归一法，于是没等他说完我就让他坐下了。小新用不甘心委屈的眼神看着我，然后没说什么就默默地坐下了，这道题就这样过去了。这道题练习做完后我又安排了新的练习，让同学们自己在本上列式解答。当我巡视到小新处时他迫不及待地说："老师，那道题可以这样做。"没等我说话他就接着说："老师，$25 \div 4 = 6 \cdots\cdots 1$（个）$120 \div 4 = 30$（元）$\cdots\cdots$"一听到他说到这儿，我有些生气地打断他的话说："还用$120 \div 4$吗？这不就是我们刚才说的那种归一方法了吗？""不是老师我还没说完呢。$25 \div 4 = 6 \cdots\cdots 1$（个）也就是6倍还余1个，那么就得求一下一个鼠标多少元？$120 \div 4 = 30$（元）就是求出一个鼠标的价钱，接着用$120 \times 6 = 720$（元）$720 + 30 = 750$（元）这样就能算出结果来了。"说完他长舒一口气，满意地坐下了。

是啊！这种方法怎么不行？在我的课堂上，经常会有这样的场景发生：当学生的回答与我的预设一致时我就及时肯定表扬，可是当学生的回答与我预想不一致时或我认为不对时，更多的时候我都会打断学生的发言，以节约时间为由，不让学生继续说了，更不会给他们再次表达自己想法的机会；甚至会批评回答问题的孩子为什么不注意听别人发言。现在回想一下，我都能回想起被我批评孩子的眼神和表情——那么的无辜和不明白。而这个小新是个执着的孩子，可是我们的课堂上还有那么多不自信、不能坚持自己的意见，更相信老师权威的孩子们，本来我们的学生就缺少质疑精神、就缺少执着精神，当他们看到老师都没有耐心听完自己的话时，他们会有什么想法呢？他们会想：我说错了老师不让我说，下次我不说了；会用一种方法解题就行了，不想别的方法了；老师总是让我们注意倾听别人的发言，可是老师都没做到……长此以往只能使学生越来越不自信、不思考。这样的数学课怎么能成为学生喜欢的数学课怎么能称为有"营养"的数学课。

作为教师我们总是习惯从自己的主观意识出发去判断、去思考学生,但那只是老师的想法而不是学生的想法。吴老师在《吴正宪课堂教学策略》这本书中就提到尊重学生是读懂学生的前提,学生是活生生的人,要想走进学生的心灵、读懂他们,就要充分地尊重他们、理解他们,满怀真情地倾听他们的心声。唯有尊重,才有可能读懂学生。吴老师的书让我明白了只有尊重学生,才能走进学生,教师为学生提供的好吃又有营养的"数学大餐"学生才会爱吃。

二、全面了解学生的想法是读懂学生内心世界的基础

教师只有从多方面多角度去读懂学生,才能把握教学起点;只有全面了解学生的需求,才能更好地因材施教,创建学生喜爱的课堂。

在学习"两、三位数乘一位数的进位乘法"这节课时,因为有了学习不进位乘法的基础,我让学生尝试独立计算 $18 \times 2 =$,在学生做题过程中我去巡视,我发现学生出现了以下几种错误:

$$
\begin{array}{ccc}
① \begin{array}{r} 1\ 8 \\ \times \quad 2 \\ \hline 2\ 6 \end{array} &
② \begin{array}{r} 1\ 8 \\ \times \quad 2 \\ \hline 4\ 6 \end{array} &
③ \begin{array}{r} 1\ 8 \\ \times \quad 2 \\ \hline 1\ 6 \end{array}
\end{array}
$$

学生怎么会有这些"五花八门"的错误呢,我真有些摸不着头脑,于是我赶紧在黑板上板书算式重新讲解。在我的反复强调下学生在后面进行练习时出现的错误明显减少了,可是一些学生对第②种错误依然很执着。到底是什么原因造成学生的错误如此顽固呢? 我找来了出现第②种错误的 5 个学生,通过与他们交流,我发现有两个学生是这样想的:在计算加法时,可以先加进上的数然后再加上另一个加数十位上的数,计算乘法时也可以这样算;有一个学生是这样想的:个位相乘满十向十位进1,这个1就是1个十,那么十位上就应该是2了,所以应该用2乘2个十;还有一个学生说不清自己是怎么想的? 感觉计算乘法的过程应该与加法差不多。

与学生交流后,我不断地反思分析出现错误的这几个学生的计算过程,应该说造成学生对第②种错误这么执着的主要原因就是学生受到了加法的影响。加减法是学生在一、二年级主要研究的运算,他们对加减法运算的认识很深。因此受到加法的影响在计算乘法时,有的学生也就习惯先用十位上的数加上进上的数然后再与一位数相乘。应该说在与学生交流之前,我根本没有意识到学生在计算进位乘法时会受到进位加法的影响,我当时在备课时认为有不进位乘法的基础,学生应该很好理解进位乘法。

很高兴我没有把学生的错误都归结为"马虎",很高兴我也没有通过大量机械的重复性的练习帮助学生"记住这个乘法该怎么计算",我通过与学生的交流,通过对学生产生错误进行了分析,找到了学生出现错误的原因,"对症下药"修改了我的教学设计,这样的教学既解决了学生的问题,又使得我在计算教学时不仅关注学生对算法的掌握,又注重对算理的理解,真正处理好了算理和算法的关系,我想这样的数学课才是好吃又有营养的"数学大餐"。

吴老师说,"有营养"的数学教育就是学生在学习数学知识的过程中获得终身可持续发展所需要的基本知识、基本技能、基本的数学思想、基本的数学活动经验、科学的探究态度及解决实际问题的创新能力。"好吃"的数学教育就是把有营养的数学烹调成适合学生口味的数学、学生需要的数学。

作为教师,我们要与学生架起一座平等互尊的桥,教师和学生手牵手的站在一起,师生的思想才能彼此激活,数学学习才能具有人情味;教师要"用心去爱每一个学生",一定要学会站在学生的角度想问题,了解学生的心理特征、生活经验、认知基础、思维障碍和成长规律,用真诚的爱心去读懂学生,使每个学生都能得到充分的发展。读懂学生的内心世界,才能给学生提供好吃又有营养的"数学大餐"。

"理答"——教师儿童观的一面镜子

——读《吴正宪课堂教学策略》有感

密云区第六小学　王化伦

新课程强调师生交往、互动和对话,而"提问"与"理答"是实现师生互动的重要手段和重要外显形式。其中"理答"是教师重要的课堂教学技能,指在学生回答问题时或回答问题后教师如何回应及采取的方式。

在《吴正宪课堂教学策略》这本书中,吴老师为我们介绍了以下一些策略:针对回答启发诱导,等待中促进自省,重复中突出重点,转向中扩大参与度。

在日常教学中,我们边学习,边实践,对于理答这个问题也有了一些思考,总结了一些方法。下面就结合几个小例子,向大家做一介绍:

一、顺势而为

一天,上小数乘法前带领学生复习一下整数乘法的计算。因为刚刚接的一个新班,想了解一下学生的各种情况,所以在出示题目时我并没有板书,而是说,学生听并计算。其中有一个题目是165乘32,当学生都计算完毕,我开始订正答案:"谁做对了?"全班除了一个学生没有举手,其他人都高高地举起了小手。

我马上来到这位同学的身边,发现他的结果是3990,我马上问:"谁能用一个简单的办法来说明3990这个结果肯定是不对的呢?"这时一位小姑娘站起来说:"我们可以采用估算的方法,把165估成160,把32估成30,160乘30得4800,在估算的时候,我们把因数都估小了,乘积是4800,准确的乘积肯定比4800还要大,不可能是3990。"同学们听了小姑娘的发言,纷纷点头称是。

得3990的同学站了起来,说:"我刚才听错了,把165听成了125。"我马上又说:"如果是125乘32,谁能口算结果呢?"同学们思考了一会儿,一位说:"我们可以将32拆分成8乘4,然后用125先乘8得1000,再乘4就得到4000了。"

此时,我继续追问:"通过这件事情,给大家什么启发呢?"同学们纷纷总结说:"课上倾听很重要,一是要认真听老师的讲解,同学的发言也应该仔细听,因为从同学的发言中我们可以学习到很多好方法;另外,计算时我们应该自觉地采用一些方法进行检验,比如估算的方法,还要利用一些运算定律进行简便计算,从而提高计算的速度。"

我又补充道,学习中,我们应该像得3990的这位同学那样实事求是,自己做错了敢于承认,而不是滥竽充数,不懂装懂。刚才,正因为有了这位同学出现的错误供我们讨论,我们才有了更多的收获,我建议,大家把最最热烈的掌声送给这位同学!

二、难得糊涂

记得执教六年级第一学期的《工程问题》时,有一个环节我是这样设计的:

首先出示学校操场图片:新学期时,大家肯定发现我们的操场有了新变化,这是因为在暑假里,学校将操场进行了重新铺设。在我们的数学知识中,也有一类问题和施工有关,叫作工程问题。在施工期间,校长把300平方米塑胶跑道的铺设任务交给了甲、乙两队共同来完成,甲队单独铺10天完成,乙队单独铺15天完成。如果甲、乙两队合铺,用几天完成?

同学们马上解答了出来:$300 \div (300 \div 10 + 300 \div 15) = 6$(天)

接着,继续出示:校长又把600平方米的铺塑胶操场的任务交给了甲、乙两队。甲队单独铺仍然需要10天完成,乙队独铺仍然需要15天完成。如果两队合铺,几天完成?

刚刚出示完这个题目,一些同学就脱口而出"应该是12天完成。"这时,我并没有对学生的答案做出否定,而是顺着这部分学生的思维,说:"既然工作总量扩大了2倍,合作时间也肯定会扩大2倍,变成12天呀!大家的反应可真快呀!"学生听了我的表扬,都露出了灿烂的笑容。我继续又说:"下面就请大家通过列式计算来证明我们的发现吧!"

同学们迅速列出算式,通过计算,发现$600 \div (600 \div 10 + 600 \div 15) = 6$(天),看到这个结果,有的学生不由自主地发出了各种疑惑、不解的声音,但此时,我仍然在装糊涂,说到:"怎么还是6天呢?工作总量明明变化了呀!时间也应该变成12天呀!"

老师的"糊涂样",激发了学生观察、探究的欲望,学生从心底产生一种"我要给老师讲清楚,我比老师还要厉害"等等的想法!于是,同学们又开始尝试将工作总量变成了900、1200,甚至是特别不好计算的1000等等数据,可想而知,结果肯定还是6天。这样的结果引发了学生进一步的思考和探究,学生在给我这个"糊涂"的老师解疑的过程中,逐渐明确了这样一个道理:无论工作总量怎样变化,两个工程队的工作效率占工作总量的分率总是不变。进而得到了一种新的解题思路,较好地完成了本节课的教学任务。

这节课后,我对"难得糊涂"有了新的认识。当我们面对学生学习中出现的问题时,不必立即回答、立即纠正,更不要为了显示自己的聪明才智给学生一个明确的答案。我们也不妨装装"糊涂",给学生思考的时间,给学生探究的空间,问题也许就将成为引发学生独立思索的导火索,独到的见解、精彩的言论就在教师的"糊涂"中悄悄萌发,开花结果,变得异彩纷呈。

只要学生变得越来越聪明,我们"糊涂"一些又何妨呢?

三、察言观色

记得那次上《倒数的认识》这节课时,给我留下印象最深的就是0有没有倒数这个知识点的处理。根据以往的经验,当老师问到"0的倒数是谁"这个问题后,会有一部分学生认为是0,而有的同学会认为0没有倒数,从而产生争论,最后,后者说服前者。

但是,在那次课堂上,当我问了同样的问题后,学生出现了一边倒的局面,全都说0的倒数是0。老师再次发问,学生更加肯定,第三次发问时,学生几乎做到了异口同声。

这样的局面还真是没有见过,但是,我还是沉住了气,并没有马上揭示正确答案,而是悄悄地察言观色,发现学生中的"另类",当我发现这个小姑娘的眉头微微有些皱起时,以我对她的了解,我知道她肯定有自己的想法,但就是不敢说,看来需要我这个老师助他一臂之力了,于是,我叫起了她,小姑娘用不太肯定的语气说:"0乘任何数都得0,永远不得1,所以,0应该没有倒数吧。"当老师再次追问"0的倒数是谁"时,学生恍然大悟,马上"调转车头"返了回来,我趁机对那位小姑娘大力表扬:"她不盲从大多数,在大家都说0的倒数是0的情况下,敢于发表自己的不同见解!大家在她的引导下知道了0没有倒数的这个知识,我们应该感谢她!"说完,我带头和同学们一起将最热烈的掌声送给了她。

我相信,这个环节不仅仅使我这个老师至今难忘,同学们也会记忆深刻,而那位小姑娘更会如此吧!因为在这节课上,她突破了自己,在今后的学习中她变得更加的自信、阳光了!

通过这一个个小小的随机事件,我体验到,教学中可能随时都会出现一些教学设计之外的事情,对于这些偶发事情,作为教师的我们,应该有一双善于捕捉的眼睛,在极短的时间内思考,这件事情对课堂教学可能会有哪些作用,我们如何将它潜在的功能开发出来,要想做到这些,我想这需要教师对教学内容、教学目标的理解、对学生情况的掌握,同时也考验着老师的教学理念以及你心中的学生观。正所谓,教学无止境呀,且教且感悟吧!

数学核心素养的培养源于有价值的活动设计

——读吴正宪老师《学生的数学素养从何而来》有感

密云区南菜园小学　郑雪征

作为小学数学一线教师,我通过各种培训学习,听到最多的词语莫过于"数学素养"。大家一致认为:多年的数学学习后,那些数学公式、定理、解题方法也许都会被忘记,但是形成的数学素养却终身受用。因此培养小学生的数学素养比学生知识能力的习得要重要的多。那么,什么是数学素养? 经过学习与查阅我发现有以下几种观点:顾沛先生说,数学素养就是把所学的数学知识都排出或忘掉后剩下的东西。史宁中教授将数学学科的核心素养解读为三句话:用数学的眼光观察数学世界,用数学的思维分析现实世界,用数学的语言表达数学世界。张奠宙教授则认为:通俗地讲,数学核心素养包括"真、善、美"三个维度。(1)理解理性数学文明的文化价值,体会数学真理的严谨性、精确性;(2)具备用数学思想方法分析和解决实际问题的基本能力;(3)能够欣赏数学智慧之美,喜欢数学,热爱数学。还有的资料显示:"数学素养是指当前或未来的生活中为满足个人成为一个会关心、会思考的公民的需要而具备的认识,并理解数学在自然、社会生活中的地位和能力,做出数学判断的能力,以及参与数学活动的能力。"………这么多种精辟的解读,让我惊叹不已。慢慢地沉淀下来后,总有一些问题困惑着我:要培养学生的数学素养,我一个天天站在数学课堂上的小学数学教师该怎么做呢? 我怎么能让我的学生体会到数学真理的严谨性、精确性? 怎么能让我的学生拥有用数学思想方法分析和解决实际问题的能力呢? 我又怎么能够让我的学生能够欣赏到数学智慧之美,喜欢数学,热爱数学呢? ………这一个个不解之谜困扰着我,一时之间不知怎么办了?

正在我困惑迷茫之际,我读到了吴正宪老师的一篇文章《学生的数学素养从何而来》吴老师认为:学生的数学素养来自学生的质疑反思;来自于学生会用数学的思维方式想问题、办事情;来自学生稳定的个性特征。在文章的结尾吴老师这样写道:"学生的数学素养从何而来？从学生的独立思考中来,从学生的活动体验中来,从学生解决问题的过程中来,从学生的互动交流中来,从教师有价值的引领中来……"细细品味每一句话,斟酌每一个字,让我豁然开朗。原来学生数学素养的培养就蕴含在我们每一节数学课中,就在我教师有价值的引领中,就在数学学科的本质中……这样亲近课堂接近地气的阐述让我再次如获法宝,为我指明方向。让我更加深刻地懂得数学课必须要充满浓厚的数学味。不仅要教知识,更要形成技能;不仅要积累数学活动经验,更要锤炼数学思维,从而不断提高学生的学习能力,提升数学素养。作为小学数学教师,我们更应该精心设计我们的常态课堂,让核心素养在学生身上自然生成。

一、把握学生真实情况设计有效数学活动

吴老师告诉我们说:学生的数学素养从学生的活动体验中来。由此看来设计有价值的数学活动尤为重要。我认为可以通过前期调研,把握学生真实的情况,根据学生的实际情况设计数学活动。例如在教学《长方形的面积》一课时,我没有按照教材所呈现的数学活动而安排,而是通过课前的分析调研,分析调研数据,有针对性地设计了我们的数学活动。

下面是我们的调研题目及分析:

1. 下面图形的面积是多少平方厘米?（每个小格表示 1 厘米^2）

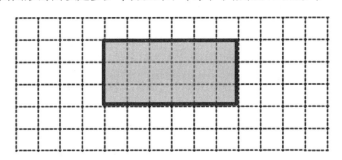

面积是(　　　)厘米^2。在你使用的方法前面,打√。

(　　　)我是用数一数的方法。

(　　　)我是用乘法算式解决的,算式是:＿＿＿＿＿＿＿＿＿＿＿＿

分析:调查 33 名学生,正确率 100%。

11 人用数方格的方法得到面积。其中 6 人采用一一数格子得到图形面积;3人只数出每排个数和排数也得到了面积。剩下的 2 人没有留下任何痕迹。

22 人用计算的方法得到面积,有 5 人什么都没有标注,有 10 人标出每排个数和排数得到了面积。

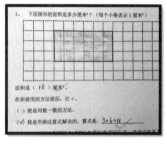 

还有 4 同学这样错误的认识:

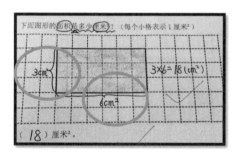

只有 3 个同学能有这样的正确认识:

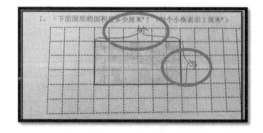

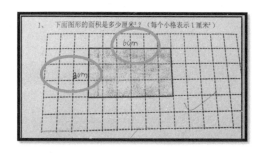

通过数据分析,我们有以下几点认识:

(1)学生已经掌握数方格的方法来测量图形的面积。

(2)有三分之二的学生能够主动与乘法计算对接。

(3)虽然学生能够用长乘宽的方法计算长方形的面积,但是不理解真正的含义。

2. 你知道长方形面积公式吗? 如果知道请写下来,并说说怎么知道的?

调研数据:17 人不知道,16 人回答知道

16 人回答知道中:7 人从书上看到的或是父母告知;4 人先数后来发现的,2 人没填写原因 3 人填写的是周长公式。

数据分析:

(1)看书、听他人介绍是孩子们学习的一种常用方式。

(2)"数"面积单位个数活动,学生可以发现规律

(3)面积与周长这两个概念仍是学生认知上的一个永恒困惑点。

3. 请你想办法求出下面长方形的面积,可以画一画,或摆一摆,写出你的想法。

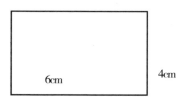

调研数据:33 人中有 29 人正确计算,4 人求成周长。

12 人无想法,就是套用公式计算。

15 人用下面画方格的方法,计算出图形的面积。

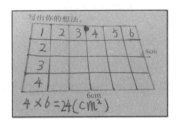 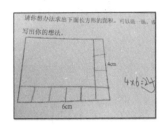

4 人错误地认为是求周长。

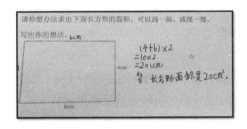

综上数据分析,我们认为:

(1)通过观察活动再次让学生弄清面积与周长的概念。

(2)"数"单位面积块这项活动,是学生发现规律的很好途径。

(3)利用单位面积摆、画求图形面积的方法学生已经掌握。

(4)弄清为什么求长方形面积,测量长、宽的长度就可以了,让二维空间与一维对接是这节课的难点。

于是我们在这节课上设计了如下几个数学活动:

(1)课件演示小蚂蚁爬树叶的动画,让学生用数学的眼光观察小蚂蚁爬行的情况,哪个是树叶的面积? 哪个是树叶的周长? 通过这样的观察比较的活动,培养学生的数学素养分清面积与周长的概念。

(2)利用单位面积块摆或用透明面积单位"数"单位面积来测量图形的面积,让学生在活动中感悟发现数学规律。

(3)采用边摆面积单位,边画图形长宽的活动,让学生弄清为什么求长方形面积,测量长、宽的长度就可以了,完成二维空间与一维的对接。

二、操作中退出放手反思中有价值的引领

通过前期调研,我们知道学生用数面积单位的方法得到图形的面积基本已经掌握。设计利用单位面积块摆或用透明面积单位"数"单位面积来测量长方形面积这个活动,目的是让学生在活动中感悟发现数学规律。于是老师完全退出,就让学生独立承担测量图形面积的工作。当学生汇报时,(有的同学全部摆出,有的同学只摆出长和宽)教师一句:怎么只摆出 8 个面积单位,你们也说是 15 平方厘米呢? 引领学生将面积单位个数与长、宽进行对接。接着教师又问:这两种方法哪个更好? 说明你的理由。让学生感悟数学的简洁美。此时教师的引领作用并没有结束,而是又出示了一个 12 平方分米的长方形纸板,让学生猜这个长方形纸板的面积? 学生出现了很多种答案。教师一句:"看来得再给你们一些信息"顺势教师在纸板上标出长 4 分米,宽 3 分米。这回再猜这个长方形的面积。学生异口同声是 12 平方分米。教师继续引领问:为什么? 这样为学生搭设思维的脚手架,引领学生将猜测与操作活动对接,让学生在操作与猜测中逐步感悟长、宽与拼摆的单位面积块的关系。

三、学生难处适时出手启发引领问题解决

前面虽然设计了几个数学活动,都在引领学生在操作中发现规律。但是当问到学生为什么测量长方形的面积时,只需要测量长宽就行了? 学生还是不能清晰地表达。此时教师的有价值引领就显得尤为重要。教师在黑板上画了一个长 6 分米,宽 4 分米的长方形。然后让学生用 1 平方分米的面积单位纸板,一个个地去度量长和宽。摆一个面积单位,教师就让学生在黑板上利用彩色粉笔画出一个小记号。等到这一排 6 个面积单位摆完了,教师又让学生用直尺一分米一分米地测量长方形的长。这下学生豁然开朗,单位面积的一分米与长方形长的每一个一分米都是相对应的。宽亦是如此。在这样的指导操作活动中,学生完成了长宽与面积单位个数的对接,同时也完成二维空间与一维空间的对接。

当然,数学核心素养的培养还需从更多方面着手,需要深厚的理论支撑、足够的教学智慧保障。我想,只要我们时刻牢记吴老师的话:"学生的数学素养从何而来? 从学生的独立思考中来,从学生的活动体验中来,从学生解决问题的过程中来,从学生的互动交流中来,从教师有价值的引领中来……"并在平时的课堂中努力体现追求,哪怕是每天一点点,只要不停步,学生的数学核心素养自然生长出来!

【参考文献】

[1]黄毕年节选自《新世纪小学数学》2015.6

[2]吴正宪. 理解把握核心素养有效提高教学能力

[3]聚焦核心素养　追寻数学本质——浅谈如何锤炼学生的数学思维

读书之乐莫过行为之变

——读吴正宪老师《我与小学数学》有感

密云区南菜园小学 郑雪征

自从听了吴正宪老师的一次讲座,就深深地被她吸引,吴老师精彩的发言、开怀的笑声、智慧的课堂都让我着迷。于是就开始在网络、报刊、新闻等地方留心观察吴老师。有幸成为吴老师团队中的一员,就更加应该好好地感悟一下吴老师,好好地研读一下吴老师这部美丽的书。很久之前,我就在寻觅吴老师撰写的这本书——《吴正宪与小学数学》可是都没有找到。今年偶尔看到一个语文老师正在阅读这本书,有意思的是她还在认认真真地做笔记,不禁让我感慨万千。看来真像大家经常说的:教育无界限。只要是好的教育思想,好的教育方法,没有学科之分。我异常兴奋,几句寒暄之后将这本书尽收己有。

也许是因为盼望已久,我仔仔细细认认真真地读了两遍这本书。也是因为对吴老师的无比崇拜,尤其是吴老师来密云,看到她的工作、听到她耐人寻味的课、更能感受到她走在教育前沿阵地上的那份执着与追求,所以拜读她的每一个字时,好像都能有画面浮现在眼前;好像都能找到那有源头的"活水"。所以,我坚信书中的每一个字都是真实的,每一个观点、方法都是经过实践证明过的。因此读起来就像是(教科书似的)教人知识,教人方法。现在细细想来其实更多的是吴老师人格魅力召唤。因为吴老师自身就是一本鲜活的教育教学教科书。她催人奋进,让人警醒。

吴老师16岁踏上工作岗位,由于工作需要,放下教了十几年语文的教学工作,当一名数学教师。为了当好这个数学教师,吴老师利用暑假把1到12册数学教材中的所有例题、思考题都像学生一样一一解答。对教材研读的同时吴老师还进行了艰辛的改革,她将数学空间与图形单元整理了六条龙;为了充实自己的课堂她骑自行车坚持每天听马芯兰老师的课;为了改革课堂教学,她把每一节课都当作公开课来上等等这些都让我折服。就像吴老师说的:我要能吃别人不愿吃的苦、我下别人不愿下的功夫。吴老师就是这样一位在漫漫教学路上勤于思考,善于反思,不断挑战自我的教改先锋,前辈。她凭着自己对教育的热爱和执着,博采众长,创立了自己的教学特色,趟出一条当代教师成功之路。字里行间,书写着成长中的点点滴滴,显示着她那独特的智慧,我认为这不仅是一本记录吴老师教育教学成长历程的文字,还是关于数学教学的精彩例题集锦。读起来是那样地亲切,想起来是那样地有趣,又感觉是那样地实用。数学在许多人眼中是枯燥无味,是难懂的。可是,在她的眼中,在她学生的眼中,数学却是美的,却是有意思的。但是数学的美是隐含的美,是待开发的美,这就需要教师努力地挖掘它的美——而吴老师就是这数学美的一位挖掘者,是一位用自己的一生,用自己的学习、实践、思考去创造数学美的人。数学在吴老师的课堂中显示出了美,学生在吴老师的课堂中充满了好奇与探索的欲望,体会到的不是学数学的枯燥而是无限的乐趣。作为一名师训者,我在解读吴老师的过程中,同样感受到了数学之美,也感受到吴老师淡雅与含蓄的智慧之美。

通过读这本书,我也有三点启示:

一是教师要想不断进步与提高,就必须树立终身学习的理念。这是掌握学科专业规律及研究成果的途径。不断学习,可以自我完善,自我发展,更可以轻松地面对一切,自如地处理一些事情。以这个来不断充实自己,要求自己,使之成为一个准则。

二是在众多的信息面前,该如何对待,使之为自己所用。该学习百家之长,博众家之采,结合自身的特点,创出自己的特色和教学风格。

三是冷静地思考,点点滴滴就会积少成多。

读书过后更多的是我们该如何去做?让专业的指导引领我们的课堂实践。正因为如此,我懂得了课前进行学情调研,我能把握孩子们的最近发展区;正因为如此,我知道了课后要回访一下孩子们,听听他们的心声;我更懂得了尊重,尊重我们的每一个学生,尊重我们每一节课;尊重每一个与学生生命对话的过程。所以我们是教师,我们是教育人;我们不同于任何一个与孩子打交道的人。我们真正行走在教育教学的道路上。所以我们不吼不叫教人真知;所以我们不打不骂教人方法;所以我们细声细语与人交流;所以我们点头微笑,静等花开。

最后以吴老师书中的一段话作为结束,与大家共勉:

当我们把教育教学工作作为一项事业,就会为之奋斗,无怨无悔;当我们把教育教学工作作为一门科学,就会不断地探索,乐此不疲;当我们把教育教学工作作为一种艺术,就会追求更加美好的境界,创造出神奇的效果。

学思融合　知行合一

——读《吴正宪课堂教学策略》有感

密云区南菜园小学　赵晓梅

吴正宪，耳熟能详。我曾近距离地与吴老师做过沟通交流，也曾近距离地听过她的讲座，还曾近距离地听过她精彩的课堂……这一切，都让我对吴正宪老师产生深深的敬意，爱之人。近期，学校组织大家进行读书活动。我就情不自禁地拿起了她的书，书名叫《吴正宪课堂教学策略》。

这本书，真好！通过深入阅读，我喜欢吴正宪老师那一个个鲜活的案例，好生动；我喜欢吴正宪老师那一条条的小妙招，好实用；我喜欢吴正宪老师那一条条的教学策略，好易懂……我暗暗下定决心，在以后的数学教学中，我会带着《吴正宪课堂教学策略》这盏明灯一路前行！其实，此书不仅让我有了浓厚的阅读兴趣，还促使我不断进行反思，在吴正宪老师行为的背后，还有哪些教育理念、教育价值呢？于是乎我有了更深入的理解。

一、作为教师，怎样看待儿童

在策略的背后，是吴正宪老师的育人观。教学中教师应该"把儿童当儿童看"，真诚地和学生站在一起，友善地走进他们的心灵，宽容地接纳学生的一切。如此，教师才能走进学生的内心世界，喜欢上老师，更喜欢上数学。

我在想，一个传道、授业、解惑的老师固然是位好老师，但要做到与儿童成为朋友，想必还有一定的距离。教师与我们的学生有着一定的年龄代沟，在这个前提下，还能和儿童成为朋友，那就需要教师拥有正确的儿童观。我们要从心底做到把儿童当儿童。这句话说起来简单，而想真正做到，我想还要不断地在工作中历练，无条件地接纳儿童的一切。除了宽容和理解，更需要教师营造的是一个令儿童感到宽松和安全的氛围。相信只有在这样的氛围中，儿童才能全身心地投入到课堂，碰撞出更多思维的火花。

　　既然学生是一个发展中的人,教师就要承认学生是不成熟的。学生身心发展不完善是发展过程中的正常现象。他们上课注意力不集中,意志薄弱,甚至思想品质出现问题等一系列错误。在我的课堂上,以上的种种行为学生都曾经历过。面对这样的事情,我气愤过,批评过,责备过。但事后,回到办公室,我又陷入深深地懊恼中:刚才的语气是否过重?儿童会不会因为老师的批评而影响到其他学科的学习?我应该用怎样的方式去抚平儿童伤心难过的心?总之,一系列的思想斗争每天都在进行着,使我明白作为一名学生眼中的好老师,家长眼中的好老师,同事领导眼中的好老师是多么的不易。但也正是有这些挑战的陪伴,才让我拥有更强大的内心,让我有了奋斗的目标。

　　二、作为教师,我们能够给予儿童什么

　　吴正宪老师最想对教师说的一句话是:"做一名好老师就从上好每一节课开始吧!"精彩的课堂源于对数学本质的理解和对学生心理认知的准确把握,而有效提问则是成功开启课堂教学的钥匙。以生为本,让学生获得认可,形成教师自己的教学风格和人格魅力是我的教学之路。

　　今后,可以引用《吴正宪教学策略》课程理念,从关注学生发展为出发点,认真上好每一节课,相信有了这些教学策略一定能更轻松驾驭课堂。我认识到经验是儿童数学学习的前提、基础和重要资源,是保证数学学习质量的重要条件,同时,有效地数学学习也是一个促进学生经验应用提炼和再积累的过程。数学学习就是在调动已有的经验发现和研究新问题的过程中,获得新的知识经验,进而不断深化的良性的探索过程。

　　利用儿童经验的策略有:

　　1. 回归生活机会体验。

　　2. 回到起点对接经验。

　　3. 回馈体验提升经验。其中,教学回归生活的策略感受颇深,例如教学几个相同的小正方体可以拼成一个大正方体?我直接把小正方体说成是魔方,拼成大正方体,我说成是在玩搭积木。学生听了很是感兴趣。

　　课堂练习设计的策略有:

　　1. 数学练习的设计要突出数学之间的联系。吴老师的课堂中经常出现步步为营的练习串,体现了层次性和发展性。通过真实情境地再现来设计练习,调动学生已有的生活经验,利用多种策略、方法让学生自主解决问题。减少机械地模仿和套用公式的练习。

　　2. 吴老师常说:数学知识仅仅是冰山一角,备课时一定要观其全貌,透过数学知识看到深邃的数学思想和方法,有了数学思想和方法,数学课才能深刻而厚重,学生才能学会数学地思维。利用一道道练习题不失时机地渗透对应、转化、分类等思想方法,是吴老师课堂教学的特色。

3. 吴老师常利用讲故事设计练习,沟通了数学模型与学生生活经验和知识经验的联系,架起了抽象的数学通往学生内心世界的桥梁,使抽象的概念、法则在学生的想象中有了精彩的解读。

三、作为教师,我应该往哪里走

读完吴正宪老师的《课堂教学策略》,让我认识到自己的不足之处。细细体会,数学教师应当努力运用有效的教学策略,引导学生探索数学的奥妙,在探索中除了学会数学知识,还要形成积极的情感、智慧的思维和完善的人格,让数学教学成为激发学生潜能、积蓄学生能源、促进学生可持续发展的动力。

读完《吴正宪课堂教学策略》这本书,我收获最多的不是记住了某一个教学策略,而是了解到读书就是将别人的思想变成一块石头,然后建造起自己的思想殿堂。纸上得来终觉浅,绝知此事要躬行。只有将思想转化为行动才是铿锵有力的。我将用我的行动来描绘我的教师之路,使自己不断地提高和完善。在今后的教学中,我要给自己的数学教学定下更高的目标。用心教数学,最大潜能把传授知识、启迪智慧、完善人格有机结合起来。让学生体会数学是一切科学的基础,数学是科学中的皇后。作为儿童的朋友,我也会努力成为一名充满情和爱,能给予学生智慧和愉悦的"立体"教师。

用"情、勤、创"激励自己

——读《吴正宪与小学数学》一书有感

密云区冯家峪镇中心小学 郭亚春

本学期,我利用课余时间研读了《吴正宪与小学数学》一书,吴老师在书中用简明的语言,具体的事例,深入浅出地将她一路走来的思索和心声娓娓道来。她坚持教书育人,注重学生创新精神的培养和健全人格的发展,使传授知识、启迪智慧、完善人格三者有机地结合起来,创造了孩子们喜欢的数学课堂。她成了小学数学教师的良师益友。正像中国科学院心理研究所张梅玲教授所概况的那样,吴老师的人格魅力可以概括为:"情、勤、创"。而我也应该从这三个方面来学习,用这三个字来不断地激励自己。

一、学习吴老师的深情厚谊

虽然与吴老师接触的并不多,只是听过几次课和报告而已。但仅仅是这几次接触,足以让我感受到吴老师的真诚和热情。读了这本书后我的这种感受更加的深刻,与此心中也充满了敬意。吴老师的真诚和热情不是说出来的,而是做出来的。我没想到,已经身为教研室主任的吴老师在生病打着吊瓶时也没有耽误给邻居家孩子补课的承诺;我也没有想到吴老师为了同事的孩子能上好学校而四处奔走,而自己的亲侄子却进了一所普通学校。吴老师用一颗博爱之心爱同事、爱朋友、更爱自己的学生。"一切为了学生"是吴老师教育思想的核心;"做孩子喜欢的老师"是她努力追求的目标。正如书中写道:要让学生喜欢"我",要做一个充满爱心,富有人情味的教师;要永葆童心,做孩子们真诚的朋友;要走进孩子的心灵……是的,吴老师做到了,她让一个数学只得了 17.5 分的孩子爱上了数学,她把课堂生活当作教师和学生互相交流的港湾,她使数学课真正的活跃起来,这样的老师谁不喜欢。每次听吴老师讲课时,我都会像孩子一样陶醉其中。这就是深情厚谊的吴老师,她用自己的行为感染着我,指引我如何去做一名让人们尊重,让学生喜欢的老师。

教师因为学生而精彩。每每看到学生因为吴老师而不愿意下课时、因为吴老师的离去而流下眼泪时，心中总有一种感动，那不是学生对老师的最好的褒奖吗？是什么让吴老师短短的一节所拥有那么大的魅力呢？我想除了是吴老师精妙的教学设计外，还和她在课堂中所体现出的对学生独有的爱有关吧！我们不是传授知识的机器，那只是教书匠了。我们面对的是一个个鲜活的生命，只有充满爱的课堂，那才是有生命力的课堂。如果一个老师连自己的学生都不喜欢，那他还能教得好学生吗？没有老师对学生的爱，又何来学生对老师的爱；没有学生的精彩，又何来教师的成功！教书的快乐在那里，我想最大的快乐，还是在学生吧。

"和学生一起走进数学乐园"是我最喜欢的一章。"让学生喜欢我""让学生喜欢数学""学生学会学习数学""让学生养成学习的好习惯"，这些不正是我苦苦追寻的教育理想吗？不是对我们常说的让学生"乐学""善学""会学"的最好解释吗？吴老师的这些教学理念和教学方法，给我的教学注入了新的动力，让我找到了自己和名师的差距，也让我找到了自己奋斗的目标！

我只是千千万万人民教师中的一员，只想做一名合格的教师，一个为学生喜欢、家长信任的教师。教书越久，越感觉到教书的魅力和教学艺术的无止境。我将在其上下求索，去追寻那人生的最大价值和最大快乐，做教师我不后悔！

二、学习吴老师的勤奋好学

吴老师初中毕业不满 16 岁就参加了工作，没有像我们一样上师范，接受了专门的学习和指导，可以说没有我们的基础好。可吴老师之所以成功，就在于她的"勤"上。她重视自身的苦练和积累，对自己的约法三章："要敢于吃别人不愿吃的苦，要乐于花别人不愿意花的时间，要敢于下别人不愿下的苦功。"吴老师仅用一个假期的时间就把 1 - 12 册全套的数学教材的例题和思考题及有代表性的练习题做了一遍，还根据数学知识内在联系整理成了知识网络图，整理了厚厚一大本学习笔记。这是多大的工作量呀，不知吴老师牺牲了多少个夜晚而换来的。而正是吴老师的辛勤付出，短短的一个假期就攻下了教材观。接着她不断给自己提出目标和要求，并按着自己的目标去学习、去实践。正是她的持之以恒、不断的超越自己，才奠定了扎实的数学素养，才有了今天的成绩。

三、学习吴老师的求新务实

听吴老师的课，有一个最大的感受就是新和实。我喜欢吴老师的课，她的课，知情交融，师生互动，她的课，充满了童趣，乐趣。课伊始，趣以生，课继续，情更浓，课已完，意未尽，45 分钟的数学课，像块磁铁那样把时空有限的课堂变为人人参与,各个思考的空间。吴老师的课总是会给人一种耳目一新的感觉,听课后细细品味却又觉得是那么的实实在在,没有什么花架子,每一个环节都是那么的和谐,情境的创设、对知识的体验和探索等都是为教学目标服务的,都是以课程理念为依据的。吴老师能够做到这一点,依然是与她的勤于探索和不断追求是分不开的。

在20世纪80年代初教育界片面追求升学率形成"大潮"。为了应付考试,大搞"题海战术",作业堆积如山,学生痛苦不堪。在这样的背景下,吴老师开始了小学数学改革之路的艰辛探索。在领导的指导和同事的支持下,吴老师开始着手"小学数学归纳组合法"的实验,吴老师首先从教材改革入手,根据知识的内在联系和学生的认知规律,重新编排了教材,组成了"六条龙"的小学数学知识体系,其中包括面积、体积、分数四则计算、分数和百分数应用题、数的整除和正反比例六大知识体系。这样的知识体系安排让教材变得更系统,从而使得学生学习起来也就更轻松。慢慢的,吴老师的课堂开始充满勃勃生机,学生负担轻了,学习的兴趣浓了,思维能力也明显提高了。

读吴老师的书收获的不仅仅是知识、方法,更是一种震撼,一串思考,一分启迪,鼓舞我在今后的教学路上勇敢地去探索、去实践。

最后,让我用书中的一首小诗来结束这篇文章吧:正宪是一本无字的书,你只有接近她,才会把她读懂;正宪是一首无言的诗,你只有了解她,才会体会那段情;正宪是一眼无底的泉,你只有品位她,才会甘美在心田;正宪是一面无形的镜子,你只有对找她,才会鞭策铸成功。

充满智慧的好书让人陶醉

——《吴正宪的儿童数学教育》阅读感悟

密云区南菜园小学 李雪梅

读书总是让人充满活力,阅读和工作有关的书籍更是能够让我感到职业生涯的有趣和有用,《吴正宪的儿童数学教育》这本书就让我再一次领略到吴老师丰富的小学数学教学经验和精湛的教学艺术。这本书虽然执笔者的文风有所不同,但书中描述的大量实例,无一不是对我工作的指导和启示。最喜欢的就是书中字里行间流露出的吴老师对数学教育的深刻思考,那样的教育智慧让我倍加感慨,并充满动力!让我不断地感受着,感悟着,陶醉其中!

一、吴老师让课堂"充满智慧"

吴老师的"善待差错"是那么细腻地理解着孩子,尊重着孩子。细细品读着"学生是发展中的人"这一章节,感慨着吴老师上《轴对称图形》一课的智慧,让我看到了老师对学生的尊重,看到了老师抓住学生的错误,不放任不管、不简单粗暴、不轻描淡写,而是来一场酣畅淋漓的辩论。就在孩子们的思维交锋中,在孩子们的思维摇摆中,辩出道理,原有的错误认识土崩瓦解,正确的认识逐步建立。

对于学生的错误,吴老师竟然用这样的形式充分地发挥了它的积极效应,这让我的思绪回到了那节我曾执教的《量角》一课。作为新鲜教师,课上有意识地让学生自己动手尝试量角,以示尊重孩子的已有经验,体现新课程理念。但是紧接着汇报展示的环节,却毫无保留地暴露了我与新课程理念背道而驰的教学观——隐藏学生的错误。我发现有的孩子把量角器当作直尺用,不知道该怎么摆放了,我心里明镜似的,但是汇报时我对这种情况视而不见,直接请了一位准确测量的孩子进行了演示,之后又在课件上再一次演示,并且总结出了量角的经典语录,整个过程都是在对正确的量角方法强化,强化,再强化。思绪飘回到书中,我真的很汗颜,同时也庆幸能够领悟着吴老师的课堂智慧!更加庆幸的是我当时得到了吴老师的现场指导,吴老师那样不隐藏孩子们的思考,不隐藏孩子课堂上出现的错误,不只关注孩子会不会,不为总结方法而总结方法,才是最有价值的。

吴老师说:"面对课堂上的错误,除了有一颗平常心,还要有处理错误的教学智慧和教学功底,将错误巧妙利用,……"从年轻教师逐渐步入成熟期的我,一直努力践行着,努力练就我的平常心,练就接纳错误的胸怀,练就处理错误的机智,让课堂上的错误不再"罪不可恕",让孩子们争当小老师来分享错误点,孩子们的学习也更加有实效了。

二、吴老师让课堂"充满创造"

书中描述的吴老师的课堂机智,怎一个"妙"字、"绝"字了得!一个个充满了智慧的教学瞬间,时刻在启发着学生们不断地创新着。这让我想起前国际数学教育委员会主席古斯曼说的一段话:"传统教育的诸因素,在小学的最初几年里,就抑制了儿童身上先天的创造能力……这是很可悲的。"很显然,吴老师的课堂是适合孩子们创造能力发展的数学课堂,是学生喜爱、家长们放心的数学课堂,更是我们教师应该学习的数学课堂。

品读着"启思的实践课堂"一节,触动了我内心最柔软的部分,我们不仅仅是教师,我们还有一个非常重要的身份,那就是家长,作为家长,大家一定希望自己的孩子能够遇到吴老师这样的老师,能够享受吴老师的课堂教学。自己的孩子,我们一定不希望在这个时期,亲身经历她的"被成人化"。作为一名家长,我们也一定很担心孩子的学习越来越"规矩",没有创造力,学习毫无自我,越学习越不快乐,我想我的想法也会是那么多家长的心声。

看了这一章节,感悟着吴老师"在实践中体验、在体验中思考、在思考中创造"的教育智慧,既是家长又是教师的我被深深地触动了,从我做起,让尊重在我和学生们的相处中发光,让自主和开放在我的数学课堂上成为常态。在课堂上,多给孩子们一些当小老师的机会,让孩子们充分表达;在学习计算的时候,给孩子们多一些结合生活经验谈谈计算道理的机会;在学习几何图形的时候,给孩子们多一些动手操作的机会;在学习统计的时候,给孩子们多一些社会实践的机会……我相信孩子们的奇思妙想就蕴藏在这一次又一次的机会中,孩子们的创造力就会有更好的发展。

三、吴老师让我们"充满热情"

这是一本亲切而富有美感的好书!让我这个步入成熟期的教师又仿佛回到了刚刚参加工作时候的状态。近二十年的工作生涯,积累了教学经验的同时,也磨灭了好多工作热情,遇到了一些专业化发展的阻力。庆幸我还能有阅读的习惯,庆幸能够读到吴老师的书籍,让我重新审视自己的教学经验,让我有了专业进一步发展的动力,让我又一次燃起对工作的热情!

　　书中大量的课例给我以引导,总是让我禁不住反复研读,研读那些精妙的做法,领略吴老师的机智和魅力。更多的是思考,思考我自己的不足之处在哪里,思考吴老师的哪些做法能够为我所用。吴老师宽容、平和的心态,课堂教学的机智和魅力,逐渐改变着我,挑动着我专业发展的神经,让我的课堂上多了一些等待,更多了一些"费尽心机"。教学观念的转变改变了我的教学行为。课堂上,我的孩子们在学习平行四边形面积时,有了更多动手自制学具的机会,并创造性地在平行四边形框架上加了一条"活动高",平行四边形的面积在孩子们的头脑中就变得更加透明了。在学习计算时,孩子们有了更多结合生活经验、直观图形来理解算理的学习活动,计算也不再是"练练练"了。在很多时候,孩子们家里的物品更是成了研究的素材,数学课更活了。孩子们的课堂更加丰富了,我的研究意识也更浓了,遇到问题能够更加深入地进行思考,查阅资料、找不同版本的教材分析对比、分析学生已经会了什么、老师应该教些什么、设计课前调查问卷、进行课后反思并调整教学设计。

　　吴老师的儿童教育观告诉我们:要把学生当做友善的朋友,把课堂当作教师和学生互相交流的温馨港湾。吴老师所到之处,总是能够燃起学生和老师们的热情,就是这样的一本书,都鞭策着我用更大的热情努力研究教学,让自己的数学课堂也更有味道!

　　丰富多彩的教育心得和课堂实践滋润着我的大脑,吴老师的教育智慧,更是挑动着我读书学习的神经。吴老师的教学底蕴何其深厚!我们实在应该多阅读这样的书籍,让阅读充实大脑,让读书成为生活习惯!本书不仅有理论的高度,而且有实践的方法,让我陶醉其中!太多太多的感悟,期待着再一次和大家分享!

"不解渴"课堂两步走!

——读《吴正宪课堂教学策略》有感

密云区季庄小学 邱凯利

吴正宪老师在数学教学界就像是标杆一样的存在,在我工作的第一年,我的师傅就送了我一本书,正是吴正宪老师的《吴正宪课堂教学策略》,正是因为这本书,开始了我与吴老师共同探秘的数学之旅。

一、课堂"不解渴"现象

吴老师书中分享了这样一个小故事:

教师在执教人教版小学数学二年级下册"万以内数比较大小"时,就遇到了课堂"不解渴"现象。学生在一年级学习过百以内数的比较大小,新授内容万以内的数比较大小方法与百以内数比较大小的方法基本相同,有了一定的学习基础,学生课堂反应十分活跃,在愉快的氛围中结束了学习。但是,这也引发教师的思考:课堂上学生表现出来的兴奋是对教师设计多彩情景的反应,是思维上活跃还是什么原因呢? 一系列疑问扑面而来,为了寻求答案,教师对另一个班开展了课前调研,通过知识问卷、访谈等形式了解学生对这部分知识的掌握度。结果分析全班45人,41人全对,学生对这部分知识已有初步认识,但对于比较方法和其中蕴含的道理,有部分学生不理解。教师依据调查结果对教材内容进行了整合,把四位数和三位数的比较大小放在一节课,改善效果明显。

读了这个小故事,不禁引发我的深思。在执教第一年,我担任两个班级的数学教学工作,其中一个班学生基础较为薄弱,成绩普遍不太理想。另一个班学生基础扎实,成绩优异。针对这样的学生差异,我在备课过程中选择迁就基础薄弱的同学,教学目标难度制定的相对不高,并且在课堂实施的过程中,我注意将教学过程放慢。在基础较好的班级中,绝大多数学生通预习、补课等方式对新授知识都有所了解,基于学生已有的学习经验,学生们都能够很快掌握重、难点,正确完成课堂练习,极个别学生通过学生间合作交流、探究也能够掌握新授知识,学生们课堂表现积极、课堂气氛活跃。

我通过阅读《吴正宪课堂教学策略》这本书,对课堂"不解渴"现象有了一定的了解,我才发现了自己的问题。在该班级的课堂教学中,对于大部分学生而言,课堂已经逐渐演变成对已有知识的巩固和复习,学生面临的挑战过低,在课上的提高甚微。

二、课堂"不解渴",两步走

我通过细读吴老师的三点建议,并经过课堂实践,针对课堂"不解渴"现象,我认为主要可以通过以下两步改善:

(一)深入了解学情,了解学生的需求

1. 课前调研,了解学情

课堂的主人毫无疑问是每一位学生!因此对于教学目标的制定、教学过程的设计都要依照学生的学情,主要关注学生以往的学习基础,有无新旧知识的衔接,以及学生对新知识的掌握程度。

在新授课前可以通过调研,比如知识问卷、访谈等形式,了解学情,通过结果反馈适当调整教学目的和教学设计。

例如我在新授整数、小数比较大小这个内容时,学生有一定的学习经验和学习方法,于是,我酌情修改教学设计,把教学目标进行了修改,由"掌握比较大小的方法"提高到"能正确的比较两个数的大小"。

2. 了解需求,因材施教

教师应当考虑本班学生普遍学习能力,并根据接受新知能力的高低来修改教学设计,不能千篇一的套用。比如练习题的设计要尤为注意,及时的课堂练习是巩固新知的基本,我针对两个班级中学生基础相差较多的问题,设计了不同层次的练习题,一两道小题,在课堂新授结束后实施,在课堂上解决部分学生的问题,并且保留练习卷,留做课后卷面分析。

3. 目标检测,及时反馈

课堂目标是否达成是每节课的重要考察点,因此我十分重视课后小测,它包含在教学设计内。我会针对教学重点、难点提前设计好课堂小测,用于课后检测,利用在校时间分析反馈,实施奖励政策以及个别辅导,有效提高课堂目标达成度。

(二)深入了解教材,教学内容合理整合

教师在深入了解学情的同时,也要深入了解教材,注意与后续知识进行整合,最大限度满足学生的知识需求,让学生在教学过程中,不仅体会到学习的轻松愉悦,也能体会到学习的挑战性,提升学习成就感。

我在新授运算定律这一内容时,在备课中,关注到一个小细节,其实比较乘法运算定律和加法运算定律,它们不论从探究方法,还是简算解答上,都有异曲同工之妙。因此,我打破教材安排的进度,将加法交换律和乘法交换律两个内容进行了整合。首先探究加法交换律,学生先猜想,再用不完全归纳法探索规律,接着应用规律进行简便运算,引导学生经历探索规律的过程,积累学习经验和方法。学生在经历加法交换率探究过程的基础上,非常顺利的掌握了乘法交换律,并能运用乘法交换律正确进行简便计算,课堂目标落实扎实。

以上是我对"不解渴"课堂现象的一点思考,在今后的教学过程中,我也会继续实践,至于如何真正解决这个问题,还需要长时间的实践以及教学经验的积累。

我相信每一位教师都曾经历这样的过程:被问题困扰、绞尽脑汁寻找解决办法、努力实践反思、及时总结方法。在学生们成长的过程中,我们陪伴他们一起努力,我想,这一切都是为了每一位学生有且仅有一次的人生;我想,这也是吴老师一直致力于教学研究的意义! 为了每一个孩子,让我们在这段旅程中共同努力!

智慧情境 精彩课堂

——读《吴正宪课堂教学策略》有感

密云区季庄小学 张 雪

吴正宪老师,数学教学的传奇人物,她强调学生的主体地位,注重发挥学生的积极性、主动性。吴老师关注学生的儿童经验,她主张回归生活,激活经验;回到起点,对接经验;回馈体验,提升经验。即使面对出错的学生,吴老师也能做到容错——等待花开;试错——诱导明理;纠错——引辩悟道;将错就错——悟中求实。我在暑假里仔细读了《吴正宪课堂教学策略》一书,两百多页的内容,二十一类策略,让我从制定教学目标到数学思想的渗透,对数学教学的方法策略有了全新的认识,在众多的学习内容中,我对创设问题情境的策略印象最为深刻,收获颇丰。

教学情境是一种特殊的教学环境,是教师为了发展学生的心理机能,通过调动"情商"来增强教学效果,而有目的创设的教学环境。建构主义学习理论认为:学习是学生主动的建构活动,学习应与一定的情境相联系。在实际情境下进行学习,可以使学生利用原有的知识和经验同化当前要学习的新知识。这样获取的知识,不但便于保存,而且容易迁移到新的问题情境中去。《数学课程标准》指出:"数学教学,要紧密联系学生的生活实际,从学生的生活经验和已有知识出发,创设生动有趣的情境,引导学生开展观察、操作、猜想、推理、交流等活动……"。

创设有效的教学情境,不仅可以使学生容易掌握数学知识和技能,而且可以"以境生情",可以使学生更好地体验数学内容中的情感,使原来枯燥、抽象的数学知识变得生动形象、富有情趣。可以说,良好的教学情境的创设,使学生的数学学习过程变得生动有趣,让学生在获取数学知识的过程中,获得积极的情感体验。

一、创设疑问情境,激发学习欲望

数学的学习往往是枯燥的、抽象的,对于小学生来说,有些知识显得乏味,这时候,情境就承担起了激发学生学习兴趣的任务,它是能够唤起学生积极情感的一种有效途径。创设疑问情境,让学生带着强烈的求知欲开启课堂的探究之路,有利于学生对新知的理解。上班十余年,听了吴老师很多课,在吴老师的课堂中,我们能够看到一个个有趣的情境,在每一个故事背后,都会引发学生深深地思考。

一节数学课上,吴老师一上课就给学生们讲了这样一个小故事:

一个叫巴霍姆的人,想在草原上买一块地。卖地的人说:"你如果愿意出1000卢布,那么你从日出到日落走过的路围成的地就都归你。不过,日落之前你必须回到原来出发的地方,否则你的钱就白花了。"巴霍姆觉得很合算,就付了钱。他想走出最远的路线,得到尽可能多的土地。第二天,太阳刚刚升起,他就开始在大草原上奔跑起来。

随后,吴老师问:"如果你是巴霍姆,你会怎样围地?"

故事引发了学生的思考,一定时间内,巴霍姆尽力地跑,所跑的路程是不变的,也就是说,巴霍姆要思考怎样跑,圈成的面积最大,也就是说,周长一定时,围成什么图形的面积最大?学生们陷入了深深的思考。这样的深度思考,积极探究,才是数学学习的精髓之所在。一个好的问题情境,吸引学生主动探究而不觉辛苦,有了自主探究的热情,已能够预见后期的教学效果。足见,创设有疑问的情境,对于成功教学的重大意义。

二、创设生活情境,提高学习兴趣

数学的学习源于生活,服务于生活,因而,数学教学中,如果能够结合学生的生活经验创设情境,有利于促进学生的思维积极性,更好地达成教学目标。

吴老师在《商不变的性质》一课导入时,就独辟蹊径,给学生讲了一个"猴王分桃子"的故事。故事讲完,吴老师说道:"同学们想一想,谁的笑是聪明的一笑?为什么?猴王笑的秘密是什么?"

学生们沉浸在故事中,思考着小猴的一笑与猴王的一笑有何不同,谁才是聪明的一笑,也在这种生活情境中,引起了对学习内容的思考。上课伊始,吴老师的富有生活情趣的小故事,激发了学生的学习兴趣,知识的探索与规律的发现,成了水到渠成的事情。

蕴含于生活中的数学问题才是真正有意义的,它体现了数学的宗旨,既调动了学生的热情又帮助学生掌握了解决生活中问题的技能,这也是当今时代所必需的。数学源于生活而高于生活。生活有多么广阔,学习的天地就多么广阔。只要我们留意日常生活,就不难发现,生活中处处蕴含着数学,许多新鲜的事例都可以为我们所用。

三、创设互动情境，激活学习思维

教学过程是一个师与生，生与生互动交流的过程，在这个过程中，学生是课堂学习的主体，教师在课堂教学中起主导作用，两者相互依存，孔子曾云："教学相长"也是这个道理。因此，教学中，不仅是学生对教师的尊重，教师也要给予学生同样的人格尊重，思维尊重，观点尊重，或者说，教师对学生发自内心的尊重，对教学产生的影响更深远。当教师能够站在学生的角度上思考问题，了解他们的生活经验，尊重他们的思维方式，理解他们的奇思妙想，孩子的情感世界、智慧大门都将欣然开放。在这种平等、愉悦的情感与智慧交流中，学生的思维也必将得到自由的发挥，长足的发展。

吴老师在教学"小数点位置移动"时，依据教材创设了情境故事：

孙悟空有一个神奇的宝贝——金箍棒。它能降妖除魔，而且变化多端，想多大就多大，想多小就多小。看，要消灭这个妖怪，金箍棒得怎么变？（变大）9 毫米行吗？90 毫米呢？900 毫米呢？9000 毫米呢？随着数据的出现，要求学生用肢体语言表示金箍棒的大小。

吴老师紧接着提出问题：你能用米作单位，表示出金箍棒的大小吗？请你把数据写在数位顺序表中。继续提出问题：观察这些数据，它们有什么关系？从哪里看出数的大小变了？

当学生回答从小数点位置看小数大小变化时，教师提出疑问：小数点的位置真能影响小数的大小吗？观察这些数据，你觉得小数点的移动有什么规律？

学生做出猜想。教师的思维与学生继续碰撞"你的猜想是什么？你打算怎样验证你的猜想？如果在验证的过程中发现你的猜想有问题，可以随时调整。"

有了基于学生生活实际的情境，还需要教师挖掘情境背后的资源，这种挖掘，体现在教师对学生的循循善诱上。同样的情境，吴老师却能在与学生的互动中，激活学习思维。老师的问题环环相扣，把学生完全引入了情境教学，学生的思维产生了深度剧烈的反应，只有当学生的思维真正活起来，师生间才真正达到了互动的最佳效果。

总之，从学生已有的生活经验出发，充分了解学生的年龄特点，智慧思考，恰当地创设课堂情境，激发学生的学习兴趣，调动他们的认知情感，促进他们对问题的深入思考，可使学生获得数学学习的自信心和兴趣，体会数学与自然、社会、人类生活的联系，让学生在自主探索中建构有价值的数学知识，获得情感、能力、知识的全面发展。

练习也可如此有趣

——读《吴正宪课堂教学策略》有感

密云区檀营小学　郭　欢

　　课堂练习是学生学习过程中不可缺少的重要环节,它是课堂教学的延伸和继续,是学生巩固新授知识、形成技能技巧、发展智力的重要手段,是提高课堂教学效率的重要手段和保证,同时也是培养学生自主学习能力的阵地,其重要性不言而喻。如何使课堂练习的效率最大化,值得我们每一位数学老师深思。

　　回忆自己以前的课堂练习,印象最深刻的就是我们班的课堂气氛总是死气沉沉的。一节课下来,总是那几个学生在主动思考问题、积极发表自己的见解,而其他人大多数整节课都不会主动发言,好像这节课跟他们没什么关系似的;同时孩子们的注意力也都不能长时间集中,不是张三在发呆,就是李四在搞小动作,弄得我一个人站在讲台上干着急,刚提醒完这个,又接着提醒那个,可是学生们的状态还是没有什么太大改善,可以预想这节课的效率。几次这样的课堂教学过后,迷茫和无助像一团迷雾围绕着我,感觉这练习就像是我一个人的一厢情愿。此时,心底有个声音告诉我:这样下去可不行! 可是我该怎么做呢?

　　课后我一遍又一遍地反思,寻找着迷雾中的出口。无意间翻开《吴正宪课堂教学策略》这本书,就像是吴老师在远处给我指明了方向一般。阅读过后,我找到了我的问题所在:我的练习课就是从第一题一直做到最后一题,学生做完老师讲,老师讲完学生做,规规矩矩,按部就班,看了开始就知道结局的样子。可见我的练习课之所以死气沉沉的原因就在于形式过于单一,学生当然会觉得索然无味,也难怪他们提不起兴趣,其学习效率自然也不会高。在书中,吴老师告诉我们:对小学生来说,让数学练习伴随着有趣的情境出现是非常必要的。善于利用充满情趣的练习激发学生的情感动力和认知冲突,让学生在解决问题的过程中感到数学的神奇与有趣。练习的设计要让学生积极参与,要给学生提供积极思考和交流的空间,并在解决问题的过程中享受数学学习的乐趣。品读过这段文字后,我恍然大悟:兴趣是学生学习的内部动机,它在学习活动中起着十分重要的作用,要让学生在课堂练习中找到兴趣。

在之后的教学中,我慢慢尝试着,努力把自己的课堂练习设计得更有趣,孩子们的课堂气氛明显比以前活跃了许多。我在《平均数》这一课的练习中,设计了这样的一道练习题:夏天快到了,很多同学都喜欢游泳,东东也特别喜欢。他来到一个小河边,看到水中立这样一个牌子,上面写着:平均水深为110厘米。他自言自语地说了这样一句话:"我身高140厘米,下水不会有危险。"你觉得他说的对吗?

话音刚落,眼看着同学们自发地分成了两大阵营,即将就有危险、没危险展开激烈的争执,就连平时不经常举手发言的同学也坐在那跟旁边同学有危险、没危险的争辩着。我见状立即说道:"既然咱们同学对有危险和没危险各执己见,那我们就来举行一场小小辩论赛,听听谁说的有道理,看看到底有没有危险。"四年级的孩子不喜欢太过幼稚的东西,他们喜欢挑战,而就是这样一场小小辩论赛,激起了他们的兴趣。

双方选取了代表后,这场辩论赛开始了。

一方认为没有危险的同学说:"东东身高140厘米,而平均水深只有110厘米,差那么多呢,肯定没危险,东东可以下水。"

没等他说完,另一方认为有危险的同学急忙高高地举起了手表示不同意,代表说道:"平均水深110厘米,也就说有的地方低于110厘米,同时也有的地方高于110厘米,那么很可能有的地方会比东东的身高还要深,所以我认为有危险,东东不能下水。"

此时,下面的同学或点点头或竖起大拇指纷纷表示同意他的观点,而刚刚认为没有危险的同学挠挠头,若有所思。紧接着,我把话题抛给所有学生,问道:"你们同意谁说的?"此时,大家纷纷叫起了第二个同学的名字。

接下来我利用多媒体课件揭晓最终的答案,看到高低不一的水下,同学们发现水下果然危险重重。刚刚表示有危险,东东不能下水的同学一脸的兴奋。此时,我竖起大拇指顺势说道:"看来同学们的选择是正确的,通过东东这个例子,你想对同学们说点什么?"有的同学说:"我们不能到不明水域玩耍。"有的同学说:"我们不能光看平均水深不高就随便下水玩耍。"还有的同学说:"我们不能随便去一个小河边游泳,应该去游泳馆。"……此时,学生们一改以前的沉闷,又是一番踊跃发言的场面。看着此情此景,我心里不断地问自己:这还是之前的那批学生吗?简直不敢相信,我内心激动不已……

布鲁纳说过:"学习的最好刺激,是对所学材料的兴趣。"课堂练习是全面完成数学教学任务所必不可少的重要手段。因此,我们应充分发挥课堂练习的作用,在课堂练习的设计上,我们要利用现代化的教学手段,选取一些学生喜闻乐见的、又贴近学生生活经验以及日常生活中应用较广泛的题目,将学生置于现实情景当中,给学生提供思考和交流的时间,让学生体会数学的神奇与有趣,享受数学学习所带来的快乐。当课堂练习如此有趣时,学生学而不厌,做而不烦,课堂效率的提高也可想而知。

吴正宪老师的《课堂教学策略》,让我认识到自己的不足之处。细细体会,也使我摸索到了课堂练习的方法。今后,我会继续以关注学生为出发点,认真上好每一节课,慢慢在教学中成长进步!

情为所动　行之有效

——读吴正宪教育丛书有感

密云区檀营小学　李连英

　　追随吴老师,先从阅读她的教育丛书开始。《课堂教学策略》《吴正宪与小学数学》《人文数学教育思想探究》《听吴正宪老师评课》《听吴正宪老师上课》……阅读过程中,总会让我积攒力量,让我坚定做"有教育梦想、有教育情怀"的数学教师。

一、情满课堂——相得益彰

　　课堂上让学生不仅仅收获知识,还有来自教师的情,我从吴老师的书中深刻体会到:"情"是吴老师诠释每一个生命,诠释每一节课的基点。吴老师用真情对待课堂,用真情倾听学生,用真情唤醒孩子们对数学的爱。

　　作为一名普通数学教师的我,曾因孩子不会做题而大发雷霆;曾一怒之下,甩出一些伤害孩子自尊心的话语;曾会因学生数学成绩不理想而怨天尤人……不过,这些都是执教初期的情景了。

　　自从开始阅读吴老师的教育丛书,我的观念就在一点点转变,特别是吴老师送的那句话——在育人的过程中,没有什么比保护学生的自尊心、自信心更重要的。这句话影响改变着我的教学理念,指导着我的教学行为,同时也在转变着我的教学实践,在不断的阅读与领会过程中,我的课堂发生着悄无声息的变化。

　　有孩子曾在日记中这样写道:"李老师对我们永远不会横眉冷对,无论我说的对与错,她都会给予鼓励。我非常感谢李老师,因为是她让我渐渐喜欢上了数学,我想我会把数学学得更好。"

　　阅读吴老师的文字,追随着吴老师的脚步,转变理念后,我的数学课上,能听到的,只有孩子们热烈的讨论声和阵阵欢笑声。感谢吴老师教育智慧的传递,感谢吴老师的言传身教,让我意识到充满"情"的课堂,才是魅力无穷的课堂。

吴老师教育丛书中"教学思想儿童观"的无声指导,引领着我在传道、授业、解惑的平面教师基础上,更多了一份教育情怀。从此,我在看课、看学生、看教育时多了一个视角。

二、赏识为先——守候初心

读吴老师的文字,让我们感受到的永远都是平等的交流、真情的流露,以及独具匠心的教学设计,对学生耐心的引导,对学生的赏识,对学生的爱,在吴老师的书中,在吴老师的课堂上,我们随处可见。"孩子,不急,停下 10 秒再表达自己的见解更好!"这是吴老师书中又一经典理念,深深影响着我和我们,等待、赏识,也成了数学课堂上不可或缺的行为。

我曾经面对这样一个孩子:他对 $5-3=?$ 的答案是 6 和 8,对 $6+1=?$ 的答案是 3。我没有抱怨,学着吴老师的样子,接纳、等待,也让我的学生们去尊重他、赏识他,给他找同伴相助,我之所以如此,是因为吴正宪老师的丛书,让我不仅仅等待特殊孩子的成长,同时也引领我做到把"赏识教育"贯穿数学课堂教学,让每个孩子都有发展的空间。于是,我把自己教学的班级分成四人一组,编排 1、2、3、4 号,课堂小组讨论由 4 号同学先说,依次往前推,最后是 1 号(组长)总结,与全班同学交流分享时,也先由 4 号同学说起,然后是小组内补充,最后其他小组进行提问或发表不同见解。

吴正宪老师教育丛书中的每一个课例、每一个故事,都在用真情诠释每一节课、用儿童的话语构建知识……我把她的教育思想转化为教学行为,把她的教学方法转化为教学智慧,用她的人格魅力鼓舞着自己不断前行。

三、坚守信念——不断创新

吴老师在丛书中说道:每个孩子都是带着自身特有的潜力来到人世的,因此我们教育者要尊重每一个孩子。何止是孩子,吴老师对每一个人,每一件事都充满了尊重之情。

2009 年 5 月,我和赵校长到北京一师附小参加《儿童心中的数学世界》一书的征稿研讨,推开门的那一瞬间,她一下喊出了我的名字,那一刻我的惊讶、幸福、钦佩,令我终生难忘。她的尊重每个人的品质其实一直在影响着我和我们。

13 年前,檀营小学普通的数学教师——赵静,带学生开始写数学日记。但研究一段时间后,让孩子写什么? 怎么写等一系列问题,又真实地摆在了他们面前。困难重重,大家不放弃,一直坚持与坚守着。到 2010 年,孩子们飞入了吴老师的视线,飞进了儿童心中的数学世界,当孩子们的 24 篇日记变成铅字时,当他们捧着散发着墨香的《儿童心中的数学世界》时,幸福洋溢在每个孩子们的脸上,也充盈在每个数学教师的心里。

"坚持下去,用日记的形式走进学生的心中,读懂学生的需求,站在学生角度看数学学习。"这是吴老师对我们提出的希望。因此我们一路探究、一路坚持、一路收获。特别是在吴老师数学思想的熏陶下,在密云教委实施的"学科穿越"改革中,我们的数学日记又开辟了新的研究方向,即《多彩的数学日记课程》。如虹的日记中折射出语文、美术、品社、科学、信息技术等多学科的耀眼光芒。

《儿童心中的数学世界——数学日记》一书,不止我们教师在读,我们的孩子也在读。数学日记在我校曾有一段时间出现了瓶颈,是《儿童心中的数学世界——数学日记》这本书,时刻鼓舞着教师和孩子们,指导着我们朝着新的方向前行。

现在我们又开始探索让学生以绘本的形式记录数学日记,让有兴趣的中高年级学生也用绘本的形式来表达,让数学日记成为一种文化传承下去。

读吴老师的教育丛书,我收获着、实验着、改变着。领会理念,我将继续怀揣梦想,坚守信念,做有教育梦想、有教育情怀的数学教师,满怀激情和憧憬追逐教育梦想,在教育路上幸福地行走。

静静等待，倾听花开的声音

——读《吴正宪创造了孩子们喜欢的数学课堂》体会

密云区穆家峪镇中心小学　李玉梅

　　《吴正宪创造了孩子们喜欢的数学课堂》是我最喜欢的一本书，我记不清已经看了多少次，每次看都会有新的体会，新的收获。每当教学中遇到了困惑，我就会拿起这本书，从中总能找到让我茅塞顿开的金钥匙；每当我有空闲时间，我就会拿起这本书，从中总能被吴老师对小学数学教学的热爱，对学生发自心底的尊重和爱深深感动。

　　《吴正宪创造了孩子们喜欢的数学课堂》这本书让我对小学数学教学有了新的认识——数学是有趣的，数学是奇妙的，数学是有用的，数学是美的。书中，吴老师指出，我们要创造适合儿童发展的数学课堂，要在多元智能理论的指导下，树立尊重个性的教育观，要让儿童去"做数学"，教师要将学习对象作为一个问题解决的对象，通过学生独立或者与伙伴合作操作实验、探究、预测假设、共享交流、尝试修正等一系列主体性活动来主动建构数学知识。

　　读了《吴正宪创造了孩子们喜欢的数学课堂》这本书留给我印象最深的是，吴老师在第二章《让学生喜欢数学》的第七节提出，要满腔热情地保护"火种"。吴老师认为，开发人的创造潜力，培养人的创造能力，是创造性思维品质的培养，是创造性的个性品质的培养。创造能力不是一种纯粹的认知过程，它是一种复杂的心理体验过程，是一个充满情感的过程。因此，教师要关注孩子的情感体验，注重孩子个性品质的培养，真诚地欣赏孩子们尚为幼稚的创造萌芽，保护好"好奇心"这颗创造思维的火种。

　　这个章节之所以吸引我，是因为我天生是个急脾气的人，年轻时当老师总希望学生问什么会什么，课堂教学节奏就像一个着急赶路的人，该慢的时候慢不下来。这样就让那些反应有点慢，性格腼腆的学生失去了很多在课堂上发言展示自己思维过程的机会,而我也因此错过了很多与学生分享他们充满童趣的、不太完美的想法的机会。读了吴老师的书,又听了很多节吴老师的现场课,让我慢慢学会静静等待,倾听花开的声音。

那天我执教《加法交换律》,因为我的耐心等待,因为我学着吴老师的样子真诚地去欣赏孩子们尚为幼稚的创造萌芽,我真的听到了花开的声音。

以下是我那天执教《加法交换律》的一个片段:

师:从课前同学们的介绍中,我了解到咱们班有 20 名男同学,19 名女同学。根据这两条信息,你能提出什么数学问题?

生:全班一共有多少名同学?

师:可以怎么列式? $20+19$,$19+20$,它们的和都是多少? 我们可以用等号把这两个算式连起来,这样就形成了一个等式。

师:还可以提出什么问题?

生:男生比女生多多少人? $20-19=1$(副板书)

师:咱们使用的升降桌椅,桌子每张 120 元,椅子每把 80 元。你使用的这套桌椅多少元? 板书:$120+80=80+120$

师:像这样的等式,你们还能写出一些吗?

生汇报,师补充板书。

师:像这样的等式有多少个? 怎么表示?

我在学生想出了用省略号表示那无数个等式后,通过教师的评价使学生认识到,省略号虽然能表示像这样的等式有无数个,但是不能表示这样的等式所具有的特征后,引导学生想到用字母表示加法交换律,目的在于让学生感受到用字母表示加法交换律准确、简洁的优点,让我没想到的是一个小女孩坚持用省略号来表示加法交换律。这让我感到很意外,怎么还跟省略号没完没了? 我刚想批评她,猛然想起了吴老师的"要满腔热情地保护火种",我忍住了,没像以前那样立即打断小女孩的话,而是耐心地听她解释。

小女孩自信大声地说:"我把省略号的六个点分成两部分,左边和右边各三个点。左边的三个点,第一个点表示第一个加数,中间的一个点表示加号,最后的一个点表示第二个加数;右边的三个点,第一个点表示第二个加数,第二个点表示加号,第三个点表示第一个加数。"

当这位同学说完后,我为自己没有立即打断她的话而激动不已。多么了不起的想法! 这不就是用字母表示的雏形吗? 我激动地说:"你真了不起! 让语文的标点符号发挥了新作用! 你的想法很有创新!"

　　听了我的表扬,小女孩更加自豪了,其他同学也向她投去了赞许的目光。就在小女孩沉浸在自豪快乐中的时候,我微笑地看着她,话锋一转,接着说:"不过,这样表示你会很辛苦,你要一遍一遍地像刚才那样去跟别人解释省略号的六个点分别表示什么意思,要不然别人就看不明白。"听了我的话,小女孩频频点头,一边笑一边不好意思地说:"是有点不明白。"看到小女孩认识到自己创造出的方法存在不足,我顿了顿,提高了音量,放慢了语速,微笑着说:"老师可以帮你减轻点负担,让你少解释两个点。你看,中间的点都表示加号,可不可以就写成加号?"说完,我随手板书,将中间的点改成加号。这时我发现不但是刚才发言的小女孩的眼睛亮了,其他同学的眼睛也都睁大了! 从一年级刚入学他们就认识了加号,但是今天看起加号来好像格外亲。

　　我趁热打铁,又问学生:"现在看起来是不是容易让人理解一些了。剩下的四个点怎么办? 自己想办法!""用字母!"这时,不知是谁喊了一嗓子。刚开始教室里安静极了,过了一会儿,有同学开始跟着说:"对,用字母表示,我在我姐姐的数学书上见过"。

　　至此,加法交换律的字母形式:$a+b=b+a$,就这样跌跌撞撞地出现了。我暗自庆幸自己读了吴老师的书,知道了在小学数学课堂教学中教师要适时地慢下来,耐心地等待,要小心翼翼地保护好孩子们好奇的"火种",相信我们的学生,为我们的学生搭建一个展示思维的舞台,学生会还给我们一个精彩!

听,那是谁的声音

——读《吴正宪给小学数学教师的建议》有感

密云区河南寨镇中心小学 于 越

有一个声音,在耳畔,不断地,回荡……

它说出了一个人自始至终的梦想:做个孩子们喜欢的老师,创造孩子们喜爱的课堂,带给孩子们学习的快乐,让孩子们享受童年的幸福!这个声音很熟悉,很让人着迷,很有力量……那它,到底是谁的声音?不用猜啦,它就是吴正宪老师的心声!同时,它也是千千万万个老师们共同的心声!

我轻轻地翻开了浸染着墨香的书,开启了一段与吴老师倾情对话的旅程。书翻得很慢,文字由点连成了线,最后变成了一幅幅生动的画面。它讲述了一个人的成长,诉说着一个人在数学教育中的经验与反思,以一个个鲜活的案例和分析,传道授业解惑于我们这些经验还不够丰富,教育思想还不够成熟的教师们。

我一直都很好奇,吴老师的成长之路是怎样的?特别是当我听闻了吴老师把小学1-6年级的数学教材研读一遍的时候,我就更想知道答案,更想了解吴老师的成长史。幸运的是,这本书里就有我要的答案。这困扰我多年的未解之谜,终于要大白于心了!我的内心激动万分。

寻着文字的足迹,我似乎看到了吴老师由稚嫩到成熟的蜕变。吴老师不满16岁就走上了讲台,从一所不知名的小学起步,后来成为优秀教师、特级教师。而她所有的这些成就,都来源于一个坚定的信念:成功=99%勤奋+1%天分。

也正像她所说的那样,面对自己的先天不足,她只有更加努力、更加勤奋。她在刚参加工作的那个暑假,找来了1-12册数学教材,把全套教材中所有的例题、思考题,以及有代表性的练习题全都做了一遍,并根据数学知识的内在联系建构成知识网状图,整理了厚厚的一大本学习笔记。不知有多少个夜晚,她曾伏案在台灯下认真地演算着数学题,凡是要求学生发散思维、一题多解的题目,她都先亲自做一遍。遇到数学奥林匹克竞赛辅导中的高难度题目,她就在一张张草稿纸上演算,后来草稿纸摞起来比写字台还高。正是这样,在较短的时间内,吴老师攻下了研读教材这一关,为自己的数学素养奠定了基础。

简单的几行文字,却道出了吴老师研读教材的执着与艰辛。她深知自己的不足,她也明确自己的方向,她凭借着自己的勤奋和一丝不苟的钻研态度,攻克了教材的堡垒。可吴老师并没有停下来她还在继续努力着。

她将全部的注意力又放到了教学设计上,她精心设计每一节课,关注知识点之间的前后联系,关注学生的需求。她常常向身边有经验的教师请教,与老师们讨论自己在课堂上出现的问题,经常走进其他教师的课堂,研究优秀教师的教法,把有效的教学方法运用到自己的课堂上。吴老师知道自己做的这些还远远不够,于是,她开始有计划地学习教育科学理论。她不仅阅读了大量教育理论书籍,还注意从各种教育报刊中捕捉信息,写下了几十万字的学习笔记,至今20多本密密麻麻地写满学习体会的笔记本和教学随笔还珍藏在书柜中。

正是因为有了这样的学习和深刻的思考,吴老师的数学课是生动活泼的,是耐人寻味的,是贴近童心的……特别是在我听完了吴老师的几次现场课后,我更能感受到吴老师曾说的"为儿童提供好吃又有营养的数学课"的样子。

以吴老师《认识面积》这堂课为例,最吸睛的地方就是让学生感受周长和面积这个教学环节。起初的时候,我还很疑惑:不是认识面积吗?怎么又牵扯上了周长。带着这个疑惑,我听得更认真了!再次看着吴老师画小旗子,描边线这个过程,我逐渐地明白了用意:没有周长,不是封闭图形,怎么可能会有面积呢?这不就是在帮助学生感受面积呢嘛!这个活动,并没有脱离教学目标地完成。看着学生们兴致勃勃地喊着停,我知道他们是快乐的,他们享受极了!为了更加深刻地感受面积,吴老师还出示了一张图片,粉刷墙壁的场景,在与学生"涂"的过程中,学生能够辨识出周长是线,而面积是片。为了更进一步地理解面积,吴老师出示了不同的图形,让学生们给它们"涂"上颜色。在"涂"的过程中,学生们出现了分歧,有一个学生说"涂"不了,接着是两个、三个……的质疑声,这是一群多么会善于观察的学生,他们对面积的探究乐此不疲。教师的智慧就在于此,当吴老师处理完质疑声后,又问道:"什么是面积?"活动后的质疑,不就是学生内化升华的最佳时机吗?而这个结论,是学生们自己表达出来的,这不仅帮助学生去理解面积,而且还使学生的印象更加深刻。后来,吴老师在评价自己这节课时,说道:"把周长和面积联系在一起教学,就是为了帮助学生在比较中学习,在矛盾中成长!"多么富有深意的语言,这个理念不知道要让备课教师付出多少时间才能真正解读明白？

这节课给了我很多的启发，也让我感受到数学是一门值得深究的学问。如果能上出吴老师的感觉来，真是很有意思！这不就是一节好吃又有营养的数学课吗？连我都被深深地吸引住了，更何况是充满好奇的孩子们？其实像这样的数学课，吴老师还有很多，你会发现每一次都会有新的启发，感觉自己总也追不上吴老师的数学造诣！

吴老师就是凭借着自己的努力、勤奋，坚持过好教材研读关、课堂设计关、理论学习观，努力钻研并虚心向同伴和书本学习，在数学方面打造出了一片新天地。后来所发生的一切又是那么水到渠成，吴老师跟随着名师的脚步，在专家的指导下，走上了教育科研之路。这个结果并不令人吃惊，因为吴老师有对教育的热爱，有对梦想的执着，她勤奋，她努力，她相信付出就会成功。所以，今天的她，就应该是这个样子的。

书还在翻着，吴老师还在诉说着，她说得很慢，说的很细致，似乎唯有这样，才能帮我读透她。而每每此时，她的形象就会变得更加高大。以前，我崇拜吴老师，崇拜她那让人流连忘返的课堂，崇拜她那像谜一样的吸引力，崇拜她那勾连一串的思考。而今，我依旧崇拜吴老师，崇拜的理由也变得更加丰富，因为她勤奋、她执着、她博爱、她智慧。

此时，周围静了，就如同我手中新捧起的书，安静地躺着，合上了双眼，睡了……而我的心中却有一个声音在呐喊："寻着这条路，走一走，走一走……"

培养学生核心素养的一把"利剑"

——读《小学数学教学基本概念解读》的心得体会

密云区巨各庄镇中心小学　王艳红

近些天来,酷暑炎炎,但由吴正宪老师组织主编的《小学数学教学基本概念解读》就像一缕缕凉爽的风吹进了我的心中。它让我久旱如遇甘霖,迷茫中看到了一盏明灯。

这本书中有两大板块:一是 2011 版《课标》中的十个核心概念;二是小学数学中常见的数学思想,以及小学数学中所有的数学概念。每一小节又分四个专栏,即概念概述、概念解读、教学建议和推荐阅读。全书从一个高观点的视角,解读并梳理了小学数学中的基本概念,对每一个概念首先按现代数学和小学数学两个层面界定,接着进行详尽的解读,既有广度又有深度。它将每一个数学概念表述得详尽又易懂,简直就是我们一线数学教师的"新华字典",激动欣喜之情难于言表。

小学数学中常见的数学思想包括:抽象的思想、推理的思想和建模的思想等。这是小学数学的灵魂。将数学思想渗透于课堂之中,学生获得解决问题策略的价值会远远大于解决一个问题或者演算一道习题。这样更能有效地培养学生的数感、模型思想、推理能力、空间观念、符号意识等核心素养,有效提高他们的数学能力。这也会为他们进一步学习数学打下坚实的基础。

例如:数学化归思想。"化归,从字面意思上讲,可以理解为'转化'和'归结'两种含义。即不是直接寻找问题的答案,而是设法将面临的新问题转化为熟悉的容易解决的问题,以便运用已知的理论、方法和技术使问题得到解决。"深刻地理解了这一思想,我茅塞顿开。教学整数乘小数时,我再也不会扯着嗓子讲如何计算,而是巧妙地设计一个购物游戏,让学生在情景中发现问题,提出一个问题,小组合作探究解决他们的问题。这样,学生一定不再走神,会兴趣盎然地学习数学,也一定不会觉得数学枯燥无趣了。他们就能真切地感受到数学就在我们身边。

而教师心中有了数学的核心思想，设计探究活动的底气也就更足了。

对数学思想的深刻认识，同样开阔了我思考问题的思路。

在集体备课时，一提到设计探究活动，大家就一头莫展，绞尽脑汁也想不出好的活动。当对每一个数学思想理解透彻后，将内容——与思想对应起来，立刻觉得头脑清晰。每一处的教学难点该怎样突破，怎样使学生更好地掌握就显得轻松多了。如果再教学体积单位"1立方米"时，我会让学生准备一根一米长的小棍，让学生小组合作搭一个1立方米的正方体框架，让他们亲身感受"1立方米"所占空间的大小，使学生对这一体积单位有深刻的认识。这正是"化归"给我的启迪。它也让我更深地理解了"教学相长"的意义。从而使自己在平凡的工作中，享受着教师这一职业带来的幸福与甜美。

这本书对每一个小学数学概念都做了全方位地详尽的解读。当读到"从自然数出发，对数和数系进行持续的扩张，是人类生产发展和社会进步的需要，也是数学自身发展的需要。数与数系扩张的外部动力和内部动力，构成了数和数系的历史发展过程与逻辑推广过程"一内容时，我对数学教材内容的编排有了全新而深刻的认识，对编者的意图更清晰。同时也让我更清楚地明了观摩课《分数的初步认识》情景创设的理论依据。执教的老师之所以创设出让人耳目一新的情景，是因为心中有深厚的数学理论知识。他能够浓缩前人的足迹，用短短的几分钟，让学生明了分数产生的历史。巧妙地让学生体会数学在生产生活中的发展，感受着数学的魅力。

这让我不由自主地想起所教的学生。每一个孩子都在用自己短短的几年快速地习得前人几年或者十几年甚至更长时间的经验，这就难免有学生对某一知识点不能较好的理解。想到这些，我理解了那几个学习困难的孩子。"放慢建立数学概念的脚步""让我们的课堂慢下来"的呼声，道出了儿童学习成长的规律。

吴老师对每一个数学概念的解读，也使我深刻领悟到了让学生在动手操作中，建构自己的知识体系的重要性。难怪古人云："纸上得来终觉浅，绝知此事要躬行。"在教学有余数除法时，引导学生理解"余数必须比除数小"这一规律时，在教学建议中，明确指出这一知识点采用什么样的策略应怎样突破，教师要注意哪些事项，考虑其深度和广度，为一线老师提供了丰富的案例。为培养学生的创新意识、思辨能力等素养做出了示范。这真是一本宝典。

吴老师是我们一线数学教师的"知心姐姐"。她非常清楚我们的困惑与需求。在《小学数学教学基本概念解读》一书中，不但深入浅出的解读了小学数学中几乎所有的基本概念，而且还在每小结的结尾部分，都加设了"推荐阅读"一栏，引领我们数学教师踏上了阅读数学书籍的旅途。为深入探索数学教学的教师,提供了便利。同时,吴老师也在用这种无声的方式告诉我们"学无涯"。每一位教师要快速的成长,成为有教学特色的教师,阅读前人的经验与成果,不失为一条捷径。人们常说"给学生一杯水,教师就要有一桶水。"阅读书籍应当是我们教师不断前进的助力与源泉。

吴正宪、刘金苓、刘克臣主编的《小学数学教学基本概念解读》一书,就像及时雨一样。它不但让我更好地理解了课标上的数学理念,也使我更好地理解了数学课堂教学活动,更是我培养学生数学核心素养,提高课堂教学效率的一把"利剑"。

心与心的交融

——又读《吴正宪与小学数学》

密云区溪翁庄镇中心小学　李守芳

又一次捧起了由教育部师范教育司组编、北京师范大学出版社出版的《吴正宪与小学数学》一书，吴老师在书中用简明的语言，具体的事例，以"我的成长之路""我的教育观""走进课堂"几个版块，深入浅出地将她一路走来的思索和心声娓娓道来。她的课，知情交融，师生互动，充满了童趣、乐趣。课伊始，趣已生，课继续，情更深，课已完，意未尽。40 分钟的数学课，像磁石把每一个孩子的心紧紧地吸在一起，把时空有限的课堂变为人人参与、个个思考的无限空间。

教师的工作看似简单但辛苦，普通而平凡。但吴老师说，只有当你真正走进学生的内心世界，用自己的心灵去拥抱她的时候，你才会领悟到教师工作博深而丰富的内涵。"一切为了孩子"是吴老师教育思想的核心；"做孩子们喜欢的老师"是她老师多年来努力追求的目标。把"小学数学教育的重心转移到促进学生的发展上来"是吴老师工作中自觉的教学行为。吴老师长期致力于数学教学改革，她努力把数学教育重心转移到促进学生的发展上来。她为学生创设愉悦和谐的学习环境，在她的课堂上，呈现出学生乐学、爱学、善学、会学的生动活泼局面、她在长期的教育教学中坚持教书育人，重视创新精神的培养和健全人格的发展，形成了传授知识、启迪智慧、完善人格，三者有机结合的教学思想和教学特色。经历了课改的我，有时对课堂教学充满了迷茫。从课堂教学的充分的放，到现在的扎实的收，我都没找到尘埃落定的感觉，这本书像及时雨使我的思想绽开了花，它像一盏明灯为我今后教学指明了方向。

一、真诚的感情

吴老师以情激情，用智慧使课堂具有浓浓的人情味，用她的话来说便是："课堂教学源于情！"她能够真正做到从心底欣赏学生、赞扬学生，使每一个学生获得成功的体验。在吴老师的课堂上,充满了真诚的赞赏与热情的鼓励,如:"好极了!我很欣赏这位同学,很会倾听,并会接纳别人的思想。你又知道呀……"这些话语不仅培养了学生的自信心,更使学生的人格得以健全。除了语言的激励,吴老师还非常善于用体态语言来感悟童心世界,走入学生的心灵。如:用眼神表达、扶扶肩膀、摸摸头、甚至蹲下来与学生交流,这一系列自然的行为,细腻地向学生传递着老师的信任,同时也体现了她对学生的那种深深的爱。相信,老师如此的身体语言定会震撼每个学生的心灵,这种身体力行的做法将比任何干瘪的说教更有说服力。冰心说过"世界上没有一朵鲜花不美丽,没有一个孩子不可爱。因为每一个孩子都有一个丰富美好的内心世界,这是学生的潜能"。所以,我们没有理由不爱学生。这使我想起我们班上有一个叫杨宇博的小男孩,他下课有时忘记上厕所,不止一次将裤子尿湿,上课从不敢发言,偶尔高兴举手回答 1＋1 之类的问题,声音小得几乎听不见。如果订正作业时,和他说话的声音大些就哭,每次课堂作业,拿出笔到写完 15＋20 这个算式就要用 10 分钟,目的就是为了拖到放学后妈妈来接他时回家完成(我们学校是校车接送,放学后不能延误坐车时间)。所以对他的学习,一直让我很困惑,但我一直提醒自己对他这样的学生要降低要求,让其看见自己的进步,不能让他落伍。课间,我会关注他的一举一动,找到他身上的闪光点去放大,让他找到自信。

二、让数学变简单

让数学变简单些,首先教师自己要充分去备课,把"人为的拔高"降低一点,把抽象陌生的数学变成具体的感受和体验,其次还要不断地整合教材,把复杂的问题简单化!首先是让学生喜欢我。在教学中,我只忙于学生的作业和教材的钻研,忽略了对学生情感的交流,觉得把以上两点做好学生考个理想的成绩就行了。

由于学生这种被动的学习，学生有时会有逆反的心理，这种心理像一颗定时炸弹随时都会爆发。读了吴老师的书使我茅塞顿开。老师要爱学生，就要走进学生的情感世界，用心去感悟孩子们每一丝的变化，用童心感受孩子们的喜怒哀乐，使他们在爱的呵护下成长。其次，让学生喜欢数学。一位学生如果对数学发生兴趣，他就酷爱数学的学习，就可以持久的集中注意力，保持清晰的感知，激发丰富的想象力和创造思维，产生愉悦的情绪体验，形成一个良好的循环。例如：在《旋转与平移》这节课中，一方面采用了个人思考与合作交流相结合的方式；另一方面，让学生充分应用多种感知通道来感悟平移和旋转的特点。让学生通过观看游乐场中的活动场面，生动、直观地感悟平移和旋转，进而又通过动手操作和活动进一步探究平移和旋转。课的最后，教师设计了"楼房会搬家吗？""聪明的设计家""巧算长度"等解决问题的题材，又让学生在初步应用新知中感悟数学与生活的关系。学生在一堂课中初步完成了个体在认识上从感性到理性又从理性回到感性这样两次飞跃。这充满智慧的教学设计环节深深地吸引学生，下课了还久久地舍不得离去。

三、让学生学会学习，养成良好的学习习惯

吴老师认为："让学生学会学习"是时代对教育的呼唤，是未来社会对人才的基本要求，也是一个人为适应未来社会发展所必须具备的能力。在吴老师的经验中，她认为让学生学会学习，首先要让学生主动地提出问题，会提问题意味着学生会发现问题，自己发现问题，然后自己解决问题，从而使学生学会思考、学会提问、学会学习。学生才会学得有兴趣、有积极性！提问题比解决问题更重要。俄国著

名教育家乌申斯基曾言："良好的习惯是一种道德资本,这个资本不断地在增值,而人在其整个一生中就享受着它的利息。那么,在同样的程度上,坏习惯就是道德上无法偿清的债务了。这种债务能够用不断增长的利息去折磨人,去麻痹他的最好创举,并使他达到道德破产的地步。"可见,习惯是一个极普遍的心理现象,习惯是达到自动化的动作方式。吴老师特别注重学生的习惯培养,而且用自己的好习惯来影响学生。我特别欣赏吴老师对学生学会倾听习惯的培养,她在这里做到五点:第一、先让学生听懂。在课堂上多追问:"你听懂了吗?"第二、要求倾听别人发言时,双目要注视对方。第三、教师讲话不要啰唆和重复。第四、用生动有趣的故事激励学生。第五、要求孩子做到的,老师首先应带头做到。反观自己的教学,在这方面还存在许多问题,在学生学会倾听方面,自己其实也很重视培养,但收效甚微,现在想想是自己的方法不对头,因此在今后的教学中努力改进自己的不足,提高学生听课的效果。

吴老师在多年前的一篇日记中写道:"我懂得,竭诚为社会工作是每一个公民的责任。我会将自己全部的光和热奉献给我所热爱的事业和生活。"她是这样想的,也是这样做的,吴正宪历尽角色、地位的多重转变,始终不移地按照自己做人、为师的准则去生活。其实,名师和所有教师一样,都承担着艰苦、繁重的工作任务,所不同的是他们能够做到苦中有乐。他们真是"累,并快乐着",体验着一种神圣的幸福感。吴正宪说:"我一上讲台,就融入了学生世界,全身心地投入数学教学之中,其他一切便都忘记了。只有教数学的人被数学的魅力打动了,学习数学的人才能被数学所深深吸引。"正是这份热爱,让吴老师以情激情,用智慧创造了唯美的课堂,让吴老师从心底欣赏学生、赞扬学生,使每一个学生获得成功的体验。

　　吴老师的成长历程也告诉我们,要成为一个优秀教师,起决定作用的是教师对教育事业、对所教学科的热爱。总之,看了吴正宪老师的书,收获甚大,在以后的教学中,多学习好的经验,结合实际,应用到自己的教学中去!努力提高自己的教育教学水平!一切为了学生,为了学生的一切!

用真情唤起充满生命力的课堂

——读《听吴正宪老师上课》有感

密云区溪翁庄镇中心小学　张　柳

　　暑假拜读了《听吴正宪老师上课》这本书,深深地被吴老师的教育精神和教育智慧所折服。记得有幸听过吴老师的两节课,使我深深的感受到了吴老师的课堂是快乐的,吴老师的课堂是灵动的,吴老师的课堂是充满"人情味"的。下面谈谈我读了这本书后的收获:

一、充满真情的教育

　　最令我佩服的就是吴老师的教育情怀,她尊重平等的对待每一个学生,能燃烧起学生学习的欲望,使大家都积极主动地参与到课堂当中去,我想这都源于她对学生的爱,对教育事业的热忱。在吴老师的课堂中,学生是平等,自由的,她静心倾听每个孩子的声音,学生能够真实地表达自己的想法,学生敢说敢为,充分让学生感受到了作为课堂主人的喜悦和自豪。吴老师不会因为学生的回答可能不真实或者不是老师预想的而去指责学生,她要让每个孩子都能"抬起头来走路",尤其是对于学习困难的学生付出加倍的爱,帮助她们扬起自信的风帆。我想这种爱无疑是包容的,博大的。爱学生的一切,爱一切学生。

　　在一次借班上课前,这个班的数学老师"嘱咐"吴老师:"坐在教室最后一排靠角落的那个孩子是学习成绩最差的插班生。"吴老师立刻将目光投向了那个容易被遗忘的角落,那个孩子正用怯生生的眼神望着吴老师。吴老师和全班进行了简短的交流之后,走到了他的身边。提到学习数学,他表现出一副无可奈何的样子:"老师,我妈说我脑子有毛病,不是学习的料。"吴老师便试着与他商量:"今天上课,请你回答一个问题怎么样?"他连连摇头:"千万别叫我,我肯定不会。"吴老师立即意识到这个孩子需要一次超越,一次从"墙角"走向"前台"的超越,这离不开教师的帮助。于是小组讨论时,吴老师首先走到他们组,耐心的聆听他的想法,与他交流。几经鼓励,他终于勇敢地举起了手。他的勇敢换来了老师赞许的微笑、鼓励的话语,还有同学们热烈的掌声。其实,每个班级都会有"坐在墙角"的学生,他们更需要教师的关爱。吴老师正是及时地关注到了这些孩子的心理需求,努力为他们制造成功的机会,获得成功的体验。

二、善用冲突和学生已有的学习经验使学生思维得以提升

兴趣是最好的老师,吴老师经常从学生的已有认知经验出发,设计生活化的课堂,利用学生喜闻乐见的情境呈现出来,学生学习兴趣高涨。此外,制造冲突是吴老师课堂教学的特点之一,课堂上,孩子们时而紧锁双眉,沉默不语;时而各抒己见,热烈争论,完全沉浸在吴老师所创设的"美丽陷阱"之中。在此过程中学生思维得以训练,思路渐渐从模糊到清晰。吴老师告诉我们面对冲突,教师要以平常之心看待,要引导学生释疑,逐渐走向明朗,切忌置之不理或加以指责。要充分利用冲突促进学生思维发展,使孩子们快乐地踏上了探求知识之路,享受这数学学习的奇妙和快乐。

吴老师在引导学生认识长方体、正方体后,出示了一组对面是正方形的长方体,提问:"这个物体是长方体,还是正方体? 请根据特征判断。"吴老师请双方各派出一名代表谈谈为什么这样判断。认为是长方体的同学为正方,认为是正方体的同学为反方。正方发问:"我想问对方一个问题,正方体具有什么特征?"反方:"正方体的 6 个面都是相等的正方形,12 条棱的长度相等。"正方:"请你们仔细看看这 6 个面都是相等的正方形吗? 12 条棱的长度相等吗?"反方意识到自己判断错了。这时,反方的另一个同学突然站了起来,提出一个谁也没有想到的问题:"这个物体不是正方体,也不是长方体。因为长方体的 6 个面都是长方形,而它有一组对面是正方形。"刚刚平静的教室又沸腾起来,吴老师认真地倾听同学们的辩论,不紧不慢地提示了一句:"还记得长方形与正方形之间的关系吗?"同学们的思维又活跃起来:"正方形不就是特殊的长方形吗?"对这个物体是长方体,它符合长方体的特征。大家都顿悟了过来。

由此,我们不仅体会到吴老师关注学生对知识的掌握,同时还重视对学生学习方法的指导。学生在辩论中有时说着说着就无话可说了,有时被对方问得哑口无言,不知所措,这时教师要及时进行调控,加以点拨和指导,使辩论能向预期的目标靠近,学生的思维也能随着辩论的展开而深入。

三、在对话中学生思维不断碰撞

吴老师的课堂充满了教师与学生、学生与学生的对话,在对话中,吴老师通过一个个问题的引导,激发着学生不断地思考。对话是交流的桥梁,是开启学生思维的钥匙。吴老师能抓住学生思维中的偏差,循循善诱。在对话中,学生不断地感悟、思考,最终理解了知识的本质。吴老师的魅力不仅仅是和蔼可亲,更在于她了解学生的所思所想,用对话的方式,帮助学生理解知识的本质。在真诚交流的对话课堂中,吴老师不仅传授知识,启迪智慧,并且创造了一个属于学生的精彩世界。在真诚交流的对话课堂中,我们感受着孩子们思考的快乐,被孩子们的创造思维所打动。

吴老师以人格影响人格,用智慧启迪智慧,吴老师和学生之间的交流是真实的,是从心底发出来的,它朴实、充满魅力。吴老师的课之所以成功主要源于她正确的学生观和教育观,她把促进学生全面发展作为教育工作的核心。走进吴老师的课堂,深深地被她与学生真诚的对话、智慧的交流而感动,她以特有的人格魅力感染着每一个学生,激励着每一位学生,唤醒着每一位学生。

创造孩子们喜欢的数学课堂

——读吴正宪丛书有感

密云区十里堡镇中心小学 师瑞玲

　　吴正宪老师先进的教育思想、锐意改革、勇于创新的精神一直激励着我,她是小学数学教师的良师益友。她是一个重感情,充满人情味儿的教师,课堂上,她不仅用数学的真谛来拨亮孩子们的心灵,更是用她对孩子们的爱心、真情去感染学生,用自己人格的魅力去塑造他们。她的课,知情交融,师生互动;她的课,充满童趣、乐趣,40分钟的数学课,像磁铁那样深深地吸引着孩子,把时空有限的课堂变成人人参与、个个思考的无限空间。她总是为学生的学习创设愉悦和谐的学习氛围,学生学习兴趣浓厚,求知欲望强烈,课堂上呈现出一派乐学、爱学、善学、会学的生动活泼的局面。她坚持教书育人,注重学生创新精神的培养和健全人格的发展,使传授知识、启迪智慧、完善人格三者有机地结合起来,创造了孩子们喜欢的数学课堂。

　　最近我拜读了吴老师的《创造孩子们喜欢的数学课堂》一书,此书中有吴老师的人物小传、教育思想概述、课堂实录、专家评述和吴老师的课题研究,文字通俗易懂,内容有图、有故事、有真实的课堂例子,并且内容对每一位数学老师都非常适合,其中"把抽象陌生的数学变成具体的感受和体验"这一理念深深地影响着我,也改变着我的课堂教学。

　　要想使数学变得具体、熟悉,就要让孩子们从身边的生活中去具体地感受数学、体验数学、经历数学,因为"数学,对小学生来说,是自己对生活经验中数学现象的一种解读。"我在这一理念的指导下,在日常教学实践中也进行了大胆的尝试:

一、激发兴趣,导入生活化

　　"兴趣是最好的老师"。在我们的日常生活中,到处充满着数学,教师在教学中要善于从学生的生活中抽象出数学问题,而巧妙地设计各种问题情境,最大限度地激发孩子的求知欲,是吴老师课堂教学的一大特色。因此在平时的教学活动中,我也十分注重创设教学情境,从现实生活中引入数学知识,使数学知识生活化,让学生带着生活问题进入课堂,使他们觉得所学习的知识是和实际生活息息相关的,是生活中急待解决的问题。如教学"吨的认识"的时候,我就创设了这样一个情境:(出示情景图)你们看谁来了? 这天阳光明媚,小熊、小马、小牛和小鹿相约去游玩,走着走着它们来到一条小河边,小牛提议:"这里有座桥,咱们一起过桥玩吧。"小熊说:"等等,你们看,这里有个牌子,上面写了什么?"(限重 1 吨)从而引出课题。用这样的生活情境引入课题,让学生发现原来数学问题就在我们的身边,无形中激发了学生的学习兴趣,使他们产生了极大的学习动力。

二、易学易懂,例题生活化

现实生活的学习情境,可以有效激发学生学习数学的兴趣,充分调动学生学习的积极性和主动性,促使学生积极思维,产生内在学习动机,主动参与教学活动。把学生生活中的鲜活事例引入数学课堂,必须是绝大多数学生所熟悉的情况和问题,从而使教学内容能吸引学生的注意力。如教学"求一个数的几倍是多少"一课时,可以通过一个小故事来进行:炎热的夏天来了,小华和妈妈一起上小超市批发冷饮,她们买了 5 根"小布丁",妈妈说再买一些"冰工厂",数量是"小布丁"的 3 倍,问小华应该买多少根? 小华说还要买 20 根"碎碎冰",妈妈问她"碎碎冰"的数量是"小布丁"的多少倍? 同学们能帮助小华回答这些问题吗? 这一教学情境的创设,让孩子们轻松愉快地接受了新知识的学习。其实学生的校园生活、家庭生活、社会生活中发生的事情都可以成为教学的题材,信手拈来,既新鲜又有亲切感,更有助于学生理解各种数学知识。

三、学以致用,练习生活化

学习数学知识,是为了更好地服务于生活,应用于生活,学以致用。教师应该想学生所想,优化数学练习的设计,充分调动学生作业的积极性,让他们在完成数学作业的过程中享受到学习数学、运用数学的快乐,赋予数学练习生命的色彩。因此,在平时授完新课后,我经常出一些与实际生活相联系的题目进行练习,培养学生解决实际问题的能力。在教学"秒的认识"后,我在班中开了一个活动,"切切我的课余时间大饼"——填写作息时间表。让几位同学填后来评议哪位同学能科学合理地安排自己的课余时间。通过让学生结合自己的生活经验,设计作息时间表,调查完成家庭作业的时间,调查睡眠时间活动,使学生巩固时间的认识和计算,养成从小珍惜时间,合理安排时间的好习惯。再如学完"时间的计算"后,我布置了这样一个作业:调查你最喜欢的动画片是什么时候开始,什么时候结束的,计算一共用了多少时间?这样拉近了学习活动与现实生活之间的距离,极大地提高了学生实践的时空利用率。通过这一过程的学习,学生觉得数学不是白学,学了即可用得上,是实实在在的知识,从而体会到数学本身的强大魅力,感觉到数学课堂充满着智慧和乐趣,大大激发了学生学习的积极性。

就这样数学具体了、看得见了、摸得着了,它就在我们的身旁,孩子会不喜欢吗?

总之通过读吴老师丛书使我深深地体会到我们的数学教育应该是数学适应孩子的学习,而不是强求孩子们去适应数学。让我们像吴老师那样把枯燥的数学内容变为情趣多而意深的故事和游戏,以情导知,以知促情。把抽象的数学,通过自己的切身经验活生生地"物化"出来,让他们来体验、来感受,从而感到生活中处处有数学。让数学课堂上少一些抽象的、枯燥的说理,多一些自由、生动的讨论,成为孩子们喜爱的课堂吧!

真情流淌的互动课堂

——读《听吴正宪老师上课》有感

密云区石城镇中心小学　张海莲

　　我每次听完吴正宪老师的课,心情都异常激动。激动于仅一节课,学生学得那样的投入;激动于教师设计的活动,学生的参与率高而且呈现结果多样……带着激动,带着好奇,我认真阅读了《听吴正宪老师上课》这本书。如果说听了吴老师上的一节课后,只是激动一阵的话,那么捧起这本书,我是一口气把书读完的。边读脑中不时呈现出吴老师那和蔼可亲的面庞,那期盼的眼神。合上书,回味学生那跃跃欲试的表现,出乎意料的发言,那句"没有教不好的学生,只有不会教的老师"的话又一次撞击着我的心灵。

　　同是课堂,同是上课,为什么吴老师的课让每一个学生喜欢,吴老师的课更让每一位老师仰慕呢,那是因为吴老师的课有着不同凡响的魅力。吴老师的课堂是真情流淌的互动课堂。

一、尊重生命的真情课堂

　　吴老师爱孩子,尊重每一个孩子,就连被我们大多数老师忽略的"墙角"生也同样会享受到吴老师阳光般的关爱。

　　文中"千万别叫我,我肯定不会"的故事中,吴老师用自己的言行践行了对一个缺乏自信心孩子的尊重。她先是耐心地与孩子商量让孩子回答问题,当孩子摇头后,就走到他们小组细心聆听他的想法并与他交流,孩子在吴老师的鼓励下终于勇敢地举起了手。

　　事情虽小,但足以看出她对每个孩子都是真心的关注,她尊重每个生命。在我们的日常教学中,一些"墙角"生容易让我们忽视。久而久之,他们会因缺少兴趣而不爱学习,从而导致成绩越来越差。如果我们都向吴老师那样,抓住课上的时间,关注学生学习的整个过程,用爱的语言鼓励他们,孩子们又怎么不进步呢?

谨记吴老师的教诲,我也更多地关注学困生。开学初,小文便进入了我的视线。课上回答问题,她很少举手。我见她列的算式很正确,就让她先给同组同学讲。当组内同学对她表扬后,我就鼓励她给大家讲题。虽然她讲的不是很好,但同学们热烈的掌声又一次激励了她。这不,她还被评为九月份进步最快的学生呢!

心理学实验表明:一个人只要体验过一次成功的喜悦,便会激起多次追求成功的欲望。正是吴老师一次次真情的激励,那些被尊重、被鼓励的孩子们才会在一次次的成功中吸取动力和信心,向更多的困难和挑战挺进。正因如此,才有即使是吴老师借班上课,以前上课从不爱回答问题的学生,也会高高地举起小手,实现"从不敢发言到毛遂自荐的超越"。"亲其师,信其道",当学生真正把老师当作朋友时,那些"墙角"生也会"活"起来。

正如北京师范大学周玉仁教授对吴老师的评价:吴正宪是一个重感情、充满人情味的老师。课堂上,她不仅用数学的真谛来拨亮孩子们的心灵,更用她对孩子的爱心和真情来感染他们,用自己人格的魅力来塑造他们。她的课,知情交融,师生互动;她的课,充满了童趣、乐趣。课伊始,趣已生;课继续,情更深;课已完,意未尽……

吴老师爱每个学生,尊重每个学生,她的课堂是尊重生命的真情课堂。

二、参与活动的体验课堂

陶行知先生说:"做是学的中心,也是教的中心。"[①]"在实践中体验,在体验中思考,在思考中感悟,在感悟中创造"是吴老师课堂的一大特色。

在学习《梯形的面积》教学片段中,吴老师引导学生在动手操作,小组探究的活动中领悟了解决求梯形面积问题的核心是"转化"。此外,吴老师的课上还多次引导学生通过画图、列式等不同的动手操作方法展示学生思维的过程,从而促进学生的发展。

"做中学"的理念也引导我在教学中进行尝试。为了提高学生对"平方米"的认识,我让学生在教室的地面上画了一个1平方米的正方形,之后通过逐渐添人的方法让学生站到1平方米的地面上。一会儿,这里就站了12人。学生在活动中不光学到了知识,更感受到了团结合作的快乐。

著名心理学家皮亚杰说过:"思维是从动作开始的,切断了动作与思维之间的

---

① 选自吴正宪、张秋霜、贾福录编著:《听吴正宪老师上课》,华东师范大学出版社2012年版,第83页。

联系,思维就得不到发展。"正是吴老师巧妙地设计了一个个有趣的活动,才一次次地提升了学生的思维。

三、追寻本源的生活课堂

现代教学理论认为:数学教学应该从学习者的生活经验出发,将数学活动置于真实的生活背景中,给学生提供充分进行数学活动和交流的机会,使他们真正理解和掌握数学知识、思想和方法,同时获得广泛的数学活动经验。吴老师正是本着这种教学理念,创设了一个个鲜活的教学情境。

在学习《三角形的认识》教学片段中,吴老师把一把快散架的椅子请上课堂,请学生设计最佳的木条钉制位置。学生在操作、实验、思考、验证中最终发现木条要斜着钉在椅子上,从而发现了三角形的稳定性。此次的教学设计,吴老师重在培养学生的数学应用意识,让学生感受学习数学的价值。

"学有用的数学"的教学思想也引领我在教学中进行改革。在学完长、正方形的面积公式后,我引导学生算出课桌面的面积、数学书的面积以及教室的面积。当学生顺利解决了这个问题后,我又引导学生思考:如果给教室铺上长、宽各80厘米的方砖,需要铺多少块呢?从而把学生的思维引向深处。最后,学生在画图、交流中解决了这个生活中的问题。

吴老师以自己人格的魅力吸引着学生,更感染、教育着无数的老师。正如吴老师所说,她的课堂诠释了这样的教育理念:尊重每一个学生,为学生营造思维的磁场,为学生设计有过程的参与,以传授知识、启迪智慧、完善人格为主旨。让我们静静地品味吴老师的话,回味吴老师的课,让这些精华也注入我们的头脑,转变我们的教学理念、提升我们的教育教学水平。

好书百读不厌,尽管我还没能完全领悟《听吴正宪老师上课》这本书的全部精华,但我已经迫不及待地捧起了《听吴正宪老师评课》和《吴正宪课堂教学策略》这两本书。我要在书中寻找"黄金",在书中聆听吴老师的谆谆教诲。

以爱为马,为梦起航

——读《吴正宪教育教学文丛》有感

密云区高岭学校　方九零

　　站在初入职场的端口,早已耳闻吴老师的数学教学被称作是"爱与美的旋律"。怀揣着教育梦,无比激动而又兴奋地钻进了吴老师系列丛书里,渴望聆听,更为寻找方向。

　　像一个无知却渴望贪婪地吮吸教育教学精华的孩童,读完这套丛书之后久久未能平静。我被吴老师坦然处之的生活态度所打动,被她平和善良的人格魅力所吸引,更被她兢兢业业追求教育梦想的精神所折服。逃开字里行间的真情实感,拜读完吴正宪老师的书,留给我内心深处最大的信念,不是桎梏,而是自由。我笨拙地用以下三个词条概括了一下。

一、追梦

　　一个人的教育梦。

　　在《吴正宪给小学数学教师的建议》一书中,吴老师几次提到了自己踏上"为人师表"这条路的征程的故事。十六岁从教,入行四十多年以来,以创造为方向,以爱为翅膀,以勤为契机去追求她的教师梦。

　　大道至简。吴老师把学生当作自己的朋友,而善良、尊重和理解是相处模式。读到一些生动案例时,我总会合上书本,认真揣摩一番。她说,"简单是一种境界,它超越了世俗,超越了名利,使我们能轻轻松松地在数学的海洋中徜徉,从而融入数学,享受数学。"她说,"做人,就应该做一个好人,做一个善良的人,善良的人心中有爱。"是啊,爱是每一位从事教育工作者必备的基本素质,也是各行各业所必需的基石。因为爱,所以愿意。愿意寻找更巧妙地方法去引导学生"成人""成才"。所以吴老师会对积极回答问题的学生竖起大拇指,会真诚感谢回答正确的学生"祝贺你们,是你们精彩的发言给大家留下了深刻的印象",孩子以成功者姿态被予以肯定,自信心步步为营地被建立,还用担心他们抵触数学甚至学习吗?

当然,暂时败下阵的同学也绝不会被"冷落",因为吴老师会深情地握住他们的手说:"谢谢你们,正是因为你们的问题的出现,才给全班带来一次有意义的讨论!"身为吴老师的学生真真是一件幸福的事儿吧!

而吴老师日益精进的教学理念和教学业务能力,实属是和她精益求精的品格息息相关的。暂不论"辛勤拜师路"有多少风雨无阻的坚持,单单读到初入职场中记录下的几十万字的学习笔记,20多本密密麻麻写满学习体会的笔记本和教学随笔都足够让人"触目惊心"了吧。我虽不能遐想那辆满载她教学梦、驮着她穿梭于天坛和幸福路之间的小小自行车,但大抵还是被震撼到了!教育需要执着的追求。

二、追梦

一群人的教育梦。

能够进入"吴正宪团队",那大概是很多数学人的梦想吧。在《吴正宪课堂教学策略》一书中提到,吴老师及其工作室团员上的"同课异构""双师同堂"等丰富多彩的教研活动课中,很多人都能体会到一种精神,一个"影子"。其含义有二:吴老师引用中央民族大学孙晓天教授的评价语道出了"影子"的第一层含义,"吴正宪小学数学教师工作站的团员,每个人都各具特色、与众不同,但团队共同的地方是开始对学生的关注……";可"有术无道,止于术",团队成员从不同视角审视课堂教学现象和行为,在对比中思考,在思考中交流,逐步完成"外化到内化"的学"术"过程,甚至超出了学"术"的预设,他们已然领悟、摸索教师应该如何树立数学大教育观的思考,此乃其二。

吴老师曾多次风趣地提到,要尊重儿童的经验,把有营养的数学烹调成适合孩子口味的数学,从而使孩子们乐学、会学、善学。正是因为心心念念的牵挂与勤勉探索的"爱与善",支撑着吴老师及其团队成员在教学这条康庄大道上越走越远。谈笑风生的获得感与相视一笑的默契度是多么令人艳羡!

我想起曾参加过一次吴老师团队组织的大型教研活动,一位来自河北的团员老师上的一节三年级的课,课后吴老师带领班上孩子复述当课内容。在团员老师讲述备课过程中,吴老师不停地点头认可,从挖掘课堂教学背后的理念到寻找课堂教学策略,如数家珍地娓娓道来。我想,在自己热爱的职业生涯中,有位"引路人"带领我们去追求,去奋斗,的确是一件很感恩的事情吧!

三、追梦

一辈子的教育梦。

从事四十多年的教学,吴老师在积累丰富教学理论的同时,背后的付出的努力也跃然纸上。在读到《听吴正宪老师上课》一书时，我不禁潸然泪下。

　　数学是个充满诗情画意的学科。艺术品是学生，经过时间的雕琢，他们会崭露头角，会发光发热。而在他们各显光芒之前，教师要做到吴老师那样"以人格影响人格，用智慧启迪智慧，用魅力创设魅力"。用自己的"魔法"让学生们感受到数学的真谛，而这真谛能够浸润孩子的心田。小学数学是整个数学学科学习的基础，要巧妙地陪伴着孩子遨游在数学王国里，不被"乱花渐欲迷人眼"，方能做到"望尽天涯路"。要爱，并且深深地爱上这门学科，才想深入探索。老师是这样，学生也应该这样。而学生的爱，却是在老师"化腐朽为神奇"的数理中，是在老师"有如醍醐灌，坐受清凉乐"的启迪中，是在老师指引下"更上一层楼"的旷达中。正如吴老师的"神功"，一次次点燃学生"深入思考的火种"，给学生带来"追本溯源"的乐趣。

　　我所感悟到的只是丛书理念的冰山一角。我震撼于吴老师的"学生无小事"，我感动于吴正宪团队的"且行且思考"，我珍惜于大好年华的时光里，带着教育梦想的情怀，已然在路上。才刚起步，路清晰可见，但道远且长！

北京市密云区高岭学校　方九零

跟吴老师学做充满诗情的教师

——读《吴正宪给小学数学教师的建议》有感

密云区古北口镇中心小学　王孝冲

"这世间的角角落落,都会有善良的人、善良的心。想起春日的天空下,蒲公英的种子,借着微风的力,就飘向田间的角角落落,落地就生根,生根就发芽,然后开出一片灿烂金黄的花。那一颗颗善良的心,也会像这种朴素的种子,借一股东风,让最真最美的花,开遍世间的每一个角落。"这是《吴正宪给小学数学教师的建议》一书中开篇的第一段话,多有诗意,多有哲理,又多么有吴正宪老师的味道啊。

去年我非常有幸的听了吴正宪老师在我区教研活动中执教的《小数除法》一课,从上课伊始我就被吴老师这种涓涓细流般润泽学生心灵的教学风格所吸引,吴老师静心倾听每位学生的发言,用春风般的语气和孩子们交流,用真情启迪学生的智慧,为我们呈现了一节"好吃又有营养"的数学课堂。课后吴老师又不辞辛苦的和我们交流她对这节课的设计,对教学的想法以及她的儿童观和教育观。教学活动虽然结束了,可我们却还想再接着听听吴老师的课,再接着学习吴老师的儿童观和教育观。于是学校为我们提供了吴老师的《吴正宪给小学数学教师的建议》一书,整本书里吴老师都通过自己亲身经历的,还有聆听其他老师的一些经典教学片段,上课的精彩环节,教育教学案例和故事,把她的教育理念、思想和方法展示给我们,让我们再次有机会以文字的形式近距离地感受吴老师。在读的过程中,我被吴老师的"做充满诗情的教育者"这一建议所吸引,现将自己的一些感触和思考,与各位分享。

吴老师说:"教育需要激情,也要诗情,要用激情和诗情唤醒学生的智慧,在潜移默化中成就学生的健全人格。"吴老师的课堂经常艺术的为学生设置美丽的"陷阱"来激发学生的激情,让学生的思维碰撞出智慧的火花。在书中就记录了这样一个教学片段:"两个色子同时抛,朝上的两个数相加的和可能是几? 如果 11 个数分成两组,5、6、7、8、9是甲组,2、3、4、10、11、12是乙组,掷十次色子,哪组获胜的可能性大呢? 学生们都认为是乙组,因为乙组有6个数字,但有位同学又说甲组虽然只有5个数,但是都比较好得到,所以甲组获胜的可能性大。这时老师不动声色地说,试试呗。"看到这里,我深深的被吴老师高明的教学设计所折服,吴老师通过一个小小的"陷阱"一下子就把孩子的认知冲突暴露出来了,学生由于年龄小,考虑问题片面、逻辑思维能力较弱等,因而在解决问题时常会出现各种错,掉进"陷阱"里,而吴老师的睿智在于不仅仅会为孩子设置陷阱,而是当学生出现错误后,不急于告诉学生正确答案,而是引导学生展开讨论,深入剖析,通过自主的学习使学生抓住问题的本质,并激发了学生强烈的求知欲,吴老师真是位高明的引导者啊。

　　吴正宪老师的数学课,就是一个个美丽的"陷阱",学生听了不由自主地"深陷"其中,教师听了也不禁流连忘返,把上出这样的课作为自己的梦想和追求。于是我也试着在课堂教学中为学生设置一些小"陷阱"。例如:在教三年级《面积和面积单位》时,我说:"同学们,下面请男生闭上眼睛,女生看看1号图形有几格? (4格)。接着请女生闭上眼睛,男生看看2号图形有几格? (8格)。现在请大家都睁开眼睛,根据男女生提供的信息,猜一猜几号图形的面积大?"大家都异口同声地说是2号图形的面积大,因为2号图形的格数多。但也有位同学说:"没准1号图形的面积大,因为1号图形可能格子更大。"听了这位同学的发言,刚才说2号图形大的同学也有些动摇了。于是同学们又展开讨论,深入剖析,觉得这位同学说的很有道理,只有在格子大小一样的情况下才能通过格子数进行比较。在这时我拿出两个图形,果然1号图形的面积比2号图形的大,理由正像刚才那位同学说的一样。通过这一个小小的"陷阱",一下子就抓住了面积单位的本质,起到了事半功倍的效果。

　　亚里士多德说:"思维自疑问和惊奇开始"一节精彩的数学课,教师总会设置一个个"陷阱",这个"陷阱",让课堂变活了、变大了、更富朝气了,学生们用智慧的灵性演绎着一个又一个精彩与感动,课堂因此成为师生、生生间智慧碰撞与心灵交互的舞台。教师在课堂上通过精心预设,细心捕捉,允许学生从自我个性多角度观察、发现问题,当学生的思维"一头雾水"或是似懂非懂时,教师应是一个引路人,为学生"拨开云雾";当学生独具慧眼时,我们应不惜时间、精力,与学生的思维、情感等进行多元、立体地对话,实现师生间、生生间的智慧碰撞、心灵的互动和情智的共享,为学生认知的生成创造良好的环境氛围,成功激发起学生深入学习的欲望。每个学生都是拥有无限潜能和发展可能的鲜活生命体。我们要不断思考,不断敏锐捕捉富有生命气息的教学资源,反思教学行为,予以及时调整,努力营造动态生成的课堂教学,让师生都能释放出生命的活力,闪耀出智慧的光芒,弘扬起自立的个性,孕育课堂新生命,这是我们恒久的理想和美丽的期待。

轻轻捧着《吴正宪给小学数学教师的建议》这本书,里面的每一个鲜活的案例的背后都蕴含着教育理念和教学策略,值得我去细细研读、学习并转化成适合自己的教育方法和策略,在实践过程中不断地提高自己的教育素养和教学水平,在教育路上做一名充满诗情的教师。

巧妙设计练习　让课堂绽放精彩

——读吴正宪老师《课堂教学策略》有感

密云区古北口镇中心小学　王晓净

数学知识的掌握、经验的积累、技能的形成,尤其是数学思维的开发,数学思想和方法的渗透,必须通过一定量的练习才能实现。练习能够进一步解释数学知识间的联系和区别、现象与本质,可以让学生经历由特殊到一般、再由一般到特殊的认识事物的一般规律,可以发展学生举一反三的迁移能力,分析、综合、抽象、概括、判断、推理等多种能力,那么,如何设计有效的课堂练习呢?

一、设计有思想的练习,让学生留住数学的"根"

吴老师常说:数学知识仅仅是冰山的一角,备课时一定要观其全貌,透过数学知识看到深邃的数学思想和方法。数学思想方法的领悟并非一蹴而就,需要"用""悟"相结合,在循序渐进的过程中内化。

例如《多边形面积的整理与复习》课的变式练习中,我设计了"图形变变变"的游戏环节。

首先按照下图依次出示,依次用梯形的面积公式进行计算,通过画一画,算一算,看看有什么新发现?

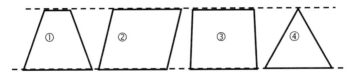

教师从一个图形的变形引发学生想象"变化的梯形会是怎样"。通过计算,学生发现:上底和下底相等的梯形变成了长方形或平行四边形,上底是 0 的梯形就是三角形。图形间的转化也造成学生的认知冲突,变形后的图形还是梯形吗? 可以用什么样的公式计算? 学生在尝试与验证中发现,在一些特殊情况下,梯形、三角形、平行四边形、长方形等貌似孤立、无关的图形的面积公式是可以互通的,是有联系的,学生就会体会到:梯形的面积公式可以是万能公式,一个公式就可以解决这几个图形的面积问题。在类比中,学生对几何图形间的转化有了别样的体会,那些原来已经建立的数学模型在学生眼里变得更生动、更鲜活了。

下次再遇到比较下面图形的面积大小的问题,就可以迎刃而解了。

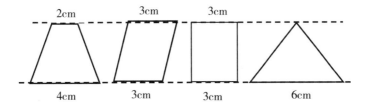

二、设计开放的练习,让学生悟出数学的"法"

数学练习的设计要突出数学知识之间的联系。吴老师的课堂中经常出现的步步为营的练习串,体现了层次性和发展性。在解决问题的过程中,学生的思维不断深化,对问题的认识由浅入深、由表及里、由单一到全面,学生在解决问题的过程中,很好地建立了知识间的联系,形成了完善的认知结构。

由此,我想到了在《多边形面积的整理与复习》的综合练习中,我设计了这样的问题情境:

1.（出示情境）张叔叔准备用50米栅栏围一个一面靠墙的羊圈（如下图）,你能帮助张叔叔算一算羊圈的面积吗？

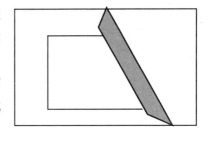

2. 交流:遇到什么困难了吗？需要老师的帮助吗？（图中梯形的上底、下底与高都不知道,无法解决,需要更多的条件）

3. 设疑:如果老师只能再告诉大家一个条件,你们最希望知道哪个条件？

4. 补充条件:如果告诉我们这个梯形的高是10米,可以解决吗？

5. 学生尝试、汇报。

6. 思考:这样的梯形的上底、下底都不知道,你们怎样就可以求出来它的面积了？

7. 追问:除了告诉高的长度,知道哪个条件也可以顺利解决这个问题呀？

以上的练习,改变了教材上的呈现方式,更具互动性和开放性,能更好地激发学生思维的主动性和灵活性。这种练习的形式,其目的不在于熟能生巧地学会解题,而在于在实践应用中对原认知有更进一步的补充和完善,最后达到积累经验,提高学生解决问题的能力。

三、设计展示性的练习,让学生享受成功的"美"

在教学《三角形的面积》一课时,我设计了如下的操作环节,请学生们利用手中不同的三角形,拼摆出我们学过的图形,然后思考下面三个问题:

1. 三角形面积与拼成图形的面积有什么关系?

2. 三角形的底和高与拼成图形的各部分有什么关系?

3. 怎样计算三角形面积?你能试着写出三角形面积的计算公式吗?

在学生操作时,教师可以把优先完成的小组作品,通过 ipad 的投屏功能进行展示,这样既是对完成的小组的一种肯定,同时也为没有思路的同学提供了参考。在学生都完成之后,老师可以借助 ipad 的投屏功能,请优秀的小组进行汇报,此时教师可以根据汇报的需要随时调整屏幕的大小,学生也可以边讲边标注,这样既节省了时间,还可以让学生真正成为学习交流的主人、教师则可以适时地"退出"展示的舞台,等到关键处再"进来"发挥自己的主导作用。在整个交流过程中,学生互相质疑、互相补充、互相点评,让课堂更加真实,更加生动。

同时,在学生操作环节,教师还可以利用视频的方式记录孩子的剪拼过程,比如利用一个三角形,通过沿中位线剪开,把一个三角形拼成平行四边形来研究三角形的面积。在进行展示的过程中,学生边讲解边播放操作视频,让所有同学都能看到新方法诞生的过程,更好的开阔了学生解题的思路。最后,在学生汇报展示之后,教师把学生的作品同屏展示,让学生能清楚地进行分类,从中体会两种转化方法的区别与联系,帮助学生更好的积累活动经验。在整个过程中,教师充分挖掘学生的潜能,不断呈现学生在解决问题过程中暴露的思维过程,使学生的认识从感性走向理性,从表面走向深入,在探索的过程中学会学习,学会思考,享受着学习的快乐。

正像吴老师所说:离开学生的参与,再好的练习也是无本之木,无源之水。好的练习一定要兼顾数学的本质和儿童的认知特点,教师需要付出创造性的劳动,把"好吃"和"有营养"有机结合起来。这样,孩子们才会积极投入到数学学习中来,才会真正感悟到数学的魅力!

评课,我和教师共成长

——读《听吴正宪老师评课》有感

密云区不老屯镇中心小学 郭保生

所谓评课,是指对课堂教学成败得失及其原因做出中肯的分析和评估,并且能够从教育理论的高度对课堂上的教育行为作出正确的解释。具体地说:是指评课者对照课堂教学目标,对教师和学生在课堂教学中的活动以及由此所引起的变化进行价值的判断。评课是教学、教研工作过程中一项经常开展的活动。

推进课堂教学改革需要评课、诊断课堂教学问题需要评课、帮助青年教师尽快成长需要评课……应该说评课是帮助教师提升教育教学能力和水平的一条重要途径。

作为一名山区小学的数学教研组长,时常需要进行评课、指导教师们的课堂教学。我从来不把评课作为负担,而是把评课作为和教师共同成长的有效途径,每次听课前都先要认真地看教参和教材,听课中深入的思考,听课后及时总结反馈,努力发挥评价的价值,帮助教师进步,和教师共同成长。但往往在评课时,更多的是"我来说,你来听",更多的是侧重于对教师的评价、对教材教法的评价、对教学效果的评价,这样的评课内容与方式,总让人感觉流于形式,浮在表面,不够深入,评课的效果总不能让人满意。那么,如何进行评课呢?怎样评课才能发挥评课的最大效能,推动课堂教学改革,促进教师的尽快成长呢?这个问题一直深深地困扰着我!

最近,有幸拜读了《听吴正宪老师评课》一书,心中的困惑烟消云散,书中精彩的内容给了我很大的启示,使我对评课的方式、评课的内容有了深刻的认识,也引发了我的思考。

一、评课的方式

方式一,与教师对话式的评课。改变原有的"我来说,你来听"的现状,评课时与教师开展对话活动,让教师的思维活起来,向教师提出问题引发教师的思考,倾听并回答教师真实的想法与困惑。互动思辨式的评课针对性强,共享了评课者与教师的智慧,促进了教师的主动反思。

方式二,与学生对话式评课。通过课后与学生的现场访谈,从学生的角度来评价课堂教学,从而引发教师的思考,这样的思考是深入的、也是有效的。与学生对话,需要我们评课者有准确的洞察力和敏锐的捕捉力,精心设计出有价值的访谈问题。

方式三,引领式的评课。围绕教育教学理念或课程改革的内容,确定评课的主题,围绕主题和课堂教学中师生的表现与结果进行评课,通过评课提升教师对教育教学理念的认识,转变教师的课堂教学行为,推进课堂教学改革的深入。

二、评课的内容

1. 评课要关注教材教法,还要重视教育思想。如:课程标准中"四基、四能"(即基础知识、基本技能、基本思想、基本活动经验,发现和提出问题的能力、分析和解决问题的能力)的落实;十个核心概念(数感、符号意识、空间观念、几何直观、数据分析观念、运算能力、推理能力、模型思想、应用意识和创新意识)的理解与落实;如何处理好教师讲授与学生自主学习的关系? 如何帮助学生感悟数学思想,积累数学活动经验? 如何促进学生空间观念的发展? ……

2. 评课要关注教的结果,还要重视教的过程。如:教师是否尊重每一位学生? 关注每一位学生? 是否创设了和谐民主愉悦的学习环境? 教师是否对学生进行了有效的指导? 教师是否为学生提供了优质的学习资源? 为学生创设有利于思考、探索、创造的学习环境? 教师是否关注了课堂上的"生成"?

3. 评课要关注学的结果,还要重视学的过程。如:学生是否积极主动参与学习活动? 学生是否感受、体验经历了数学思考的学习过程? 学生是否在学习活动中学会了与他人合作? 学生通过这节课学会了什么? 得到了哪些有助于自身发展的能力?

4. 评课要关注课堂常规的落实,还要关注重点工作的推进。如:我校提出了课堂教学理念为"五个有、三体现、一倡导"(有精彩3分钟展示、有学生主动提问、有独立思考探究、有小组合作交流、有展示汇报,体现社会主义核心价值观和责任教育内容、体现多学科穿越融合、体现生态课堂理念,倡导用画图等多种方法解决问题),这些理念是不是得到了落实? 落实得怎么样? 还需要怎样改进我们的课堂教学? 本学期我们的重点工作之一是培养学生养成良好的学习习惯,学生的听讲习惯、坐姿习惯、书写习惯落实得怎样? 还存在哪些问题? 应该如何对学生进行培养？……

吴老师在与学生的互动式评课中,总是能以精心设计的问题为引领,使学生表达真实的学习感受。在与教师的对话式评课中,让我们可以细细地品读她是怎样读懂教材、读懂学生、读懂课堂的。在引领式的评课中,让我们更多的感悟着吴老师教育的智慧和人格魅力,体悟着什么叫"专业地读教材,用心地读学生,智慧地读课堂。"书中还有很多精辟的论述对我很有启发:如"引导学生亲身经历知识的形成过程""为学生创造自主探究的学习空间"……吴老师从理论的高度进行阐述到一个个具体实例的娓娓道来,精彩至极。

吴老师的评课之所以精彩,之所以让我们受益匪浅,是跟吴老师的儿童数学教育观和教育智慧分不开的,是跟吴老师对教育事业的热爱与激情分不开的,是跟吴老师的勤奋学习反思和勇于实践分不开的……虽然通过学习此书,让我对评课的内容和方式有所了解和认识,按书中所写,我进行了一些评课的实践,也取得了不错的效果。但要想拥有高水平的评课艺术与技巧,还需要向吴老师学习,向书本与专家学习,不断丰富自己的理论修养,提升自己的教育教学实践经验。让我们继续努力前行,撸起袖子加油干,共同谱写教育的新篇章。

循着名师的思想与脚步成长

——读《吴正宪教育教学文丛》有感

密云区太师屯镇中心小学 刁立萍

　　吴正宪是全国小学数学教师都钦佩不已的名师,在参加了多次"吴正宪儿童数学思想活动推广活动"后,使我对吴老师的儿童教育观有了深入的了解,并阅读了吴正宪教育教学丛书,这些书是吴正宪小学数学教师团队成员与吴老师课堂教学的智慧结晶,是在吴老师课堂现场、课堂实录的基础上编写的。每每读起总是能够再次感受到名师教育的智慧和教书育人的艺术,得到不同的收获和感悟。《吴正宪给小学数学教师的建议》一书中,吴老师分享了在四十多年的教育教学实践中的感悟和体会,里面是一个个鲜活的故事,一节节生动的课例;《吴正宪课堂教学策略》一书结合课例详尽地讲解了课堂教学中不同的策略;《听吴正宪老师上课》一书中,一节节课知情交融、师生互动,充满了童趣,洋溢着激情与智慧。其中《听吴正宪老师评课》这本书,给我的触动最深:为什么要评课? 怎样去评课? 在课程改革的背景下评课又有什么新的内涵呢? 以前这些问题我从没有认真思考过,也没有重视过,看过这本书后,我有了新的认识,评课不仅能促进教师交流、共享智慧,更能帮助教师更新教育理念、研究教学教法、提高执教能力和教学质量。

　　这本书中,呈现了大量的精彩教学片段,并对这些教学片断进行了全面的归纳、分类、总结,做出了独到的分析和解读。也对评课的含义和方法进行了深入地阐述:评课,顾名思义即评价课堂教学,是对一节课教学效果的评价。那么评课的意义何在呢?

一、评课是课堂的延伸

　　评课是听课活动之后的延伸,是要引发教师们的参与,互动评课,从多角度思考课堂教学。每位授课老师在教学设计与实践中都有自己独特的思考、感受、收获与困惑,通过评课中教师间的交流,不仅能深化授课教师对目标、内容的理解,同时能够集中全体评课教师的思想和智慧,实现教学资源的共享。最近我就上了一节《减法的初步认识》,在评课过程中,我分享了针对本节课教学重点:在具体情境中理解减法的意义的设计思路,得到大家的认可和肯定,同时对于"如何帮助学生找准被减数"这一教学难点,大家各抒己见,献计献策,提出了很多宝贵意见。大家在思考中互相交流,发现和提出更好的方法与观点,每个人都是智慧的分享者与奉献者。

二、多角度评课,灵活有效

吴老师重视学生的课后访谈,倾听来自学生的声音,让学生参与评课,以学生的视角评价老师的课堂教学,以学论教;吴老师注重与教师的对话,在对话交流中,碰撞出思维的火花。不仅要研究教材教法,更要研究教育思想;不仅要研究教师的教,还要研究学生的学,在不断的研究中,反思自己的教学。吴老师与张永老师的对话式评课中,帮助老师答疑解惑,"让分数张开嘴巴讲故事""给分数找个妈妈"等比喻是如此生动贴切,她用儿童的语言讲数学,让分数活了,变得灵动了。使数学知识不再是抽象枯燥的,而是一个个鲜活的生命体。

三、评课的方向引领作用

评课不应仅仅着眼于一节课在技术层面的设计,更要重视对课堂教学背后的教育理念及数学价值的讨论,对"准确制定课堂教学目标、整体把握教材、有效教学活动设计、师生互动、学生主动参与"等方面进行思考,使评课成为促进教师专业成长的有效途径。

最近我们一年级教研组组织了全区的教研活动,上了《加法的初步认识》和《减法的初步认识》两节意义教学的起始课,课后佟老师就两节课做了简短的评价,剖析了设计背后的数学思想和教育价值,使教研活动不流于形式。这种理论与实践相结合的形式,给予教师方向的引领,促进教师的专业化成长。

吴正宪老师用她对教育事业的热爱与激情,用她对儿童数学教育的理解与智慧谱写着绚丽的教育新篇章,她对孩子们的教育是潜移默化的。她从课堂的点滴中提炼出对孩子人生有意义的精华,为他们的发展铺就一条光明之路,也让我们教育工作者渐渐领悟到什么叫"专业地读教材,用心地读学生、智慧地读课堂"。

品读《吴正宪教育教学丛书》,能够引领我们把自己的课堂和吴老师的教学课堂进行比较,找出差距,找到自己需要完善的地方,也找到自己教学过程中自身的不足。使我们在阅读的过程中观察、品味、顿悟、模仿、借鉴、迁移、创造,利用名师的思维践行教育,借鉴名师的成果融合成自己的教育艺术,站在名师的肩膀上看教育、做教育,循着名师的思想和足迹不断成长。

错误也美丽

——读吴正宪系列教育丛书心得

密云区太师屯小学 刘雪峰

当我静心读着吴老师的书看到"儿童是发展的人,很有潜力、不成熟。有潜力,就要相信他,开发他的潜能。他能做的,老师不替代;不成熟,就要包容他的错误。教室就是出错的地方,不犯错误长不大。要给学生尤其是犯了错误的学生重新跃起的机会。失败了,让他再一次看到希望,看到亮光。"这段话让我重新审视学生课堂生成的错误。

吴老师说,课堂教学中,学生出错在所难免。新课程注重关注人的发展,关注人就应善待学生的错误。善待错误,要表现为不讽刺、挖苦学生,保护学生的学习情感。教是为使学生更好的学,他们能出错,正说明学生是在学习,老师应该引导学生积极思维,解决困难,用和蔼可亲的态度给课堂增添一份温馨,从而使学生获得安全感和对教师的信任感、亲切感,让学生敢于向老师吐露心声,大胆质疑,讲出自己的困惑,表达自己的情意,并随时能得到老师的理解、宽容、支持与帮助。善待错误还应该点"石"成"金"——利用学生的错误展开教学,去伪存真。这就需要教师吃透教材,更新自己的教学理念,要把学生的错误当成一种教学资源,让课堂充满生成的活力。得到了吴老师的启发,在我的课堂中我努力这样做!

一、发现错误的根源

我们知道,学生是带着无数的疑问走进课堂的,他们每一次的实践过程,都是"摸着石头前进"的过程,错误自然不可避免。学生犯错不一定是件坏事,因为学生犯错的过程是一种尝试和创新的过程。电灯的发明不就是建立在爱迪生成百上千次错误尝试的基础上的吗?

总结起来,学生在解题中出现的错误可以归结为三种类型:1、浅易性错误。主要是学生在解题时出现的抄错数看错符号、计算出错等低级性错误。2、过失性错误。主要是学生在读题时没认真审题造成的诸如整除和除尽、除与除以等未区分，单位"1"找错等。3、理解性错误。主要是学生题意不理解或理解不正确造成的错误。

　　记得我在教学厘米和米后，我让学生填合适的单位名称。"我们学校的教学楼高约是10（　）"。有的学生填了"米"，有的同学填了"厘米"。究其原因：主要是学生犯了理解性错误，因为一方面，学生对楼高不清楚；另一方面，学生对长度单位表象不清晰。针对学生的错误，我带领孩子们亲自到操场上观察自己学校的教学楼，同时，让他们想象一厘米大约有多长，学生一下子意识到：楼的高度用米做单位比较合适。由于有了这次亲自的体验，学生对"米"和"厘米"这两个单位的认识清晰多了，后来再没有出现过类似的错误。

　　二、教给学生自检的方法

　　我们教学的最终目标是教会学生自主学习，如果学生的学习仅仅依靠教师来评价，来修正，是远远不够的，也是不符合教学目的的，还需要学生通过一定的学习，学会"自检"。

　　那是在二年级第四册教材中，引入了验算的学习，学生在验算中经常会发生这样的情况：

$$
\begin{array}{r}
2562 \\
+\ 3043 \\
\hline
5505
\end{array}
\qquad
\begin{array}{r}
5505 \\
-\ 3043 \\
\hline
2562
\end{array}
$$
（应该是2462）

　　这说明孩子并没有意识到验算所具有的检验计算正确与否的作用，只是把验算当成一项任务来完成，因此，仅仅教给学生各种检验的方法是不够的，更重要的是向学生渗透"自检"的意识，使学生明白为什么要进行验算，使他们真正认识到检验的作用及其重要性。

　　三、关注错误的背后

　　我们的学生，有着不同的知识背景、不同的情感体验、不同的表达方式，也就有着参差不齐的思维水平，所以难免就会出错。有些"错"反映了儿童认识的阶段性和递进性，尽管确实明显有错，但"正确"正是在对"错"的剖析、筛选中逐步形成的，因而每一个"错"都是儿童进步的足迹，阻止了他迈向"错"的脚步，等于阻断了他迈向成功的道路。

　　曾经我在教学一年级应用题中，有这样一个题目：红花有16朵，黄花有9朵，红花比黄花多几朵？学生很快列出了两种算式：

16 − 9 = 7(朵)

9 + 7 = 16(朵)

很多学生都认为第一个算式是正确的,第二个算式是错误的。第二个算式为什么是错误的呢?于是我因势利导,把算式改为 9 + (　　　) = 16,学生一下就明白了:其实这两道题的本质是一样的,只是列式的方法不同,括号里的数就是多出来的朵数。

四、给学生心灵上的安全感

错误是学生学习中常常发生的现象。面对学生的错误,有的是指责批评,挖苦讽刺;有的则是因错置宜,合理利用,探究原因,使之吃一堑长一智。学生是学习的主体,教师是学生学习的组织者、引导者,教师应善待学生的错误,应关注学生的个性化,应爱护学生的自尊,科学地引导学生发现问题,解决问题。

记得有一次,在算平均数时,一学生计算出敬老院的老人平均年龄24.6岁,我说,同学们,看来老师上完这节课得马上去敬老院休息养老了。乐得学生眼泪都笑出来了,自然这个学生马上就知道算错了,错误就这样在笑声中改正了。

我在这个教学片段中对错误的幽默处理,不仅让学生意识到自己的计算出现了错误,同时使出错的学生保持了自尊自信,也使错误转化为一种教学资源,使学生对知识与生活实际联系的更紧密,理解得更加透彻。通过这件小事,我深刻地认识到,在课堂教学中,学生出错并不可怕,怕的是教师不能善待学生的错误,使学生的心被隔膜,思想被禁锢。

回想起吴老师的话,悦纳孩子的不成熟!是啊,课堂上我们为什么要一味地以成败论永雄呢!不妨把学生的错误也看作一种美丽。因为对于学生来说,正确可能只是一种模仿,而错误绝对是创新。当学生在课堂上出现了错误或产生了问题,教师要宽容、理性地对待学生的错误,如果我们能充分利用学生的错误,及时寻找错误中的合理因素,发现错误的价值,错误就能成为一种重要的教学资源。在对错误的辨析中,师生共同成长,学生获得的是对知识的理解,教师增长的是处理生成的教学机智。这是双赢的结果,"错误"的确能生成一份美丽!

用流淌的生命演绎生命流淌的课堂

——读《听吴正宪老师上课》有感

密云区太师屯小学　张　海

参加工作已经几年了,但是我觉得自己还是一个新老师,很荣幸能参加由吴正宪老师组织的"北京市数学教师专业发展"的培训,并在培训中得到了非常珍贵的《吴正宪老师系列丛书》,拿到书之后,我如饥似渴的读了起来,通过阅读,我学到了很多,可以说这些书对于我们这些新教师来说,真是非常的"解渴"。

这些丛书中,给我印象最深的就是《听吴正宪老师上课》这本书,通过阅读,让我真正体会到了什么是"北京数学人"。

开篇伊始,那9个字就深深地吸引了我——"真情流淌的生命课堂"。"千万别叫我我肯定不会""我不再像个木头""您一定很有吸引力"……一个个鲜活的例子,让我走进了那用生命演义的课堂。吴老师及时的关注到了那些"坐在墙角"的孩子们,走进了他们的内心世界,了解了他们的心理需求,努力为他们创造成功的机会,让他们体验成功,克服困难,找回属于他们自己的自信。反思自己的课堂,面对那些怯生生的学生,失去了像吴老师那样的耐心、爱心和恒心,没有真正帮助他们走出困难,走向成功。日后的课堂,我也要像吴老师一样,用生命演绎课堂。

读书过半,我又被吴老师真诚交流的对话课堂所吸引,一篇一篇品味吴老师的课堂,"真诚交流"无时不在。每每看到这些片段,不仅是当时的学生热情的参与其中,就连我这个读书的教师都被深深的吸引着。记得书中有这样一个片段:"5.12"汶川地震后,吴老师随队来到灾区给孩子们上课,在什邡的课堂上,面对孩子们满含忧伤的眼神,吴老师看在眼里,痛在心里。但是她坚强地走上讲台,关于地震的事情只字未提,而是问了学生一个意想不到的问题:"你们是觉得玩好,还是上课好呀?反正我是喜欢玩,但是课堂要是有趣,我也喜欢"在吴老师的鼓励下,孩子们轻松的和吴老师聊了起来,暂时忘记了忧伤,来到了轻松的课堂。吴老师用她的真诚和孩子交流,消除了与孩子们的隔阂,拉近了师生的距离。学生们也带着轻松的心情,愉快的开始学习。课结束后,孩子们迟迟不想下课,追着吴老师问:"您什么时候还来什邡?"我想,孩子的这句话,是对一个老师最大的褒奖,更是对吴老师的真诚最大的回报。

反思我自己的课堂,每天上课前,课代表都会跟我汇报今天的交作业情况。但是每次总有那么几个"困难户"。我的心情也转向阴沉,劈头盖脸给"困难户"一顿批评。其他孩子也怯生生地坐在位子上。现在想想,课上孩子情绪不高,是我自己造成的,是我先制造的紧张气氛,孩子们怎么能放松呢?认识到了问题,我仔细思考,不再让课代表跟我汇报情况,换成学生的课前3分钟展示,同学们之间互相评价。听到别人表扬自己,学生心里都美滋滋的,课堂气氛好了,同学也知道看别人的优点了,一举多得。

合上书,思绪万千,回忆着书中的点点滴滴,回忆着参加吴老师工作室培训的种种片段,感受着吴老师对数学的热情和对教育的执着。吴老师的课我听过很多,吴老师团队其他老师的课我也听过不少。通过这些课,我感受到吴老师的课堂不光是教与学的课堂,更是生命流淌的课堂,而且吴老师把课堂的理念,课堂的经验,分享给了团队中的其他老师,再由团队中的老师分享给所有的老师,让北京的数学人越来越多,让北京的数学教育蓬勃发展。

记得在第一次培训中,还有一位老师让我感动,让我佩服。就是来自延庆的吴海参老师。我们都是来自郊区农村的老师,但是吴海参老师虽然身在农村,心却在远方。一台电脑,一根网线,十几本的网络学习笔记,几百条的学习论坛发帖,她把最前沿的数学教育理论带给最偏远的孩子,让他们没有在起跑线上输给城里孩子,让农村小学看到了数学的希望。吴海参老师用实际行动向我们诠释着什么是数学人的精神,什么是数学人的坚持。她不仅是我们学习的方向,更是我们心中的一面旗帜,是农村数学教育的一个希望,这也正是吴正宪老师对于我们这些农村教师的影响,我只想由衷地说一句:像吴海参老师学习,像吴正宪老师学习。

读了吴老师的书,看了书中那么多的课例,那么多先进的教学理念,说实话,对于我这样的新老师,还真有点深奥。所以,平时一有时间,我就会打开培训的网站,听里边的教学内容。体会最大的就是网络讲座中对于新课标的解读,让我们这些新教师找到了数学课堂的方向。新课标中的"双基变四基"我非常赞同。传统的言传教育法,不仅让学生学着累,老师教着也不轻松,课堂显得死气沉沉。而加进了数学活动,才能让课堂变得鲜活,变得有声有色有生命。数学思想,看似只有大学生才能理解,小学生学不会。但是在小学的课本中,包含了很多数学思想,例如圆的面积,用的就是极限的思想,我们要做的,不仅是把圆的面积教给他们,更要让他们知道这种极限的思想,在解决一些生活中的问题的时候,能换一种思考的方式来解决问题,我们目的就达到了。所以《听吴正宪老师上课》这本书不仅是开阔了我的视野,让我看到了吴老师那么多优秀的课例,更给我打开了一扇门,一扇数学之门,让我意识到我自己还有很多不足,给了我前进的方向和动力,感谢吴老师!

以上就是我读《听吴正宪老师上课》的一些体会,可能有些肤浅,不够深刻,但是我相信,在我终身学习的教师生涯中,我的体会会越来越多,越来越深刻,像吴正宪老师一样,成为一个真正的北京数学人,用流淌的生命演绎生命流淌的课堂。

让生命教育点亮学生的心灵

——读《吴正宪课堂教学策略》心得体会

密云区太师屯镇中心小学　穆姝艳

这个暑期,太师屯小学的老师们在蔡校长的带领下,积极开展了阅读热潮,我有幸拜读了我国小学数学领航人吴正宪老师主编的《吴正宪课堂教学策略》一书。拿起这本书,就像是吴老师在远处给你指明了方向一般,被她教育精神深深打动。书的内容非常贴近我们平时的教学课堂,书中用浅显的语言告诉我们如何去挖掘教学课堂技术来提高教学执教的能力。书中的每一种策略都能对我的课堂教学起到指导的作用,更是让我受益匪浅。吴正宪老师对学生的尊重不是口头说说而已,而是一点点地渗透进了课堂教学的细枝末节。下面,我谈谈令我感触较深的一些体会。

一、让评价深入人心

吴老师在上"分数的初步认识"一课时,她让学生自己折出 1/2,其中有一个男孩折出了 1/4,在大家七嘴八舌发表言论后,吴老师走到这个男孩子的面前,深深地给他鞠了一躬说:"我真很欣赏你啊,你这样的学习就叫作积极的学习、主动的学习,很有创造的学习。"一句话,一鞠躬,不但让学生感到温暖,更让我们由衷地感到吴老师的人格魅力——那就是教育的人性,人情!

吴老师的教育教学智慧令我折服,她不仅欣赏学生的出色表现,肯定学生的独特之处,而且能够深入地理解学生出现的问题,并对其进行恰当的处理,她往往能将一个学生出现的"意外"转化为全班学生的学习契机,引导大家针对问题进行更为深入的思考并发现新的问题。

学生非常重视老师对他的评价。老师对他的充分肯定往往可以激发他向更高的层次迈进;老师的一次赏识,也许就能引发出学生创造的源泉;老师的一句鼓励,足可以唤起他"抬起头来走路"的自尊;吴老师就是把表扬评价作为教学的手段,所以她赢得了教育上的主动权。她不但是在教学,更是让每一个孩子都能"抬起头来走路"这种高层次的育人。

二、让错误绽放美丽

教师对于表现出色的孩子总是喜笑颜开,当看到学生出现的错误,大多数老师都会愁眉不展。但在吴老师看来,学生的学习过程不可能一帆风顺,学生对知识的理解和掌握是一个循序渐进、螺旋上升的过程,在这个过程中,必然会出现各种各样的问题,错误是不可避免的。不仅如此,吴老师对学生的错误很是看重,在她的课堂上,学生的错误经常能绽放别样的美。

在书中有这样一个片段:一次,吴老师在讲例题"弟弟采了 4 个桃子,哥哥比弟弟多采了 3 个,他俩一共采了多少个?"有一个学生自始至终坚持他的列式:3 加 4 等于 7。吴老师此时此刻并没有放弃,反而表扬他:敢于坚持自己的意见。鼓励他上台板演画图得出:4 表示弟弟采的,3 加 4 等于 7,7 表示哥哥采的,现在一看就知道他俩一共采的是 11 个。最后,吴老师问他:"还 7 不 7?"男孩子笑了说:"不 7",如此巧妙的疏导,终于引导孩子走出一步计算应用题,学会解决两步计算的应用题。她用那真诚的爱心感染孩子们,贴近孩子们的心。她以自己独特的教学艺术,把学生推到自主学习的舞台上,使他们真正成为学习的小主人。

总之,读这本书,看吴老师的课例,是一种享受,是一种感动,更是一种提高!欣赏着名家的风采,品味着名师的风范,我们会不自觉的对自己的教学进行反思,在反思中改变,在改变中成长!

这让我也想起了在我的教育教学过程中,也有这样的一些小故事,与大家分享一下。我班有一个孩子叫祝成功,数学基础知识很薄弱,数学测验从来都是二三十分。通过了解我发现该生智力上没问题,缺乏的只是学习的热情。课堂上我经常面带微笑地看着他,鼓励他大胆发言,当他回答问题声音很小时,我就会微笑着对他说:"你的声音多好听呀,如果能再大一些,让全班同学都能聆听得到,就更好了。"在一次数学检测中,我有意给他出了一些很简单的题让他做,他也很争气,得到他久违的 100 分。当他看到那大大地 100 分时,眼里终于流露出一丝渴盼知识的目光。我抓住这个契机,在班上大力表扬了他:"看,成功同学今天做的分层题居然也得了 100 分,我相信他以后的数学成绩一定会像他名字一样更加成功!"同学们听后给他报以热烈的掌声。他那小脸上露出了灿烂的笑容。随着时间的推移,在师生的帮助以及他个人的努力下,课堂上他更积极回答问题了,也爱思考了,学习也有了极大的进步,在期中考试中也第一次破天荒地及格了(73 分)。

还有一次我在讲 5 的数的组成时,我问了一名需努力生,他憋了半天才只答道:"1 和 4 组成 5。"我没有指责他说得不完整,而是高兴地大声赞道:"你真厉害,还差一组你就说对了。"孩子的脸立刻由紧张的情绪转变成会心的微笑,他想了想说道:"还有 2 和 3 也组成 5。"立刻教室里响起了掌声。

正是吴老师的教育教学理念潜移默化地影响了我,让我也在一点点地成长和进步。吴老师不但关注学生学习的结果,更关注他们在学习活动中所表现出来的情感与态度,保护了他们的自尊心,增强学生自信心,她总能在不经意处体现出对孩子的尊重,因此她的课堂不但让错误绽放美丽,更能点亮学生的心灵。

对照着吴正宪老师数学教学的 21 个策略,我做得还远远不够,细细品来,这些内容不同的策略背后始终围绕一个核心,那就是关爱学生生命成长,让生命教育点亮学生的心灵。

最后,我把吴老师送给老师的四句话与每一位老师共勉:

1. 在育人的过程中——没有什么比保护学生的自尊心、自信心更重要。

2. 在学习的过程中——没有什么比激发学习兴趣、保护好奇心更重要。

3. 在交往的过程中——没有什么比尊重个性、真诚交流更重要。

4. 在成长的过程中——没有什么比养成良好的习惯更重要。

"名师"在身边

——读《和吴正宪老师一起读数学新课标》有感

密云区北庄镇中心小学　苏红艳

"从一线教师的角度和视野,会如何解读新课标呢? 请看《和吴正宪老师一起读数学新课标》吧! 相信你会从中收获很多。"多么有诱惑力的一句话,它是南开大学的顾沛教授对这本书的整体评价。作为一名一线普通的数学教师,我特别需要它。

初次拜读,就被书中的内容深深地吸引了。《和吴正宪老师一起读数学新课标》是吴正宪团队的新成果,吴老师的教育思想贯穿其中。在书中不仅有吴老师的文章、解疑和课例,还有很多经过吴老师引领、指导和影响的团队教师的文章和成果。更可贵的是书中采用了全新的方法引导老师们和吴正宪老师一起来读数学新课标,以点带面,直击新课标的核心要点。

整本书被分为五大部分:第一部分是总述,第二部分是"数与代数"领域解读,第三部分是"图形与几何"领域解读,第四部分是"统计与概率"领域解读,第五部分是"综合与实践"领域解读。在每个部分中,以"关键词 + 新在哪里 + 吴老师解疑 + 精彩课例"的形式聚焦新课标,解决教师教学中的实际问题。我觉得注重新课标的精神实质,注重新课标的主要变化,注重结合课例来解读新课标,这三方面是该书的几个特色。

书中的第一部分就让我明确并理解了修订后新课标的 10 个核心概念:数感、符号意识、空间观念、几何直观、数据分析观念、运算能力、推理能力、模型思想、应用意识和创新意识。变化后的"四基"和"四能"。深入浅出的介绍,让我明白了新课标与以往的区别,面向全体学生,适应学生的个性发展的需要,使人人都能获得良好的数学教育,在数学上得到不同的发展。数学的学习就是积累数学活动经验的过程,怎样帮助学生积累经验呢? 书中的"吴老师解疑"为我解开了心中的疑问。她建议我们,让学生经历操作的过程,学生亲自动手操作,参与其中。让学生经历思考的过程。让学生经历概括的过程。最后经历应用的过程。

看了吴老师的建议,我也在自己的教学中试了试,改变以往的只重结论而忽视过程的方法,力争在课上让学生自己动手自主学习。

我在教学倍的初步认识一课中,就重视了从学生的生活中抽取资料。如:这是我们上次社会大课堂活动去顺义鲜花港活动的照片。看,菊花开得十分灿烂,美丽的蝴蝶在花丛中翩翩起舞,看呀,几只漂亮的蝴蝶飞进我们的教室了。

出示两种蝴蝶:

我没有像以往那样教学,而是把问题抛给学生,学生自己观察思考:飞来了哪些蝴蝶? 比一比,你发现了什么? 通过自主观察,一一说出了自己的意见。接着教师再追问:花蝴蝶的个数是蓝蝴蝶的 2 倍。我们能从图上看到 3,看到 6,2 在哪呢?

请学生动笔操作,用圈圈画画的方法在图中找 2。教师进一步追问:感谢这位同学用圈一圈的方法帮我们找到了藏起来的“2”。请大家再猜一猜,他为什么每 3 只蝴蝶圈一圈,2 个圈一圈不行吗?

最后教师小结:正像这位同学所说,以蓝蝴蝶为标准,把 3 只蓝蝴蝶看成一份,花蝴蝶有这样的 2 份,我们就可以说花蝴蝶的个数是蓝蝴蝶的 2 倍。在比较蓝蝴蝶和花蝴蝶的个数时,在学生的观察和操作中,我们认识了一个新朋友,它就是倍。

这节课中,我全部围绕着鲜花港中的蝴蝶、小鸟、蜜蜂的数量展开学习,通过观察、比较、激活学生已有的知识经验,为认知的同化提供生长点;课上充分调动学生的多种感官,自主操作,设计了圈一圈、摆一摆、说一说、想一想、比一比等活动,在认识“1 份”和“几份”的基础上引出“倍”,将“几个几”和“几倍”联系起来,把新知纳入已有的认知结构,强化感知,从直观到抽象,理解倍、认识倍。整个学习过程,学生在圈圈画画,在活动中初步建立“倍”的表象。重视操作,学生在动手活动中经历思考,概括过程,最后“精致”地完成了“倍”的概念的建构。

在教学过程中,让学生亲身经历知识的形成过程,学生的知识、能力、思想和经验也会随之发展,效果更佳。作为教师,我们要自觉帮助学生积极参与数学学习中,从而达到数学思想的渗透和数学活动经验的积累。

书中的吴老师采用自问自答的方式,对新课标中突出的疑难问题,及一线老师在实际教学中遇到的问题进行了整合,并为读者进行支招。"如何通过问题意识培养来提高学生的创新能力?""如何培养学生的数感?""如何处理好过程与结果的关系?"等等,这些问题都能在书中找到解决的办法,正可谓是"吴老师支招,招招解疑难"。

二年级"解决连续比多比少的实际问题",这部分知识数学信息多,而且读起来比较绕口,对于二年级的学生来说有一定的难度。在以往学习这部分知识时,无论我想什么办法,结果总会有一部分学生掌握不好。追其原因是学生对问题的分析和理解不到位。怎样解决这个问题呢?

正好吴老师帮我找到了原因,并明确了解决问题的方法。在书中吴老师告诉我们,教学时既要关注学生学习的结果,也要重视学习的过程。为了使过程和结果两者相得益彰,可以把书本上的数学转化成生活数学,体现知识的形成过程。把"静态"的知识加工成"动态"的活动,体现数学思考。看了吴老师的建议,这次我没有照以往的方法,而是想办法把问题的情景与学生的实际生活相结合起来,根据题意,让学生自主在班内选择相符合的三名同学进行情景再现,三名学生分别口述数量关系,学生由原来的在解决书中的问题,变成了解决自己身边同学的实际问题;由原来的静态的问题,变成了动态的同学演示,学习兴趣提高了,而且还能够直观的看出谁和谁有直接关系,谁高? 谁低? 一目了然。这样的设计学生就能结合生活经验解决了较为复杂的实际问题。

在教学中,我们要善于在生活中寻找数学素材将其提炼成数学问题。还要善于将数学问题还原到生活中将其生活化。引导学生参与知识的形成过程,体会知识的来龙去脉。在教学中要关注教学过程,让学生在活动中慢慢感悟和体会知识教学中蕴含的思想和方法。

在课堂教学中,教师始终要把学生放在主体地位,充分调动学生的自主能动性,凡是学生自己能够学会的,就要创造条件让学生自学,凡是学生能够自己动手做的,就应该创造条件让学生自己动手操作。尽量为学生创造自我学习的机会,使学生真正成为数学学习的主人。

吴老师在书中的每句话都时时响在耳边,就像她在身边亲身指导我的教学一样。这本书为我数学教学的道路上亮起了一盏指航灯,为我指引了方向。我将继续细心钻研,领会新课标的精髓,不断提高自己的教学能力!

课堂因生成而精彩

——读《和吴正宪老师一起读数学新课标》有感

密云区第六小学　王亚芹

本学期,我读了由教育科学出版社出版的《与吴正宪老师一起读数学新课标》一书,受益匪浅。本书有五个栏目:关键词、新在哪里、吴老师解疑、吴老师支招、精彩课例。"关键词"以点带面,直击新课标的核心要点;"新在哪里"以"关键词"为线索,对各领域中的具体变化进行解读;"吴老师解疑"不是一味的大道理,而是采用大量的一线老师在实际教学中遇到的问题作为切入点,非常接地气。让我情不自禁的走进一个个生动形象的教学案例,思考着,领悟着吴老师通过案例所表达的新课标的主旨。"吴老师支招"言简意赅地为教师教学提出建议和指导;"精彩课例"为我们呈现出了体现新课标理念的生动鲜活的课堂实例。这真的是一本形式新颖,可读性超强,值得我们一线数学教师一读再读,反复品味的一本好书,它带给我太多的启发与灵感,更促使我的课堂中有了一个个精彩的生成。

一、关注过程教学,体现数学思考

知识是什么？是思考的结果,经验的结果。仅仅结果的教育是不能教智慧的,智慧往往表现在过程中。有关过程的东西只有通过过程来教。过程的教育能够培养我们的孩子正确的思考方法,最终培养孩子数学的直观。因此我们要强调过程的教育,在过程中判断他的思维是不是对的。

带着这样的读书收获,在教学数"正"字的统计方法一课,我关注了孩子的知识获得过程。首先,我让孩子们从旋转木马、碰碰车、森林小火车、太空船、观览车这五个游乐项目中,选择自己最喜欢的一项,写在纸条上。然后老师读收集上来的孩子们的挑选项目,请同学们在本上用自己喜欢的方式,对全班同学喜欢的游乐项目情况进行统计。

统计完后,我搜集了班中的几种不同的做法:如图:

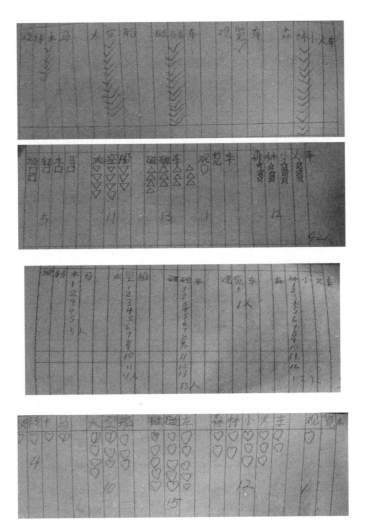

根据他们的方式,我带着孩子们逐一将这几种做法进行最后的数据整理。在整理的过程中,我和同学们都发现了用爱心表示的同学,她 3 个一行,3 个一行的画的,孩子们就自觉应用了先乘后加的算式来计算,速度很快。用数字表示的同学,最后一个数字就是每项最终的结果。

统计好后,我让孩子们仔细观察这几种方法,从中挑出她们喜欢的方法,并说明理由。尽管只是二年级的小学生,但他们的发言,让我充分认识到了关注过程教学对于孩子们有多么的重要! 有的孩子说:"我喜欢画对勾的方法,因为画对勾比画三角、正方形、爱心等都要快,可以节省时间。"

我问:"如果从节省时间上考虑,你认为怎样做就可以节省时间?"

"选用的符号笔画越少越好!"

有的同学立刻反对:"我不同意画对勾的方法,你看,最后统计数量时,一个一个地数,多费时间呀?而数字表示法,根本就不用数,只看最后一个数,就知道结果了。"

我接着问:"刚才你们都从节省时间的角度进行了考虑,再想想,还可以从哪些角度来考虑?"

"从省本上考虑。"我赶紧鼓励:"真是个有想法的小伙子,快和大家说一说。"

"画对勾、写数字都比较费本,写了那么长长的一列,要是再有,都快写不下了。"

"那从省本的角度考虑,你更欣赏哪种做法呢?"

"用爱心表示的那个同学,她3个一组来画,并没有列成一长列,而且计算时用乘法口诀来算,也很快。"

"看来大家一致认为:既节省时间,又好算,还要省本的方法,是最好的方法。在这几种方法的启发下,你能想出更好地方法吗?"

孩子们陷入了沉思中,过了一会,一个弱弱的声音:"老师,用汉字可以吗?"

"你怎么会想到用汉字,说说你的理由?"

"您看,我想用我的姓,王,来统计,王字的笔画除了横就是竖,没有复杂的笔画,这样写起来一定省时间。而且一个王字有4画,有几个王,就有几个四画。"

"真是个不错的好办法,既考虑了省本,又考虑了省时的问题,在统计时,我们只需4个4个的数就可以了。"我马上给了她毋庸置疑的肯定回答。

"说到用汉字?老师也想用一个字。"我在黑板上工工整整的写上了一个"正"字,"同学们看,对于'王'和'正'这两个字,想一想用哪个好呢!为什么?"

孩子们思考了一会儿后,意见很不统一,有人认为哪种都可以,有人认为王好,有人认为正好。就在大家争执不下时,有一个同学说:"老师,我也同意选正字,因为王字和正字的区别就在于王字有4笔,正字有5笔,如果是口诀里的没有问题,我们用口诀算就可以了,但如果遇到大一点的数,不是口诀里的了,5个5个的好算。"

"真是这样吗?让我们一起数数看。"

40,44,48……52,48后孩子们想了想,才说出52,而且还有的同学算错了。

50,55,60,65……孩子们一口气数了很多很多。通过实践,我和同学们都不由地为她鼓起掌来,孩子们带给我的惊喜是我始料不及的。正是我对过程教学有了全新的认识,才让我的课堂如此的精彩,孩子的收获,远远不止学会了用数正字的方法进行统计。

二、在理解口诀的意义中,经历建模过程

模型思想作为一种思想要真正使学生有所感悟,需要经历一个长期的过程。在这一过程中,学生总是从相对简单到相对复杂,从相对具体到相对抽象,逐步积累经验,掌握建模方法,逐步形成运用模型去进行数学思维的习惯。

二年级上学期的一个重点教学就是乘法口诀的教学。在理解口诀的意义教学中,我让孩子经历建模的过程,深刻理解每句口诀的意义。

再讲6的乘法口诀时,由于学生学习了1-5的乘法口诀,对乘法口诀已经很熟悉,也掌握了一些编口诀的方法,基于这样的一个现状,我把理解口诀的意义作为了教学的重点,让孩子们掌握理解口诀意义的方法,建构理解口诀意义的数学模型。课上,我让学生从四句新口诀中任选一个,用自己喜欢的方式,表示它的意义。给孩子们足够的时间展示自己的想法。她们通过画图、列加法算式,编数学小故事等多种不同的形式,表示出了口诀的意义:几个几相加的和。在7-9的乘法口诀教学中,孩子就会自觉应用这个数学模型出色的理解每句口诀的意义。如图:

正是孩子们对每句口诀都有了深刻透彻的理解,所以,在应用乘法口诀,解决实际问题时,都能轻松解决。

总之,读了《和吴正宪老师一起读数学新课标》这本书,让我再一次领略了大师的丰采,也感受到了什么才是尊重学生,怎样才是把课堂还给学生。我将继续仔细阅读这本书,让它为我精彩的数学教学保驾护航!